Curso básico
de linguística gerativa

Conselho Acadêmico
Ataliba Teixeira de Castilho
Carlos Eduardo Lins da Silva
Carlos Fico
Jaime Cordeiro
José Luiz Fiorin
Tania Regina de Luca

Proibida a reprodução total ou parcial em qualquer mídia
sem a autorização escrita da editora.
Os infratores estão sujeitos às penas da lei.

A Editora não é responsável pelo conteúdo deste livro.
O Autor conhece os fatos narrados, pelos quais é responsável,
assim como se responsabiliza pelos juízos emitidos.

Consulte nosso catálogo completo e últimos lançamentos em **www.editoracontexto.com.br**.

Eduardo Kenedy

Curso básico
de linguística gerativa

editora**contexto**

Copyright © 2013 do Autor

Todos os direitos desta edição reservados à
Editora Contexto (Editora Pinsky Ltda.)

Montagem de capa e diagramação
Gustavo S. Vilas Boas

Preparação de textos
Karina Oliveira

Revisão
Fernanda Guerriero Antunes

Dados Internacionais de Catalogação na Publicação (CIP)
(Câmara Brasileira do Livro, SP, Brasil)

Kenedy, Eduardo
Curso básico de linguística gerativa / Eduardo Kenedy. –
1. ed., 5ª reimpressão. – São Paulo : Contexto, 2024.

Bibliografia
ISBN 978-85-7244-819-2

1. Gramática gerativa 2. Linguística 3. Linguística –
Estudo e ensino I. Título.

13-10971	CDD-410.7

Índices para catálogo sistemático:
1. Linguística : Estudo e ensino 410.7

2024

EDITORA CONTEXTO
Diretor editorial: *Jaime Pinsky*

Rua Dr. José Elias, 520 – Alto da Lapa
05083-030 – São Paulo – SP
PABX: (11) 3832 5838
contato@editoracontexto.com.br
www.editoracontexto.com.br

Sumário

APRESENTAÇÃO 9

UNIDADE 1
A COGNIÇÃO LINGUÍSTICA 11

A linguagem como fenômeno cognitivo 12

A linguística como ciência cognitiva 15

Teoria linguística 16

Psicolinguística 18

Neurolinguística 20

Três realidades no estudo da linguagem 21

A integração entre as três realidades 22

Conclusão 23

Exercícios 23

UNIDADE 2
CONCEITOS FUNDAMENTAIS 25

Conceitos de língua 27

Língua-E 29

Língua-I 34

Modularidade da mente 35

Modularidade da linguagem 40

A interação dinâmica entre módulos 46

Conclusão 47

Exercícios 48

UNIDADE 3

O PROBLEMA DE PLATÃO 51

Competência e desempenho 54
Origens do conhecimento humano 61
O argumento da pobreza de estímulo 64
Conclusão 71
Exercícios 72

UNIDADE 4

INATISMO 73

A hipótese inatista 74
Versões forte e fraca do inatismo 77
Alternativas à hipótese inatista 80
A hipótese da teoria da mente segundo Tomasello 81
A hipótese conexionista 83
O inatismo enfrenta suas alternativas 85
Conclusão 87
Exercícios 87

UNIDADE 5

PRINCÍPIOS E PARÂMETROS 89

Gramática Universal 92
Princípios e Parâmetros 96
Exemplos de Princípios 100
Exemplos de Parâmetros 102
Harmonia estrutural 106
Conclusão 111
Exercícios 112

UNIDADE 6

ARQUITETURA DA LINGUAGEM 115

Linguagem: som e significado 115
Sistemas de interface 118
O Princípio da Interpretação Plena 121
Componentes da linguagem 124

Léxico 128

Sistema Computacional 129

Forma Fonética e Forma Lógica 133

Conclusão 134

Exercícios 134

UNIDADE 7
LÉXICO E COMPUTAÇÕES LEXICAIS 135

Traços do Léxico 137

Traços formais: categoria 139

Traços formais: seleção 142

Estrutura argumental 145

Argumentos foneticamente nulos 147

Argumento interno e argumento externo 152

Argumentos **versus** adjuntos 154

S-seleção e c-seleção 156

Papéis temáticos 160

Hierarquia temática 163

Subcategorias de V 164

O Léxico no estudo cognitivo da linguagem 170

Conclusão 174

Exercícios 175

UNIDADE 8
SINTAXE E COMPUTAÇÕES SINTÁTICAS 177

Sintaxe: o Sistema Computacional 179

A noção de sintagma 181

A noção de sentença 186

Sintagmas lexicais 188

Representações arbóreas 191

Teoria X-barra 195

Sintagmas funcionais 200

Argumentos e adjuntos oracionais 204

Conclusão 207

Exercícios 208

UNIDADE 9

O SISTEMA COMPUTACIONAL 209

 Representação e derivação 212

 Operações computacionais 214

 Derivação por fases 223

 Princípios derivacionais 226

 Regras de Movimento 230

 Movimento A', movimento de núcleo e movimento A 235

 Caso e EPP 238

 Categorias vazias 245

 Aprimoramento do modelo 248

 Conclusão 251

 Exercícios 251

UNIDADE 10

INTERFACES 253

 Interfaces e sistemas de desempenho 255

 Sistema articulatório-perceptual e forma fonética 258

 Sistema conceitual-intencional e forma lógica 260

 Computação virtual e computação real 262

 Ligação e c-comando 266

 Ambiguidade 274

 Saber e fazer linguísticos: o futuro 280

 Conclusão 283

 Exercícios 283

BIBLIOGRAFIA 285

CHAVE DE CORREÇÃO DOS EXERCÍCIOS 289

O AUTOR 301

Apresentação

Este livro destina-se aos estudantes de graduação e pós-graduação dos cursos de Linguística, Letras, Fonoaudiologia, Psicologia, Comunicação e demais áreas interessadas em linguagem e ciências cognitivas. Sua intenção é oferecer aos universitários brasileiros um material didático, escrito em língua portuguesa, que sirva de livro-texto para um curso introdutório completo sobre linguística gerativa. Numa estrutura dialógica, com ilustrações e exercícios, o *Curso básico de linguística gerativa* pretende preencher uma lacuna na literatura linguística no Brasil, apresentando à comunidade acadêmica os principais conteúdos do empreendimento gerativista num compêndio de linguagem simples e objetiva, que parte do conhecimento nulo sobre gerativismo e sobre ciências da cognição.

O curso está organizado em dez unidades didáticas: 1) A cognição linguística; 2) Conceitos fundamentais; 3) O problema de Platão; 4) Inatismo; 5) Princípios e Parâmetros; 6) Arquitetura da linguagem; 7) Léxico e computações lexicais; 8) Sintaxe e computações sintáticas; 9) O Sistema Computacional; 10) Interfaces. Em cada unidade, além do texto de base que dialoga com o leitor, há um conjunto de verbetes, figuras ilustrativas e boxes de informação complementar. Tais recursos objetivam, por um lado, reunir informações indispensáveis para a formação universitária do profissional da linguagem e, por outro, pretendem estimular o interesse do estudante pela linguística de orientação chomskiana.

Os fundamentos epistemológicos clássicos da linguística gerativa, desde a sua fundação nos anos 1950 até o presente, e as técnicas elementares da descrição lexical e sintática formalista são apresentados gradualmente ao longo das unidades, num crescendo de complexidade teórica e metodológica. Todos os conceitos e todas as análises computacionais presentes no livro têm como ponto de partida o momento atual da Teoria de Princípios e Parâmetros, na forma do Programa Minimalista chomskiano (Chomsky, 1995, 1999, 2001, 2002, 2007, 2011). Não obstante, diversas remissões a momentos anteriores da teoria gerativa e a possíveis desdobramentos futuros no desenvolvimento da área têm lugar nos verbetes e boxes complementares de cada unidade.

10 Curso básico de linguística gerativa

As referências bibliográficas, no corpo do texto das unidades, foram reduzidas ao mínimo indispensável. Essa opção motivou-se pelo desejo de conferir ao curso a sensação de um diálogo sincero, num simulacro do espaço real da sala de aula. Ao final do livro, porém, apresentam-se todas as obras que direta ou indiretamente foram citadas na apresentação dos conteúdos.

A articulação entre os princípios teóricos da linguística gerativa e as pesquisas empíricas da psicolinguística e da neurociência da linguagem faz-se presente em todos os momentos do curso. Essa triangulação visa explicitar ao estudante o caráter interdisciplinar do empreendimento gerativista contemporâneo, que se caracteriza como um programa de pesquisa maduro no contexto das ciências cognitivas.

O autor expressa profundo agradecimento a todos aqueles que de alguma forma contribuíram na elaboração deste curso. Em especial, agradece aos seus alunos e orientandos que, há mais de uma década, vêm formulando dúvidas e críticas ao Programa Minimalista e que neste livro encontrarão material didático em resposta a seus questionamentos. Também é grato aos professores Márcio Leitão (UFPB), Ricardo Lima (UERJ), Marcus Maia (UFRJ), Mercedes Marcilese (UFJF), Humberto Menezes (UFRJ), José Ferrari-Neto (UFPB), Gabriel Othero (UFRGS), Antônio Ribeiro (Faetec), Gerson Rodrigues (UFRRJ), Elisângela Teixeira (UFC) e Karine Vieira (CEDERJ) pelas preciosas sugestões feitas ao original da obra. À equipe de revisores e designers do CEDERJ e aos orientandos Maurício de Carvalho, Juliana Benevides e Luiz Guimarães, agradece pela cuidadosa revisão textual e pela participação na produção de inúmeras figuras presentes neste livro.

UNIDADE 1
A cognição linguística

Como estudante universitário, você talvez já tenha direcionado sua curiosidade intelectual para as seguintes questões linguísticas:

- Todos os seres humanos, exceto aqueles acometidos por alguma grave patologia, possuem a faculdade de produzir e compreender expressões linguísticas nas inúmeras situações do cotidiano que envolvem comunicação através de uma língua natural, como o português, o espanhol, o inglês ou qualquer outra. *O que é, afinal, essa faculdade humana para a linguagem*?
- Bebês não demonstram, ao nascimento, capacidade de produzir e compreender palavras, frases ou discursos, mas, ao longo de um tempo muito curto, não superior a três anos, essa faculdade já se manifesta de maneira bastante produtiva. Por volta dos cinco anos, uma criança já demonstra habilidade linguística equivalente à de adultos. *O que acontece com a criança durante o período em que ela está adquirindo a língua de seu ambiente*?
- Já na adolescência, a capacidade de adquirir uma língua de maneira natural decai significativamente. A partir de então, aprender uma nova língua demanda esforços conscientes que não são necessários durante a aquisição da linguagem em tenra infância, tais como frequentar cursos, ler manuais didáticos e dicionários, treinar a fala, corrigir erros com ajuda de professores etc. *Por que aprender línguas estrangeiras é tão diferente de adquirir uma língua-mãe*?
- Pessoas que sofreram derrames cerebrais ou que são acometidas por doenças neurológicas graves podem perder a capacidade linguística parcial ou totalmente. Na verdade, mesmo indivíduos sem queixas neurológicas podem ter o uso da linguagem comprometido quando se encontram desconcentradas ou muito cansadas. *Como é que o cérebro humano faz emergir as nossas capacidades linguísticas normais*?

12 Curso básico de linguística gerativa

Se você se interessou pelos problemas científicos que essas questões apresentam, isso significa que linguagem *e* **cognição** lhe parecem temas de pesquisa relevantes. Seja, portanto, bem-vindo ao nosso curso! Você tem em suas mãos um livro que pretende descrever e explicar os fundamentos da linguística gerativa – uma ciência da linguagem dedicada à dimensão cognitiva das línguas humanas.

> Cognição é o termo científico atualmente utilizado para fazer referência ao conjunto das inteligências humanas. Diz respeito, portanto, a todos os fenômenos mentais que tenham relação com a aquisição, o armazenamento, a ativação e o uso de *conhecimento*. Conhecimento, por sua vez, é a palavra que usamos para fazer referência aos estados cognitivos de uma pessoa, os quais resultam da interação do indivíduo com o seu ambiente físico e sociocultural.

Ao longo das dez unidades deste curso, caracterizaremos a linguagem humana como sistema cognitivo. Colocaremos as línguas sob o microscópio da linguística para melhor compreendermos a natureza e o funcionamento do conhecimento linguístico humano. Começaremos pela presente unidade, em que apresentaremos a você a linguagem enquanto fenômeno cognitivo e a linguística gerativa como uma das ciências da cognição. Você é nosso convidado especial nesta introdução em dez etapas. Faremos uma breve jornada pela mente humana, num de seus nichos mais espetaculares: a linguagem e as línguas naturais. Prepare-se, pois a nossa viagem já começou.

A linguagem como fenômeno cognitivo

A linguagem humana, instanciada numa **língua natural**, é um fenômeno impressionante. Por meio de algumas dúzias de sons, podemos produzir e compreender palavras, frases e discursos que expressam os nossos pensamentos e que permitem o entendimento dos pensamentos das outras pessoas. Na verdade, tais sons podem ser substituídos por sinais entre os surdos ou por letras na língua escrita sem que o poder mobilizador da linguagem seja significativamente alterado.

> Uma língua natural – como o português, o xavante, o alemão ou qualquer outra dentre as mais de seis mil línguas existentes hoje no mundo – é aquela que emergiu de maneira espontânea e não deliberada no curso da história humana. Opostas às línguas naturais, figuram as línguas artificiais. Uma língua artificial – como o esperanto e aquelas criadas em obras de ficção ou em códigos de computador – são conscientemente inventadas por uma pessoa ou por um grupo de indivíduos.

Imagine a seguinte situação. Uma pessoa apressa-se pelas ruas movimentadas do centro de uma cidade. Ela receia estar atrasada para um compromisso importante. Procurando informar-se sobre as horas, dirige-se a um transeunte e lhe diz: "Com licença, o senhor pode me informar as horas?". O transeunte, por sua vez, compreende o estado mental de seu interlocutor e busca o comportamento adequado para a situação: olha o relógio de pulso, retira dele a informação necessária e produz a frase-resposta "São dez e meia". Um evento trivial como esse esconde sob si um acontecimento extraordinário: o funcionamento da mente humana na tarefa de produzir e compreender expressões linguísticas numa língua natural.

Embora raramente tenhamos consciência disso, *a pessoa que produz frases e discursos* envolve-se numa tarefa psicológica extremamente complexa. Ela precisa codificar seus pensamentos em morfemas e palavras, que, por sua vez, devem ser combinadas entre si em sintagmas e frases, as quais, por fim, têm de ser pronunciadas para um interlocutor num dado contexto discursivo. Da mesma forma, *a pessoa que compreende frases e discursos* executa um trabalho mental igualmente engenhoso. Ela precisa decodificar os sons da fala que lhe são dirigidos no ato do discurso, de modo a identificar morfemas, palavras, sintagmas e frases para, assim, conseguir interpretar os estados mentais e as intenções comunicativas de seu colocutor. Ora, podemos nos perguntar: como os humanos fazem isso? De que maneira essa sequência de codificação e decodificação de formas linguísticas ocorre? Onde ela acontece?

Apesar de ainda não sabermos tudo sobre como esses processos ocorrem, não há dúvida de que eles tenham lugar na mente humana. Dentre as diversas habilidades cognitivas de nossa espécie, a capacidade de produzir e compreender frases e discursos é uma das mais notáveis – e esse é o fenômeno mental oculto em nossas conversas cotidianas.

Figura 1.1: É na mente humana que a linguagem é produzida e compreendida.

14 Curso básico de linguística gerativa

As expressões linguísticas são as estruturas que ordenam o trânsito dos significados que vão de uma mente à outra entre indivíduos durante o discurso. São organizações silenciosas, das quais quase nunca tomamos consciência quando falamos ou ouvimos algo. De fato, os dois indivíduos da situação que citamos anteriormente estão preocupados com o conteúdo do que é dito. Eles sequer se dão conta de que é compulsório que esse conteúdo seja mentalmente codificado em estruturas complexas, como sintagmas e frases. O mesmo acontece com todos os humanos em todas as situações comuns de uso da linguagem: muito raramente tomamos consciência das formas que usamos para expressar certos conteúdos. A linguagem é, portanto, um c*onhecimento tácito, implícito, inconsciente* no conjunto da cognição humana. Denominamos esse tipo de conhecimento como *conhecimento linguístico* ou *competência linguística*.

Além de silenciosas, as estruturas das línguas naturais manipuladas pela mente são geralmente muito complexas. Mesmo se analisássemos uma frase simples como "O senhor pode me informar as horas?", encontraríamos nela regras de ordenação de palavras, concordância, regência, seleção de pronomes... Enfim, verificaríamos a existência de uma complicada maquinaria gramatical a serviço da veiculação de significados. Entretanto, a despeito de toda essa complexidade, nós humanos somos capazes de produzir e compreender frases e discursos com extrema facilidade. Numa conversa qualquer, produzimos e compreendemos dezenas, centenas, milhares de frases, uma atrás da outra, numa velocidade incrivelmente rápida, muitas vezes medida em milésimos de segundo. Em circunstâncias normais, fazemos isso de maneira inconsciente e sem esforço cognitivo aparente.

Tipos de conhecimento

No estudo da cognição, distinguimos "conhecimento declarativo", do qual somos conscientes, e "conhecimento tácito", do qual não temos consciência. Por exemplo, se você é capaz de citar os afluentes do Rio Amazonas, esse é um tipo de conhecimento declarativo que possui. Já se você sabe andar de bicicleta, dificilmente conseguirá explicar quais são os detalhes dos movimentos que o seu corpo precisa executar para manter o equilíbrio sobre duas rodas. Esse é, então, um tipo de conhecimento tácito em sua mente. Com relação particularmente à linguagem, as informações que adquirimos na escola sobre a gramática da língua portuguesa – como, por exemplo, o nome das classes de palavras e das funções sintáticas – são uma espécie de conhecimento declarativo/explícito. Por outro lado, a nossa capacidade de produzir e compreender palavras, frases e discursos de maneira natural em nosso cotidiano é exemplo de conhecimento tácito/implícito. Note que esse tipo de conhecimento tácito já existia em você mesmo antes que começasse a frequentar escolas e ter aulas de língua portuguesa, bem como existe naqueles indivíduos que sabem produzir e compreender expressões linguísticas normalmente mesmo sem nunca terem frequentado escolas (os analfabetos ou semianalfabetos).

Como somos capazes disso? De que maneira nossas mentes tornam-se aptas a estruturar nossos pensamentos em sequências de sons ou sinais? Os resultados das pesquisas modernas nas ciências da cognição indicam que usamos a linguagem tal como o fazemos simplesmente porque somos seres humanos. Temos essa capacidade porque ela é uma característica natural de nossa espécie. A *faculdade da linguagem* é, com efeito, a disposição biológica que todos os indivíduos humanos saudáveis possuem para adquirir uma língua e para produzir e compreender palavras, frases e discursos.

Não obstante, tão importante quanto entendermos *por que* possuímos a faculdade da linguagem é descobrir *como* é a sua natureza e o seu funcionamento na mente dos indivíduos. O *porquê* e o *como* da linguagem na mente humana são os objetos de pesquisa da linguística enquanto uma das ciências cognitivas.

A linguística como ciência cognitiva

Chamamos de *ciências cognitivas* o conjunto das disciplinas que têm em comum o objetivo de compreender a natureza e o funcionamento da mente humana, a nossa cognição. Há um grande número dessas ciências, como a psicologia, a neurociência, a inteligência artificial, a filosofia da mente, a antropologia. Tais ciências são independentes, mas travam entre si profundo e intenso diálogo interdisciplinar. Dentre seus objetos de estudo figuram diferentes fenômenos cognitivos como visão, atenção, memória, aprendizagem, conceitos e categorias, raciocínio e dedução, resolução de problemas, tomada de decisão e muitos outros.

Figura 1.2: Algumas das ciências cognitivas.

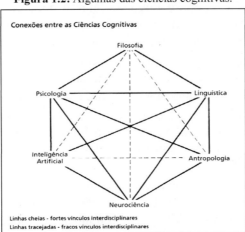

Fonte: Gardner, 2003, p. 52.

16 Curso básico de linguística gerativa

Um dos fenômenos mentais mais importantes no estudo da cognição humana é a linguagem, e é justamente a ela que se dedica a linguística. Isso quer dizer que, quando os linguistas interpretam a linguagem como uma faculdade psicológica dos seres humanos, a linguística passa a integrar as ciências cognitivas.

Na qualidade de ciência cognitiva, a especificidade da linguística é evidente: ela tem a tarefa de descrever e explicar *a natureza*, *a origem* e *o uso* da linguagem humana. Diante desses objetivos, o trabalho do linguista pode ser sumarizado como um esforço para encontrar respostas para as seguintes perguntas:

1. Em que consiste o conhecimento linguístico existente na mente das pessoas?
2. Como esse conhecimento é adquirido pela criança já nos primeiros anos de vida?
3. Como esse conhecimento é posto em uso, em situação real, pelos indivíduos?
4. Como esse conhecimento é produzido pelo cérebro humano?

Na busca de respostas para tais questões, a linguística subdivide-se em três áreas especializadas em certos tipos de problemas: a *teoria linguística*, a *psico-linguística* e a *neurolinguística*, disciplinas que abordaremos a seguir.

Teoria linguística

A teoria linguística ocupa-se da questão 1: "em que consiste o conhecimento linguístico existente na mente das pessoas?" Sua tarefa é, portanto, formular uma **teoria** que explicite a natureza do conhecimento linguístico inscrito na mente dos seres humanos. Ou seja, o linguista teórico deve elaborar uma hipótese abstrata a respeito de como a linguagem deve funcionar na mente humana. Por exemplo, ele pode propor que a linguagem possua diversos componentes – tais como o léxico, a sintaxe, a fonologia – e dizer que cada um deles seja altamente especializado num tipo específico de conhecimento – como o conhecimento sobre as palavras (o léxico), o conhecimento sobre a estrutura das frases (a sintaxe) e o conhecimento sobre os sons (fonologia) da língua. O linguista teórico apenas cria hipóteses como essas. Seu trabalho é, essencialmente, um trabalho de abstração: formular hipóteses sobre como deve ser o conhecimento linguístico existente na mente das pessoas.

Nas ciências da cognição, existem diversos **modelos** que procuram articular respostas para a nossa questão 1. Esses modelos formulam, deste modo, teorias sobre como é o conhecimento linguístico humano. O modelo linguístico mais influente nas ciências cognitivas é o *gerativismo*, que também pode ser chamado de *linguística gerativa*, *gramática gerativa*, *teoria gerativa,* ou ainda, como era chamado num termo mais antigo, *gramática gerativo-transformacional*. Nosso curso apresentará a você os fundamentos do gerativismo, que será aqui convencionalmente interpretado como termo mais ou menos sinônimo de "teoria linguística" – mas devemos estar conscientes de que existem outros modelos na teoria linguística que não são gerativistas. Ao final das dez unidades de nosso curso, caso tenha interesse em prosseguir com os estudos sobre o conhecimento linguístico humano, você estará apto a entender como os outros modelos diferenciam-se do gerativismo e formulam teorias próprias e independentes.

> No uso informal e cotidiano da linguagem, o termo "teoria" geralmente significa "opinião", "hipótese não comprovada" ou mesmo "palpite". Em ciência, "teoria" assume outro significado, bastante específico e muito diferente de seu valor popular. Nas ciências, uma "teoria" é uma explicação unificada para um conjunto de dados e de observações sobre determinado fenômeno. Por exemplo, na biologia, a seleção natural é a "teoria" que explica unificadamente os fatos da evolução orgânica; na física, a "teoria" gravitacional explica de maneira unificada os fenômenos da queda dos corpos na Terra e do movimento dos planetas no universo. Uma "teoria linguística" deve, portanto, prover explicações sobre os fatos da linguagem na mente e no cérebro dos seres humanos.

> Em ciência, um modelo é um conjunto de hipóteses sobre a estrutura e o funcionamento de algum fenômeno – no nosso caso, a linguagem humana. A função de um modelo é formular uma teoria que explique e preveja as propriedades do fenômeno a que se dedica.

O gerativismo teve início nos anos 1950 do século xx, quando Noam Chomsky, norte-americano, professor do MIT (Instituto de Tecnologia de Massachusetts, EUA), formulou suas primeiras ideias a respeito da natureza mental da linguagem humana. Já em seu primeiro livro (*Estruturas Sintáticas*, publicado em 1957), Chomsky afirmava que o papel fundamental da linguística é tornar explícito, isto é, descrever com objetividade científica, o conhecimento linguístico dos falantes. Para ele, a teoria linguística deve descrever os procedimentos mentais que "geram" as estruturas da linguagem, como as palavras, as frases e os discursos. Por exemplo, ele mesmo levantou a hipótese (isto é, criou uma teoria) segundo a qual as frases são criadas na mente das pessoas por meio de aplicações de regras inconscientes, as quais se aplicam sobre certas palavras de modo a "gerar" as frases que pronunciamos e compreendemos.

18 Curso básico de linguística gerativa

> ## Noam Chomsky
>
> Chomsky nasceu nos EUA, em 1928. Além de linguista, é filósofo e ativista político. Ao longo de mais de 60 anos de sua vida acadêmica, publicou dezenas de livros e centenas de artigos científicos. Chomsky é considerado um dos pensadores mais importantes da história moderna. Suas ideias revolucionaram o estudo da linguagem e inseriram a linguística no contexto da revolução cognitiva dos anos 60 do século XX. Chomsky foi um severo crítico da psicologia behaviorista dominante na primeira metade do século passado. Para os behavioristas mais radicais, todos os tipos de comportamento humano ou animal são gerados externamente, por meio de cadeias associativas entre dados estímulos e certas repostas. Para esses estudiosos, a associação entre estímulo e resposta é criada pela repetição, por meio de "recompensas" ou "reforços" advindos do ambiente. Segundo um behaviorista, o aprendizado pela pura repetição aconteceria mesmo no que diz respeito à linguagem humana, por ele denominada "comportamento linguístico". Em 1959, Chomsky publicou sua clássica resenha sobre o livro *Comportamento Verbal*, do famoso behaviorista B. F. Skinner. Na resenha, Chomsky demonstrou o caráter criativo da linguagem humana, sua natureza mental e abstrata, por oposição ao modelo de linguagem como "comportamento condicionado pelo ambiente" defendido pelos behavioristas. Desde então, Chomsky vem empenhando-se na formulação de uma teoria sobre a natureza da linguagem na mente humana. No estágio atual de sua pesquisa, o chamado Programa Minimalista, Chomsky defende a hipótese de que todas as línguas naturais são um conjunto de Princípios universais e inatos e de Parâmetros, também inatos, que são formatados durante o período da aquisição da linguagem.

A abordagem de Chomsky foi revolucionária para a época, pois, até a metade do século passado, a linguística ocupava-se quase exclusivamente da dimensão social e histórica da linguagem humana, tal como acontecia no estruturalismo linguístico. A partir das ideias de Chomsky, os linguistas passaram a não apenas descrever a estrutura das línguas, mas também a procurar explicações para como a mente humana era capaz de adquirir e processar essas estruturas. Com Chomsky, a morada da linguagem e das línguas naturais passou a ser a mente dos indivíduos.

Veremos, ao longo das unidades de nosso curso, como o gerativismo vem formulando teorias que procuram responder à pergunta "o que é conhecimento linguístico?". Ou seja, veremos como a teoria linguística vem respondendo à questão 1.

Psicolinguística

Enquanto o gerativismo cumpre a função de formular teorias abstratas sobre a linguagem como fenômeno cognitivo, a psicolinguística caracteriza-se como uma ciência empírica cujo objetivo é investigar de que maneira as crianças adquirem uma língua natural e como os indivíduos adultos produzem e compreendem palavras, frases e discursos no tempo real da comunicação cotidiana. A psicolinguística procura encontrar, portanto, respostas para as questões 2 e 3: "como as crianças adquirem o conhecimento linguístico?"; "como esse conhecimento é colocado em uso?".

Figura 1.3: Jovem participa de experimento psicolinguístico.

A psicolinguística é uma ciência empírica, que utiliza os métodos e as técnicas experimentais da **psicologia cognitiva** como instrumento de pesquisa acerca da aquisição e do uso das línguas naturais. Como é possível imaginar, a psicolinguística pode ser uma disciplina fortemente inter-relacionada à teoria linguística no conjunto das ciências cognitivas. Dentre suas diversas ocupações científicas, a psicolinguística pode aliar-se ao gerativismo para testar empiricamente as previsões dos modelos abstratos formulados pelos gerativistas. Por sua vez, a teoria linguística pode basear-se nas descobertas da psicolinguística para formular ou reformular suas hipóteses teóricas, construindo, dessa maneira, modelos que se sustentem na realidade psicológica do funcionamento real da linguagem.

> A psicologia cognitiva é uma das áreas mais recentes das pesquisas em psicologia, tendo surgido ao final dos anos 1950, com a revolução cognitiva. Trata-se da área da psicologia que procura estudar, através de experimentos científicos, a natureza e o funcionamento da cognição humana. Um psicólogo cognitivo dedica-se a fenômenos como, dentre outros, memória, atenção, percepção, raciocínio, resolução de problemas, linguagem, emoções. A psicolinguística é uma das subdisciplinas da psicologia cognitiva.

Neurolinguística

A **neurolinguística** é uma das subdivisões das neurociências modernas. Trata-se de uma ciência empírica cujo objetivo é compreender os mecanismos cerebrais que dão origem à linguagem humana. Enquanto a psicolinguística dedica-se ao estudo da mente, isto é, das funções cognitivas visíveis no comportamento humano, a neurolinguística ocupa-se do cérebro, seus neurônios e suas sinapses – os sistemas físicos, químicos e biológicos que dão origem à mente.

> Atualmente, prefere-se a expressão "neurociência da linguagem" em vez do tradicional termo "neurolinguística". O novo termo é útil, inclusive, para evitar confusão com a "programação neurolinguística", que não possui relação com a neurolinguística que apresentamos nesta unidade.

Uma ilustração útil para compreendermos a diferença entre "mente *versus* cérebro" e "psicolinguística *versus* neurolinguística" é a analogia com os computadores digitais modernos. Praticamente todos nós sabemos que os computadores possuem duas partes fundamentais: (1) os *softwares*, que são os programas que usamos para escrever textos, fazer cálculos, ouvir músicas e navegar na internet, e (2) o *hardware*, a parte física do computador que torna o seu uso possível, como o teclado, o mouse, o monitor, o disco rígido etc. Se fizermos uma metáfora, entenderemos que a mente são os nossos *softwares* psicológicos, como a linguagem, a visão, o raciocínio etc., enquanto a superfície física que torna possível o uso desses *softwares* é o cérebro, o nosso *hardware* neuronal.

Figura 1.4: Áreas do cérebro associadas à linguagem humana: área de Broca (produção) e área de Wernicke (compreensão).

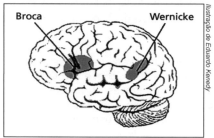

Pelo que dissemos, podemos entender que a neurolinguística é a ciência que deve encontrar respostas para a quarta questão que formulamos: "quais são os fundamentos físicos, no cérebro humano, do conhecimento linguístico?".

Três realidades no estudo da linguagem

Com base no que acabamos de dizer sobre a distinção entre teoria linguística, psicolinguística e neurolinguística, é possível compreendermos que cada uma dessas áreas possui o seu próprio objeto de estudo no complexo fenômeno da linguagem na mente humana. Cada qual desempenha papel singular no desenvolvimento da linguística como ciência cognitiva. Os objetos particulares com que se ocupa cada uma das três disciplinas constituem a *realidade* específica do seu domínio de investigação.

Assim, a *realidade teórica* ou *epistemológica* do conhecimento linguístico é o objeto das pesquisas em teoria linguística. Já a psicolinguística tem como objeto de estudo a *realidade psicológica* das línguas naturais no seu funcionamento em tempo real na mente humana. Por fim, o objeto da neurolinguística é a *realidade neurológica* da linguagem no cérebro, em sua substância eletroquímica.

A realidade teórica do conhecimento linguístico constitui uma *abordagem cognitiva moderada* acerca da linguagem na mente humana, por oposição à *abordagem forte* da realidade psicológica e à *abordagem fortíssima* da realidade neurológica.

Dizemos que a teoria linguística possui uma abordagem cognitiva moderada porque deve ocupar-se primordialmente com o *quê* da competência linguística humana, e não com o *como* dos processos mentais e cerebrais a ela subjacentes. O teórico da linguagem não necessariamente frequenta laboratórios científicos ou realiza trabalhos empíricos que observam o comportamento da mente e do cérebro em funcionamento real. Tal como Chomsky, o linguista teórico pode trabalhar exclusivamente em seu escritório, formulando teorias de maneira conceitual e dialética, bem ao estilo da filosofia.

Por sua vez, a psicolinguística deve ser caracterizada como uma abordagem cognitiva forte. Isso acontece porque os psicolinguistas observam e descrevem empiricamente, com base em pesquisas experimentais realizadas em laboratórios, os processos psicológicos pelos quais o conhecimento linguístico se realiza na mente humana. Os psicolinguistas idealizam e executam experimentos científicos que envolvem tarefas cognitivas observáveis como, por exemplo, a produção e a compreensão de palavras, frases e discursos. A partir dos resultados de experimentos desse tipo, os psicolinguistas podem formular generalizações a respeito de como a mente humana processa a linguagem natural.

A realidade neurológica da pesquisa neurolinguística caracteriza-se, por fim, como uma abordagem cognitiva fortíssima em razão de, em suas pesquisas, o neurolinguista considerar não somente o *quê* abstrato e o *como* mental do conhecimento linguístico, mas também o *onde* dos processos neurológicos que realizam fisicamente a linguagem na substância neuronal do cérebro.

A distinção entre as três realidades no estudo cognitivo da linguagem é importante porque a realidade epistemológica da teoria linguística é relativamente independente da realidade psicológica e neurológica. Por exemplo, quando um linguista teórico apresenta um conceito como "sintagma", ele está formulando uma teoria que explica como a mente humana relaciona as palavras umas às outras no interior de uma frase. Ele não está dizendo que encontraremos "sintagmas" se abrirmos o crânio de uma pessoa e analisarmos a configuração dos neurônios na superfície de seu cérebro.

Figura 1.5: As relações entre as três realidades da linguagem não são imediatas ou transparentes.

A integração entre as três realidades

Para o progresso do estudo da linguagem como fenômeno cognitivo, teoria linguística, psicolinguística e neurolinguística devem manter entre si intensas e profundas relações no empreendimento das ciências cognitivas. Por um lado, a teoria linguística deve formular modelos abstratos que representem o conhecimento linguístico existente na mente das pessoas. Por outro lado, psicolinguística e neurolinguística podem dedicar-se a verificar de que maneira tais modelos articulam-se ou não com a realidade concreta do que se passa na mente e no cérebro dos indivíduos. Além disso, as descobertas da psicolinguística e da neurolinguística podem orientar os linguistas teóricos em sua busca por um modelo cientificamente preciso, que represente de maneira correta o conhecimento linguístico humano.

No melhor dos cenários do desenvolvimento da linguística como ciência cognitiva, os estudos da teoria linguística serão articulados às descobertas sobre a realidade psicológica e neurológica da linguagem, de modo que se torne possível formular respostas integradas às questões "o que é conhecimento linguístico?", "como ele é adquirido?", "como ele é usado?" e "quais são seus substratos neurológicos?". No futuro do estudo da linguagem na mente, deverá haver uma integração cada vez maior entre as realidades epistemológica, psicológica e física do conhecimento linguístico.

Conclusão

Nesta unidade, aprendemos que a linguagem é um tipo de conhecimento e, assim, faz parte da cognição humana. Como tal, a linguagem e as línguas naturais são objeto de estudo das ciências cognitivas, especialmente da teoria linguística, da psicolinguística e da neurolinguística. Vimos que, na teoria linguística, o gerativismo é o modelo mais influente nos últimos cinquenta anos. Noam Chomsky é o principal teórico e o precursor desse tipo particular de linguística. Aprendemos que, no futuro das ciências cognitivas, teoria linguística, psicolinguística e neurolinguística devem articular respostas integradas para as quatro questões fundamentais do estudo da linguagem como faculdade cognitiva humana.

Exercícios

1) Por que, dentre suas diversas características, a linguagem humana deve ser considerada um fenômeno cognitivo?

2) Visite o site "YouTube" e assista ao vídeo situado no seguinte endereço: <http://www.youtube.com/watch?v=k-T_6WARzIQ>.
Após assistir ao vídeo, responda: quais são as relações entre filosofia, psicologia cognitiva e neurociência no estudo da linguagem humana?

3) Nas ciências cognitivas, qual é a função de uma teoria linguística?

4) O que é o gerativismo? Quem é Noam Chomsky?

5) Caracterize teoria linguística, psicolinguística e neurolinguística. Explique por que a realidade linguística a que cada uma dessas disciplinas se dedica é relativamente independente das demais e como é importante, para o progresso da ciência, que tais realidades sejam integradas no futuro.

UNIDADE 2
Conceitos fundamentais

Imagine que você esteja num encontro internacional de estudantes oriundos de vários países. Como cada estudante possui sua própria língua nativa e há muitas línguas no mundo, a primeira abordagem entre eles é geralmente feita em inglês, que funciona hoje como uma espécie de língua de comunicação universal. Em inglês, os estudantes apresentam-se entre si e conversam sobre o seu país de origem, sobre as línguas que sabem falar etc.

Se, nesse encontro, você fosse abordado por alguém que lhe perguntasse *qual* é a sua língua nativa, o que você responderia? Não há dúvida de que sua resposta seria rápida e fácil: você é um falante nativo do português.

E se lhe perguntassem *por que* você adquiriu especificamente o português e não outra língua como, por exemplo, o russo? Também aqui, sua resposta seria óbvia e imediata: você nasceu no Brasil, numa sociedade em que se fala o português, e não o russo, e foi nesse ambiente cultural lusófono que, em tenra infância, você adquiriu a linguagem.

Já se lhe perguntassem *onde* está a língua que você sabe falar, isto é, em que lugar se encontra o português, o que você diria? Nesse caso, sua resposta não seria assim tão fácil. Na verdade, a própria pergunta é um tanto incomum, de tal forma que o seu interlocutor poderia refazê-la com outras palavras: onde concretamente podemos localizar a língua portuguesa?

A estranheza da pergunta acontece por que, normalmente, não pensamos nas línguas como algo concreto, uma coisa que possa ser localizada da maneira como a pergunta pressupõe. No entanto, ainda que estranha, a questão é perfeitamente razoável, afinal, se existem no mundo real, as línguas devem ser localizadas no espaço e no tempo. Pense por um momento: onde no mundo concreto se encontram as línguas naturais?

Se você se lembra dos conteúdos da primeira unidade de nosso curso, não lhe restará dúvida de que uma língua se encontra na mente dos indivíduos que a falam. Essencialmente, é na mente das pessoas que uma língua natural encontra-se armazenada e é de lá que ela é ativada para o uso, nas tarefas cotidianas de produção e compreensão da linguagem. O português, por exemplo, encontra-se na sua mente (e na de todos os demais falantes dessa língua).

Figura 2.1: A mente humana é a morada da linguagem.

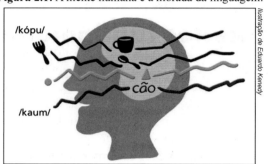

Mas, além dessa existência interior e subjetiva nos indivíduos, as línguas existem também no mundo objetivo exterior. Com efeito, para que uma língua natural se torne verdadeiramente útil e cumpra sua função primordial de organizar e comunicar pensamentos, é necessário que um grupo de indivíduos compartilhe, ainda que de forma aproximada e imperfeita, o código objetivo a ser manipulado pela linguagem. Dizendo de outra forma, para que uma língua natural exista de fato, é essencial que as pessoas compartilhem um léxico, e tudo o que nele está inscrito (fonemas, morfemas, palavras, expressões, significados e convenções de uso). É somente a partir de tais elementos compartilhados socialmente que a linguagem toma existência na mente de um indivíduo. Esse código objetivo compartilhado pelas pessoas é aquilo que compreendemos como a dimensão da linguagem externa à mente humana.

Considerando as duas dimensões da linguagem que citamos acima, isto é, a dimensão subjetiva e a objetiva, sua resposta à pergunta "onde se encontra a língua que você sabe falar" é, na verdade, dupla: por um lado, o português existe na sua mente e na de todos os indivíduos que falam essa língua e, por outro, existe também no código objetivo compartilhado pelas comunidades lusófonas, tais como as do Brasil, as de Portugal, as de Angola etc.

Se você compreendeu corretamente a dupla possibilidade de resposta à pergunta mencionada, então podemos aprofundar o problema na sequência desta unidade. Exploraremos aqui a dicotomia subjetividade e objetividade existente nas línguas naturais. Conforme analisaremos, não é apenas o português que possui uma dimensão linguística subjetiva e outra objetiva, mas todas as línguas humanas são igualmente bidimensionais. Veremos, nas próximas seções desta unidade, de que maneira essa dupla dimensão da linguagem é capturada pelos conceitos de língua-I e língua-E. Com base nesses conceitos, entendemos que é sobre a língua-I que recai o interesse de estudo do gerativismo. A compreensão do que é uma língua-I nos levará aos conceitos de modularidade da mente, modularidade da linguagem e interação entre módulos. Tais conceitos constituem os primeiros passos no longo caminho do estudo da linguagem na mente humana.

Conceitos de língua

Voltemos ao exemplo da introdução desta unidade. Você está num encontro internacional com estudantes de todas as partes do mundo. Os estudantes se comunicam inicialmente em inglês, que funciona como língua de comunicação universal. Ao ser perguntado sobre sua língua nativa, você responde que é falante do português. Então explica que essa foi a língua de seu ambiente na infância, no Brasil, quando você estava nos anos de aquisição da linguagem. Por fim, você declara que o português existe na sua mente, bem como na mente de todos os demais falantes dessa língua. Além disso, você afirma que o português existe também no código linguístico compartilhado por todas as comunidades de língua portuguesa ao redor do globo terrestre.

Nessa pequena história, quando formulamos a dupla resposta à pergunta "onde se encontra a língua que você sabe falar", estávamos na verdade apresentando a você um problema crucial no estudo da linguagem: o conceito de língua. Como vimos, o termo *língua* pode assumir pelo menos dois significados. Primeiramente, pode significar o conhecimento linguístico de um indivíduo acerca de uma dada língua, ou seja, é a faculdade cognitiva que habilita esse indivíduo a produzir e compreender enunciados na língua de seu ambiente. Nessa acepção, o termo *língua* refere-se a uma habilidade presente na mente humana. Em segundo lugar, *língua* pode significar o código linguístico existente numa comunidade humana, isto é, língua é o léxico e tudo o que nele está contido ou dele é derivado. Nessa acepção, *língua* diz respeito a algo que assume existência fora da mente das pessoas. É com base no primeiro significado de *língua* que você pode responder à pergunta da história dizendo que "o português existe na sua mente e na mente de todos os que sabem falar essa língua". E é a partir do segundo significado que faz sentido você responder à pergunta dizendo que "o português existe no código linguístico vigente nas comunidades lusófonas do mundo, tais como Brasil, Portugal, Moçambique etc.".

Você já deve ter percebido que *língua* como faculdade cognitiva e *língua* como código linguístico são realidades muito diferentes. Para exemplificar essa dessemelhança, pensemos, por um momento, na quantidade de línguas existentes no mundo. Quantas línguas você imagina que são faladas hoje ao redor do globo?

Se assumirmos que *língua* é uma capacidade presente em cada mente humana, diremos que há no mundo 7 bilhões de línguas, na medida em que existem nele cerca de 7 bilhões de cérebros/mentes humanos. Já se interpretarmos *língua* como código linguístico socialmente compartilhado, então diremos que existem 6 mil línguas no mundo, cada qual com centenas de subdivisões dialetais correspondentes às diversas organizações sociais humanas. São números bastante diferentes, não são?

28 Curso básico de linguística gerativa

Dada a grande diferença entre os dois conceitos, você deve estar se perguntando como é possível evitar confusões ao empregar o termo *língua* ao longo de seus estudos sobre a linguagem humana. Afinal, como poderemos deixar claro quando estivermos falando de língua como faculdade cognitiva e quando estivermos falando de língua como código linguístico socialmente compartilhado?

Em seu livro clássico, lançado em 1986, intitulado *O conhecimento da língua: sua natureza, origem e uso*, Chomsky procurou resolver esse problema. Ele propôs o uso do termo "língua-I" para fazermos referência à língua em sua acepção cognitiva. Para nos referirmos à língua como fenômeno sociocultural, Chomsky propôs o termo "língua-E".

Conceitos de Chomsky: língua-I e língua-E

"[...] [sobre] a existência da língua na mente do falante [...]. Vamos referir-nos a esta noção como "língua interna" (Língua-I). A língua-I é, pois, um elemento que existe na mente da pessoa que conhece a língua, adquirido por quem aprende e usado pelo falante-ouvinte." (1994: 41)

"[...] uma língua é usada por uma população [...] por um interesse comunicativo. Vamos referir-nos a esse conceito como instância de uma "língua externa" (Língua-E), no sentido em que o construto é compreendido independentemente das propriedades da mente/cérebro." (1994: 39)

Ao usarmos os conceitos propostos por Chomsky, poderemos distinguir, com clareza, a dimensão subjetiva das línguas e a sua dimensão objetiva, evitando, assim, as confusões que o termo genérico *língua* pode provocar. A dimensão mental/subjetiva do fenômeno da linguagem, que também chamamos de cognitiva ou psicológica, é sintetizada no conceito de "língua-I", em que "I" significa interna, individual e **intensional** (escrito com "s" mesmo!). Por sua vez, a dimensão sociocultural/objetiva das línguas é denominada "língua-E", em que "E" quer dizer externa e **extensional**.

> A distinção intensional *versus* extensional tem origem na filosofia. "Intensional" diz respeito a tudo o que é interior e próprio a um dado significado, ao passo que "extensional" refere-se à extensão de um dado significado, isto é, diz respeito à classe de objetos a que o significado se refere.

Se você já compreendeu corretamente que todo e qualquer fenômeno linguístico compreende sempre duas dimensões, a extensional (coletiva, exterior) e intensional (individual, interior), poderemos então passar às seções seguintes. Veremos em detalhes o que faz com que uma língua deva ser interpretada como língua-E e, por contraste, o que faz com que uma língua deva ser interpretada como língua-I. Você verá que, se especificarmos a noção de língua nos conceitos de língua-E e de língua-I, muitas confusões comuns nos estudos da linguagem poderão ser evitadas.

Língua-E

A noção de Língua-E corresponde *grosso modo* ao que comumente se interpreta como *língua* ou *idioma* no senso comum, por pessoas que não frequentaram cursos especializados em linguística. Por exemplo, o *português* é uma língua-E no sentido de que é esse fenômeno *sociocultural*, *histórico* e *político* que compreende um *código linguístico*: a língua portuguesa.

Uma língua-E é um fenômeno *sociocultural* porque é compartilhada pelos indivíduos que integram uma mesma sociedade, com suas diversas nuances, e, dessa forma, compartilham uma cultura. Como sabemos, uma sociedade pode ser composta por um número muito pequeno ou extremamente grande de indivíduos, mas essa distinção numérica não é relevante para o conceito de língua-E. Pense, por exemplo, nos anambé, integrantes de uma sociedade indígena brasileira que vive na região central do Pará. Essa sociedade é composta por pouco mais de 100 indivíduos, os quais compartilham a língua anambé, que é a sua língua-E. Trata-se de uma pequena quantidade de falantes. Agora pense nas complexas nações multicontinentais modernas, que abrigam um gigantesco número de pessoas. A língua inglesa, por exemplo, é hoje falada por mais de 500 milhões de indivíduos que nasceram numa sociedade anglófona, como as existentes na Inglaterra, nos EUA, na Austrália, na África do Sul etc. O inglês é também usado por cerca de 1 bilhão de falantes não nativos, isto é, pessoas que aprenderam a língua na condição de falantes estrangeiros. Esse enorme contingente de falantes que se espalham por todos os continentes faz do inglês uma das línguas-E mais faladas no mundo. A despeito dessas diferenças numéricas e de prestígio internacional, anambé e inglês são o que chamamos de duas línguas-E.

Uma língua-E é um fenômeno *histórico* porque sempre se constitui ao longo do tempo, nas contingências da história da humanidade, em suas diversas populações ao redor do planeta. Por exemplo, a sua língua-E é o português, já que você é brasileiro, nascido numa comunidade que cultivou essa língua-E ao longo dos séculos de história do Brasil. Na verdade, o código linguístico

30 Curso básico de linguística gerativa

que você herdou ao nascer possui uma origem muito mais remota do que a da sua comunidade. Os fonemas, os morfemas, as palavras, os significados e usos do português no Brasil remontam não somente aos séculos passados da história da colonização brasileira, mas têm também origem nos séculos e milênios da história sociocultural de Portugal e do Império Romano, cuja língua, o latim, acabou dando origem ao português. Se quisermos ir ainda mais a fundo, poderíamos dizer que a história da sua língua-E se inicia antes mesmo da constituição do Império Romano, com as línguas pré-românicas que deixaram heranças ao latim, que as retransmitiu ao português. Note que você simplesmente herdou o português dessas circunstâncias históricas, sem sequer ter consciência delas. Se você tivesse nascido noutro lugar do mundo, ou noutro momento da história, sua língua-E seria outra. Shakespeare, por exemplo, herdou de seu ambiente uma língua germânica, o inglês da Inglaterra, do século XVI, que assim se tornou sua língua-E. Ao nascer, um ser humano herda um conjunto de contingências históricas e uma delas é a sua língua-E.

Por se tratar de um fenômeno sociocultural e histórico, uma língua-E é, por isso mesmo, um fato *político*. Com efeito, as sociedades desenvolvem-se historicamente por meio de ações políticas e muitas delas voltam-se para a linguagem. Por exemplo, a Constituição Federal Brasileira, de 1988, afirma em seu art. 13° que a língua oficial de nossa nação é o português. Isso é uma posição política perante a história do Brasil e, em particular, perante a história de nossa cultura. Numa outra postura política, um tanto radical, seria possível argumentar que nossa língua-E não é mais o português, mas, sim, um novo código, originado das mudanças que o português europeu sofreu na América, em contato com línguas indígenas e africanas: o *brasileiro*. Outro exemplo de atitude política na linguagem é promover uma língua-E institucionalmente, através do ensino formal em escolas e do cultivo de aprendizagem da língua como idioma estrangeiro.

Atualmente, vivemos no Brasil um problema político importante em relação à nossa língua-E: o tratamento dos estrangeirismos. Há um projeto de lei no Congresso Nacional que visa proibir o uso de termos estrangeiros, sobretudo os de origem inglesa, no comércio e na propaganda. Sem nos ocuparmos do mérito da questão, o importante para o contexto de nossa unidade é você entender que usar uma expressão como "fazer download" ou "baixar um arquivo" é uma postura política em relação à língua-E, que tem a ver com o nacionalismo e a negação de estrangeirismos. Qual é a sua opinião? Você é contra ou a favor dos estrangeirismos? Acha que devem ser mesmo proibidos por lei? Qual é a sua opinião política sobre sua língua-E?

Você deve estar se perguntando qual é a importância de uma língua-E para uma ciência de cunho cognitivista como a linguística gerativa. Bem, podemos dizer

Conceitos fundamentais **31**

que, para um gerativista, uma língua-E é simplesmente um código linguístico, um léxico com seus inúmeros componentes. Esse léxico compreende as palavras compartilhadas pelos membros da coletividade para fazer referências às mais distintas entidades de seu universo físico e cultural. Compreende, da mesma forma, especificações quanto aos sons usados na comunidade de fala (fones e fonemas), especificações quanto às categorias morfossintáticas consideradas relevantes para a língua, tais como, dentre outras, classes de palavras, gêneros gramaticais, tempos, modos, aspectos e pessoas verbais. E, finalmente, compreende especificações quanto às convenções de uso, como formas de tratamento, usos elegantes ou ofensivos, linguagem figurada, expressões frequentes, expressões raras, dentre muitos outros tipos de informação.

Léxico e cognição linguística

Nos estudos linguísticos, o léxico não é somente o vocabulário de uma língua, não é apenas o conjunto de palavras convencionalizadas numa língua-E, tal como um dicionário. O léxico é, sobretudo, a maior fonte de informação linguística necessária para a aquisição e o uso de uma língua-I. Assim, o léxico contém, é claro, as especificações sobre a relação arbitrária entre o significante e o significado de um grande número de palavras – tal propôs Ferdinand de Saussure, o famoso linguista considerado precursor da linguística moderna –, mas contém o conjunto de todas as informações fonológicas, morfossintáticas e semânticas imprescindíveis para a aquisição e o uso da língua do ambiente. Por exemplo, é no conjunto de informações codificadas no léxico do português (língua-E) que estão especificados os traços linguísticos que compõem o item "casa", isto é, a sua pronúncia, com sílabas e fonemas específicos, sua classe gramatical (nome), seu gênero gramatical (feminino), seu significado (lugar destinado à moradia), dentre outras informações. Veremos mais sobre a noção cognitiva de léxico na unidade 8 de nosso curso.

Para os estudiosos da linguística gerativa, o interesse de estudo acerca das línguas-E concentra-se na descrição das informações que estão codificadas no léxico dessas línguas. Essas informações são bastante variáveis de língua para língua, já que, como sabemos, uma língua-E é um produto sócio-histórico, e, por isso mesmo, está sujeita às contingências da experiência cultural humana. O interesse particular do gerativista recai sobre o fato de a mente humana ser capaz de adquirir essas informações, sejam quais forem, para, a partir delas, produzir e compreender expressões linguísticas no uso cotidiano da língua-I.

Dessa forma, o gerativista procurará identificar, ao descrever uma língua-E, os traços linguísticos que estão codificados em seu léxico e são utilizados na formação de representações mentais, como fonemas, morfemas, palavras, sintagmas, frases e discursos.

Curso básico de linguística gerativa

Critérios políticos na identificação de línguas

Para ilustramos de que maneira a noção de língua-E é influenciada por fatores políticos, pensemos nas línguas faladas na China e na Escandinávia. Imaginamos que o chinês seja uma e apenas uma língua, mas os falantes chineses sabem que a língua que se fala em Beijing (dialeto mandarim) é totalmente diferente daquela falada em Hong Kong (dialeto cantonês), a ponto de a comunicação oral entre os falantes dessas duas comunidades se tornar impossível, a não ser que se recorra à tradução ou à escrita ideogramática comum aos dois dialetos. Ora, mandarim e cantonês são claramente dois códigos linguísticos muito diferentes. Por que então não dizemos que a China possui duas línguas? Não dizemos isso porque a unidade geopolítica daquele vasto país é reforçada com a ideia de que uma única língua é usada por todos os seus bilhões de habitantes. Na Escandinávia, região europeia que abrange a Noruega, a Dinamarca e a Suécia, acontece um caso inverso. Acreditamos que norueguês, dinamarquês e sueco sejam três línguas diferentes, cada uma pertencente a seu respectivo país. Ocorre, no entanto, que os códigos linguísticos usados nos três países são muito parecidos, de tal forma que noruegueses, dinamarqueses e suecos conseguem conversar entre si de maneira natural, cada qual usando a sua própria língua, sem necessidade de tradução ou recurso à escrita. Por que então não dizemos que esses três países falam uma mesma língua? Mais uma vez, a unidade geopolítica e o orgulho nacional desses países são reforçados pela ideia de que cada um deles possui o seu próprio idioma. Ao usarmos critérios políticos, será sempre muito difícil identificar quando uma língua termina e a outra começa. O linguista Max Weinreich ironizou a imprecisão do conceito político e sociocultural de língua com a seguinte definição: "uma língua é um dialeto que possui exército e marinha".

Exemplos da semelhança entre norueguês, dinamarquês e sueco.

Frase: "Meu nome é John"	Em norueguês: "Mitt navn er John"	Em dinamarquês: "Mit navn er John"	Em sueco: "Mitt namn är John"

Exemplos da diferença entre mandarim e cantonês.

Frase: "Meu nome é John"	Em mandarim: "Wǒ de míngzi shì John"	Em cantonês: "Ngóh go mèhng giu John"	Na escrita ideogramática comum aos dois idiomas: 我的名字是約翰

Fora do gerativismo, muitas são as abordagens linguísticas interessadas em investigar as línguas sob a perspectiva da língua-E. Ao optar por esse tipo de abordagem externa à mente, os linguistas investigarão fenômenos como, por exemplo, a dinâmica das relações entre, de um lado, o código linguístico e, de outro, a história, a ideologia, a estratificação sociocultural, a arte, a educação. Podem estudar, também, questões relacionadas ao ensino formal do código e dos usos da linguagem considerados prestigiados, ou, ainda, podem concentrar-se nos produtos da atividade linguística, como os textos. Conforme se vê, estudos sobre línguas-E dedicam-se a propriedades socioculturais, intersubjetivas e históricas relacionadas à linguagem ou dela derivadas. Tais propriedades podem, a princípio, ser analisadas independentemente de sabermos o que se passa no interior da mente das pessoas e, por isso, as consideramos *externas* ao indivíduo.

É correto dizer que *língua* identificada como língua-E é a abordagem da linguagem humana subjacente nas ciências sociais, dentre as quais figuram várias áreas da linguística, como o estruturalismo, a sociolinguística, o funcionalismo, dentre outras.

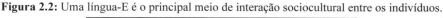

Figura 2.2: Uma língua-E é o principal meio de interação sociocultural entre os indivíduos.

Se você já compreendeu o que é a dimensão extensional da linguagem, com o conceito de língua-E, podemos então passar à análise de sua dimensão intensional. Veremos como o código linguístico existente numa língua-E deve ser apropriado por um indivíduo, estocado em sua mente e de lá colocado em uso para a produção de frases e de discursos.

Língua-I

A noção de língua-I corresponde ao conjunto de capacidades e habilidades mentais que fazem com que um indivíduo particular seja capaz de produzir e compreender um número potencialmente infinito de expressões linguísticas na língua de seu ambiente. Dizendo de outra forma, uma língua-I é o conhecimento linguístico de uma pessoa, aquilo que está presente na sua mente e lhe permite usar uma língua-E para produzir e compreender palavras, sintagmas, frases e discursos.

Na acepção de língua-I, uma *língua* é entendida como parte do sistema cognitivo humano. Trata-se de uma faculdade psicológica ou, por assim dizer, um *órgão mental*.

Ao ser concebido, um indivíduo humano herda da evolução de sua espécie um conjunto de instruções genéticas que orientam o desenvolvimento de seu corpo e de seu comportamento. Uma dessas heranças biológicas é a faculdade da linguagem. De posse dessa faculdade, um ser humano normal é capaz de, já ao nascimento, começar a perceber e processar a língua-E de seu ambiente de modo a retirar dela informações para criar a sua língua-I, isto é, o seu conhecimento linguístico. Uma língua-I é a forma pela qual as informações contidas no código linguístico do ambiente (a língua-E) estão representadas em nossa mente. É, digamos assim, a nossa versão interiorizada das informações da língua-E, a nossa cópia particular dessa língua.

Para você entender melhor a distinção entre língua-E e língua-I, pense no seguinte. A língua do ambiente nos oferece fonemas, morfemas, palavras etc. Mas é a nossa língua-I que põe toda essa maquinaria em uso, criando e compreendendo frases e discursos novos a cada momento de uso da linguagem. Por exemplo, usando os códigos da língua portuguesa (seu léxico, sua morfossintaxe etc.), você é capaz de compreender o texto que está lendo neste exato momento. Os códigos que você manipulou para chegar à compreensão do texto são elementos da sua língua-E, porém a habilidade dinâmica de relacionar os itens desse código em frases complexas e extrair deles informação de significado é a sua língua-I, algo que está na sua mente. Da mesma forma, a sua capacidade de usar os códigos da língua portuguesa para produzir e compreender expressões linguísticas quando estiver numa conversa é também manifestação da sua língua-I. Não custa nada reforçar a importante lição da primeira unidade de nosso curso e lembrar a você que nossa habilidade para produzir e compreender a linguagem é inconsciente. Nossa língua-I é, portanto, algo que usamos a todo o momento, de maneira tácita.

No estudo da língua-I, os linguistas estão interessados em descobrir como é a natureza psicológica e neurológica da linguagem na espécie humana. Os estudos dessa abordagem são conduzidos com especial atenção a tudo que é interno à mente das pessoas. Diversos tópicos de pesquisa fazem parte da agenda dos linguistas da língua-I, como, por exemplo, as relações entre linguagem e pensamento, linguagem e memória (de longo e de curto prazo), linguagem e percepção, linguagem e estrutura neuronal, linguagem e deficiências cerebrais. A abordagem da *língua* como língua-I é, portanto, característica das ciências da cognição – e complementa-se à noção de língua-E típica das ciências sociais.

Figura 2.3: A língua-I é um componente da cognição individual humana.

Pelo conhecimento que, até aqui, você já acumulou desde o início de nosso curso, torna-se fácil entender que o interesse principal da pesquisa da linguística gerativa é a língua-I. O gerativismo é uma abordagem linguística dedicada ao estudo das línguas naturais no sentido de línguas-I.

Caso você já tenha compreendido corretamente a distinção entre língua-E e língua-I, podemos avançar na nossa unidade. Veremos na próxima seção que uma língua-I é, na verdade, um módulo mental, um domínio cognitivo específico. Mas o que é um módulo da mente? É exatamente isso que estudaremos a seguir.

Modularidade da mente

Após compreendermos que o gerativismo se dedica ao estudo da língua-I e, assim, insere-se no campo de estudo da psicologia humana, podemos apresentar outros conceitos fundamentais nas ciências cognitivas que serão muito importantes e úteis no decorrer de nosso curso. Vejamos o conceito de *modularidade da mente*. Uma língua-I é uma capacidade mental, mas existem inúmeras capacidades mentais comuns aos seres humanos. Com efeito, a linguagem é apenas um componente no meio de muitos outros componentes cognitivos existentes na mente. Dizemos que uma língua-I é um *módulo* único e específico na cognição humana. Mas o que devemos entender por módulo?

O conceito de módulo é derivado da hipótese da modularidade da mente. Essa hipótese opõe-se à hipótese da uniformidade da mente. Vejamos como. Segundo a ideia de *mente uniforme*, também chamada pelos psicólogos de *mente holista* ou *inteligência única*, a nossa inteligência seria um todo indivisível. Nessa concepção, acredita-se que a mente humana seja uma espécie de ferramenta única, genérica e de multiuso, a qual utilizaríamos para resolver qualquer tipo de tarefa cognitiva. Para entender melhor a hipótese da uniformidade, imagine que a mente humana seja um computador. Segundo a hipótese holista, esse computador deve possuir somente um único programa, que seria capaz de realizar todas as tarefas cognitivas que dão conta de nosso comportamento normal e cotidiano.

Se precisamos conversar oralmente com alguém, então o programa único está lá fazendo isso com a gente. Se precisamos ler ou escrever uma carta, o programa mental que usaremos é o mesmo. Se precisamos resolver um problema matemático, é o mesmo programa que será utilizado. Se precisamos nos lembrar de uma informação, é o mesmo programa que a buscará. Se precisamos decidir se temos tempo ou não para atravessar a rua antes que o próximo carro chegue a nossa posição, está lá o programa "pau pra toda obra" fazendo a inferência para a gente. Uma mente uniforme seria, então, essa capacidade única e genérica, que utilizaríamos para todas as formas de comportamento humano.

Figura 2.4: Representação da hipótese da uniformidade da mente.

A uniformidade da mente encerra, na verdade, uma visão bastante simplificada da cognição humana. No entanto, essa visão orientou o trabalho de filósofos e cientistas durante muitos séculos e, ainda hoje em dia, subsiste. Mesmo o francês Jean Piaget, um psicólogo moderno bastante famoso e influente, assumiu em seus estudos a suposta unicidade da mente: a mente seria a capacidade humana geral e abstrata de aprender por associação, regularidade e analogia. Segundo Piaget, tal capacidade única seria, ela mesma, aplicada a todos os domínios da inteligência, desde a linguagem até a matemática, passando pelas relações sociais, habilidades motoras e técnicas etc.

Com o conceito de modularidade – termo disseminado pelo filósofo e psicolinguista norte-americano Jerry Fodor em seu importante trabalho de 1983 –, entendemos que a mente humana seja muito diferente de uma ferramenta única multiuso. Ela é, na verdade constituída, por diversos compartimentos, isto é, divide-se em módulos especializados na execução de tarefas específicas. Isso quer dizer que o que entendemos por *inteligência* é, de fato, um conjunto de *inteligências* especializadas e autônomas, como a linguagem, a visão, a memória, a percepção espacial, as relações lógico-matemáticas etc. A esse conjunto de inteligências (os módulos), chamamos de *mente*, esse termo no singular com apenas cinco letras.

Se voltarmos à nossa comparação entre a mente humana e um computador, diríamos que nesse computador há muitos programas, cada qual especializado num tipo específico de nosso comportamento. Se vamos usar a linguagem, então um programa específico (por exemplo, o Aplicativo Língua-I) é acionado. Se vamos calcular uma distância, para decidir se é possível para atravessar uma rua enquanto o próximo carro não chega perto, então outro programa é acionado (por exemplo, o Aplicativo Movimento no Espaço). Se queremos nos lembrar de alguma coisa, rodamos um novo programa (por exemplo, o Aplicado Busca na Memória) e assim por diante. Uma mente modular é, pelo que dissemos, composta por capacidades especializadas em diferentes tipos de comportamento, dedicadas a diferentes tipos de informação. Cada uma dessas capacidades especializadas é um *módulo* mental.

Conceitos de Fodor

"A mente não pode ser genérica."

"Na verdade, ela é um conjunto de inteligências especializadas, cada qual controlada por suas próprias regras."

Figura 2.5: Representação da hipótese da modularidade da mente.

A hipótese de que a mente humana seja modular vem sendo sustentada por evidências cada vez mais contundentes, tanto por parte das ciências cognitivas quanto por parte das neurociências. Por exemplo, sabemos hoje que as pessoas possuem inteligências variáveis, com destaque para certos tipos de inteligências. Isso quer dizer que é normal que, em qualquer pessoa, certos módulos se sobressaiam em relação aos demais. Como ilustração para esse fato, pense que uma pessoa pode comportar-se como excelente orador ou escritor, mas pode não ser tão bom em matemática... Ou pode destacar-se na música, mas não ser tão bom no relacionamento com outras pessoas... E assim por diante. O psicólogo e educador Howard Gardner compreendeu bem a natureza modular da mente e adaptou-a aos problemas escolares em seu livro *Estruturas da mente*. A adaptação de Gardner é muito importante, pois com ela a escola e a sociedade devem tornar-se conscientes de sua responsabilidade em reconhecer e estimular os diferentes tipos de inteligência nas pessoas, sem se concentrar em apenas algumas delas, como infelizmente tem acontecido ao longo da história. Gardner demonstrou, inclusive, que os famosos testes de QI são na verdade uma falácia, afinal eles se baseiam na hipótese da uniformidade da mente e consistem num conjunto de perguntas capciosas que poderiam medir somente a inteligência linguística e a matemática.

Howard Gardner e a teoria das inteligências múltiplas

Gardner vem propondo, em seus estudos, que a inteligência humana seja composta por um complexo de inteligências específicas. Seriam as inteligências visual/espacial, musical, verbal, lógica/matemática, interpessoal, intrapessoal, corporal/cinestética, naturalista e existencialista. Na verdade, Gardner assume um interesse pedagógico e social no estudo sobre as múltiplas inteligências e não um interesse estritamente cognitivista. Por essa razão, as inteligências por ele propostas não são exatamente módulos, mas alguns módulos combinados, assim como nem todos os módulos da mente são citados nas inteligências elencadas pelo autor.

Também nas ciências do cérebro a hipótese da modularidade da mente vem sendo confirmada. Sabemos hoje que danos em certas áreas do cérebro podem causar deficiência ou perda de algumas habilidades cognitivas. O interessante é que perdas cognitivas decorrentes de problemas como AVC, isquemias ou traumatismos são quase sempre seletivas, isto é, na maioria dos casos afetam apenas uma parte da cognição, um módulo da mente ou um fragmento desse módulo. Um dano cerebral raramente compromete toda a cognição humana. Certos módulos podem ser afetados, mas muitos são preservados. Um bom exemplo são as afasias, que afetam apenas certas partes do módulo linguístico e do módulo motor, mas não toda a cognição dos indivíduos com o cérebro lesionado. Há também o caso inverso, como acontece na rara síndrome de *savants*, que se dá quando uma pessoa possui um severo retardo mental em muitos módulos da cognição, exceto um ou dois, que curiosamente se apresentam hiperdesenvolvidos, como se compensassem a perda dos outros módulos concentrando em si uma enorme habilidade incomum. Déficits seletivos nas capacidades mentais ou preservação seletiva dessas capacidades indicam justamente que nossa psicologia possui domínios especializados para cada função cognitiva, tal como prevê a hipótese da modularidade da mente.

Se você compreendeu corretamente o que é a modularidade da mente, então será fácil concluir que a linguagem é um de nossos módulos cognitivos. Podemos dizer que a linguagem é um módulo porque ela possui a sua própria natureza e o seu próprio funcionamento, que são independentes dos outros módulos da mente. Nossa inteligência linguística, isto é, nosso módulo da linguagem, não se confunde com a visão, com as emoções, com a inteligência matemática etc. A linguagem humana exerce na mente a função exclusiva de produzir e compreender estruturas linguísticas. Você certamente já entendeu que uma língua-I é o nosso módulo especializado em linguagem, o nosso programa mental para a língua.

A hipótese da modularidade da mente é importante para a linguística porque, com base nela, podemos nos concentrar naquilo que uma língua-I possui de

40 Curso básico de linguística gerativa

específico. Os interessados na natureza, na aquisição e no uso de uma língua-I devem, então, procurar identificar as características próprias desse módulo da mente, ou seja, devem descobrir e descrever as propriedades da mente humana que são exclusivamente linguísticas e não se confundem com a natureza dos demais módulos mentais.

> É importante ressaltarmos que o conceito de modularidade da mente não deve ser confundido com a noção de *localizacionismo cerebral* ou de *especificidade neuronal*. Na hipótese localizacionista, assume-se que certas áreas específicas do cérebro e certos tipos de neurônios sejam especializados numa e somente uma atividade neurocognitiva. Dessa forma, um conjunto específico de neurônios numa área particular do córtex cerebral seria especializado numa única função mental, como por exemplo a atenção ou relação espacial. Porém, como muito bem demonstra o neurocientista Miguel Nicolelis, em seu ótimo livro *Muito além do nosso eu* (2011), uma atividade cognitiva em particular pode ser executada por vastas redes de neurônios que se espalham pelo cérebro e trabalham em conjunto. Portanto, você deve entender que a modularidade da mente assume que existam cognições especializadas em certos domínios do saber humano – os módulos –, não obstante, um único módulo cognitivo pode ser executado fisicamente por diversas regiões do cérebro.

Se você já compreendeu o que é a hipótese da modularidade da mente, então certamente compreenderá o que é a modularidade da linguagem. Explicaremos, na próxima seção, como cada módulo da linguagem humana, no interior de nossa competência linguística, possui sua própria estrutura e seu próprio funcionamento.

Modularidade da linguagem

No estudo da mente humana, os psicólogos cognitivos deram um passo à frente e estenderam o conceito de modularidade da mente. Para esses estudiosos, os módulos mentais podem ser, eles mesmos, organizados em outros módulos menores, ou seja, os módulos podem possuir seus módulos internos, também chamados de *submódulos* ou *micromódulos*. Numa comparação grosseira, mas ilustrativa, imagine uma grande laranja. Se você dividi-la em quatro gomos, cada um deles representaria um módulo. Você distribuiria cada módulo desse para uma pessoa diferente, que poderia fazer com ele o que quisesse. Agora imagine que uma pessoa dessas dividisse o seu módulo em várias partes ainda menores, os subgomos da laranja. Cada um desses subgomos seria o módulo dentro do módulo, ou submódulo. Esses submódulos seriam distribuídos a mais outras pessoas, que poderiam, mais uma vez, fazer o que quiserem com o seu quinhão da laranja. Se você entendeu a comparação, então já compreende também a ideia da modularidade estendida. Cada módulo cognitivo é especializado num tipo particular de tarefa mental e cada um desses módulos possui uma organização interna, caracterizada em submódulos. Esses submódulos, por sua vez, dão conta de uma tarefa específica dentro de seu módulo. Por exemplo, no módulo da visão, possuímos um submódulo para lidar com a visão de objetos estáticos e outro submódulo para lidar com a visão de objetos em movimento. No módulo da memória, há um submódulo para lidar com o armazenamento de informações instantâneas, usadas somente durante os breves momentos de uma conversa, por exemplo, e há outro submódulo para lidar com o armazenamento de informações de maior durabilidade, chamadas de memória de longo prazo, e assim por diante, em todos os módulos.

No que diz respeito ao módulo da linguagem, a ideia da modularidade estendida é útil para explicarmos o fato de que o nosso conhecimento linguístico, a nossa língua-I, é, na verdade, um conjunto de conhecimentos especializados e relativamente independentes entre si. Vejamos a seguir cada um desses submódulos, descrevendo sucintamente a tarefa cognitiva que a eles compete.

O *módulo fonológico* é o submódulo da linguagem especializado nas estruturas sonoras da língua. É esse o tipo de conhecimento que usamos, inconscientemente, quando reconhecemos e produzimos os sons que organizam os morfemas e as palavras. Por exemplo, conseguimos distinguir a forma da palavra *bode* da forma da palavra *pode* porque nosso módulo identifica nessa oposição o traço fonológico de sonorização, que é fisicamente produzido com a vibração de nossas cordas vocais. Em nossa competência fonológica, sabemos que no fonema /b/ tal traço é positivo, isto é, a vibração acontece, mas em /p/ o traço é negativo. O módulo fonológico também nos mantém informados das transformações que determinado som pode sofrer de acordo com o contexto em que esteja inserido na palavra. Por exemplo, sabemos tacitamente que a oposição entre o fonema /s/ e o fonema /ʃ/ se estabelece no começo de palavras, como acontece em, respectivamente, *ceia* e *cheia*, e também entre vogais, como ocorre na distinção entre *assa* e *acha*. (Atenção para não confundir fonemas com letras! O fonema /s/ pode ser representado pelos grafemas "s", "ç", "ss" e outros, enquanto /ʃ/ é representado por "x", "ch" e outros.) Sabemos, da mesma forma, que a oposição entre /s/ e /ʃ/ não se estabelece no final de sílaba ou no final de palavra. É por isso que uma palavra como *mais* pode receber uma pronúncia variável, já que, no fim da sílaba, [s] e [ʃ] não provocam oposição fonológica – lembre-se, por exemplo, da pronúncia

42 Curso básico de linguística gerativa

[mais] típica de um paulista e da pronúncia [maiʃ] típica de um carioca. Nosso módulo fonológico controla, portanto, as informações a respeito dos fonemas que existem na língua de nosso ambiente. Essas informações dizem respeito aos traços constitutivos dos fonemas e a como tais traços entram ou não em ação para distinguir formas. Construímos esses conhecimentos durante a infância, nos anos de aquisição da língua, a partir de nossa experiência com a língua-E a que fomos expostos. Depois da infância, colocamos o conhecimento armazenado no módulo fonológico em uso a todo o momento no dia a dia da linguagem.

O *módulo morfológico* é o submódulo da competência linguística responsável por nossa habilidade de manipular morfemas. Os morfemas são os constituintes internos da palavra dotados de significação. Eles cumprem as funções de estruturar e modificar os significados no interior dos itens lexicais, bem como nos permitem reconhecer e criar palavras novas. Por exemplo, de posse de um item do léxico como o verbo *estudar*, seu conhecimento tácito sobre a morfologia do português permite a você a expressão de vários significados a partir da adição e/ou subtração de morfemas a tal verbo: {estud-a-re-i}, {estud-a-mos}, {estud-a-va-m} etc. O morfema *–re* adiciona ao verbo o significado de futuro, dando a ideia de que a ação de estudar ainda não aconteceu. Por contraste, o morfema *–va* indica uma ação que ocorreu no passado. Já o morfema *–i* indica que a ação recai sobre a pessoa que fala (*eu* – a primeira do singular), por oposição ao morfema *–mos*, que transmite informação da primeira pessoa do plural (*nós*) e ao morfema *–m*, que aponta que a terceira pessoa do plural (*eles* ou *elas*) realizou o ato de estudar. Além disso, a competência morfológica permite que decodifiquemos o significado de palavras novas, se elas estiverem estruturadas por morfemas. Por exemplo, mesmo que você nunca tenha visto até agora a palavra *desmexicanização*, saberá dizer qual é o seu significado: ato de deixar de ser mexicano. Isso é possível porque o módulo morfológico de sua língua-I faz com que você seja capaz de, inconscientemente, perceber que essa palavra é composta pela relação dos significados expressos pelos morfemas {des-mexic-an-iza-ção}. Quando produzimos e compreendemos modificações de singular e plural, masculino e feminino, passado, presente e futuro, primeira, segunda e terceira pessoas etc., bem como quando produzimos e compreendemos palavras novas, estamos fazendo uso de nossa competência morfológica, que é armazenada no módulo morfológico da língua-I.

Em nossa competência linguística, o *módulo lexical* é responsável pelo armazenamento e pela recuperação do grande número de palavras da língua que falamos, em sua forma de expressão acústica e seu significado. Trata-se de nosso conhecimento sobre o léxico da língua-E. Assim, o fato de você conhecer uma palavra como, digamos, *advogado*, e saber a sua pronúncia habitual ("a-di-vo-ga-du"), o seu significado comum ("tipo de profissão que lida com leis e legislação") e o seu contexto de uso ("descrição de uma classe de profissionais" ou "referência a um indivíduo em particular" etc.) é algo que se torna possível por meio do funcionamento normal do conhecimento lexical presente na sua mente. Dar conta das palavras, sua pronúncia, seu significado e suas condições de uso é a tarefa do módulo lexical.

É importante você notar que o módulo lexical não se confunde com um dicionário. Dicionário é um tipo de livro em que são listadas as palavras socialmente reconhecidas numa língua-E. As diferenças são muitas. Por exemplo, é muito comum que um dicionário contenha palavras que não existem na sua língua-I – por acaso, você conhece a palavra *amplexo*? Talvez não, mas saiba que ela faz parte de muitos dicionários do português. É também muito frequente que palavras existentes na sua língua-I não constem nos dicionários – por exemplo, tente encontrar a palavra *tchan* no famoso dicionário Aurélio... Apesar do seu uso há décadas consagrado no Brasil, esse termo ainda não foi dicionarizado. Um dicionário da língua portuguesa pode conter até 400 mil palavras, enquanto a língua-I de uma pessoa muito culta e letrada pode armazenar as informações de 50 a 100 mil palavras. Trata-se, portanto, de duas realidades diferentes. É o módulo lexical que interessa à linguística gerativa. Ele é a parte de nosso conhecimento linguístico especializado nas palavras. É ele que está em formação na nossa fase de aquisição lexical, na infância, e em ação durante nossa vida adulta, quando emitimos e reconhecemos itens lexicais.

Figura 2.6: Representação dos submódulos da linguagem.

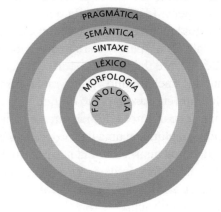

E a nossa capacidade de produzir e compreender frases? Ela é levada a cabo pelo *módulo sintático*. Nosso conhecimento tácito sobre a sintaxe é posto em uso cada vez que ouvimos/lemos ou falamos/escrevemos sintagmas e frases. Por exemplo, se quisermos formar uma expressão com as palavras *amigo*, *meu* e *o*,

44 Curso básico de linguística gerativa

sabemos que um arranjo possível se dá na forma do sintagma [o meu amigo], enquanto o arranjo *[meu o amigo] é impossível, conforme indica o asterisco. Sabemos disso, inconscientemente, porque nosso módulo sintático controla que tipos de combinação podem ser feitas e quais não podem ser feitas entre palavras, sintagmas e orações. No caso, o artigo *o* pode ser adjunto do sintagma [meu amigo], mas o pronome *meu* não pode ser adjunto do sintagma [o amigo]: [o [meu amigo]] *versus* *[meu [o amigo]].

O submódulo sintático é um dos mais complexos e dinâmicos da linguagem. Você já se deu conta de que, diferentemente do que acontece nos submódulos lexical, fonológico e morfológico, os produtos gerados pela sintaxe são potencialmente infinitos? O número de palavras existentes em nosso conhecimento lexical é, de fato, muito grande e sempre pode ser ampliado, mas, por mais numeroso que seja, é sempre finito. O mesmo se diz acerca de nosso conhecimento sobre a fonologia: são finitos o número de fonemas e o número de combinações possíveis entre os fonemas presentes em nossa competência fonológica. Na morfologia não é diferente. Mesmo que vasto, o número de morfemas que dominamos para criar e modificar palavras é finito. Já o número de sintagmas e frases que podemos construir com o nosso conhecimento sintático é infinito. Com efeito, a cada momento que criamos uma frase, estamos criando uma frase inédita, jamais produzida por nós ou por qualquer outro falante. Você pode confirmar isso por meio de um breve exercício. Escolha aleatoriamente uma frase presente no texto desta unidade e depois vá à biblioteca (ou faça uma busca no Google) e procure encontrar, em qualquer livro (ou site), uma frase exatamente idêntica àquela que você retirou de nosso texto. Ou então, crie uma frase qualquer na sua cabeça e fique esperando até que alguém diga uma frase exatamente igual a essa. Certamente a procura e a espera serão em vão! (Atenção, não estamos falando das frases feitas, aqueles verdadeiros "ditados" que todo mundo repete, como "Água mole em pedra dura tanto bate até que fura", "Mais vale um pássaro na mão do que dois voando" etc. Estamos falando de frases normais, que usamos cotidianamente para nos comunicar.) Esse aspecto criativo do módulo sintático é uma das propriedades mais importantes da linguagem humana. Falaremos mais sobre ela nas próximas unidades.

O *módulo semântico* tem a função de gerar e identificar significados em expressões linguísticas como palavras, sintagmas e frases. Por exemplo, se perguntassem a você que palavra do português expressa significado oposto ao do item *triste*, você provavelmente indicaria a palavra *feliz* ou *alegre*. Se lhe pedissem para citar uma palavra com o significado relativamente semelhante ao de *longe*, você talvez citasse *distante* ou *afastado*. Além disso, você é capaz de perceber tacitamente a diferença de significado entre a voz ativa e a voz passiva das frases "Cada aluno da minha turma fala pelo menos duas línguas" e "Pelo menos duas línguas são faladas por cada aluno da minha turma", ainda que possa ter de pensar com mais cuidado para explicar que diferença é essa. A percepção de relações de significado como as citadas é produzida por nossa competência semântica. Na verdade, o módulo semântico é responsável por muito mais do que isso. É ele que nos torna aptos a produzir e compreender toda a intricada rede de significação entre os mais diversos tipos de expressões linguísticas, desde os morfemas até a frase.

Com efeito, nem todos os significados produzidos no uso de uma língua natural encontram-se codificados nas palavras ou nas frases. É raríssimo que, no uso cotidiano da linguagem, na interação face a face com os outros falantes, todo o significado do que dizemos seja expresso estritamente pelas palavras e pelas frases que usamos, nada mais e nada menos. Uma grande parte dos significados que veiculamos emana do contexto comunicativo em que nos encontramos. Muito do que significamos tem origem em nossas intenções comunicativas, em nossas pressuposições sobre a pessoa com quem falamos e sobre o assunto de que falamos e em muitos outros fatores que não pertencem à estrutura linguística. Isto é, muitos dos significados da linguagem não são dedutíveis a partir de nosso conhecimento sobre fonemas, morfemas, palavras, frases ou redes de significados. Esse conjunto de fatores, por assim dizer, *extralinguísticos* é o que chamamos de pragmática.

O *módulo pragmático* é, dessa forma, a fração de nosso conhecimento linguístico voltado para o contexto prático de uso da língua. Por exemplo, se chegamos atrasados numa aula e o professor nos pergunta com voz ríspida "Você sabe que horas são?", entendemos, pelo contexto, que isso é uma repreensão pelo atraso e não um pedido de informação sobre as horas. Da mesma forma, se estivermos num jantar com um amigo que precisa ir ao encontro de outra pessoa e ele nos diz "Você sabe que horas são?", saberemos que isso quer dizer que nosso amigo precisa ir embora logo. Ora, tais significados não estão inseridos na frase citada. Eles se dão no contexto pragmático em que tais frases se inserem. Normalmente, todas as frases que dizemos estão sempre inseridas num dado contexto pragmático, razão pela qual é tão importante que conheçamos os efeitos de sentido que tais contextos produzem.

De fato, a competência pragmática de uma pessoa é um módulo bastante intrincado e complexo. Ela faz interface com os mais diversos tipos de comportamento social que um indivíduo humano precisa aprender ao longo de sua experiência no mundo real. O conhecimento armazenado em nosso módulo pragmático é, portanto, essencial em nossa tarefa de usar a língua de maneira situada e contextualizada no discurso, caso a caso em nosso dia a dia linguístico.

Bem, após tudo isso que dissemos nesta seção, esperamos que tenha ficado claro para você que, no interior da mente humana, o módulo da linguagem armazena todo o nosso conhecimento linguístico. Esse módulo se distingue dos outros módulos da mente exatamente por ser especializado em apenas um tipo de function cognitiva: a linguagem. O módulo da linguagem é, na verdade, composto internamente por pelo menos outros seis módulos: fonologia, morfologia, léxico, sintaxe, semântica e pragmática. Como vimos, tais módulos, também chamados de submódulos ou micromódulos, são responsáveis por diferentes tipos de informação linguística especializada. É o conjunto e a interação desses módulos que nos tornam competentes no uso de nossa faculdade linguística, a nossa língua-I. Na seção seguinte, você verá que esses módulos nunca funcionam de maneira separada e isolada. Veremos que, de fato, todos os módulos encontram-se em interação dinâmica durante o uso da linguagem.

A interação dinâmica entre módulos

A modularidade da mente e a modularidade da linguagem não devem passar a você a impressão de que nossa cognição, em geral, e nossa língua, em particular, possuam compartimentos isolados e radicalmente independentes, como se fossem caixas fechadas e separadas entre si por um grande espaço em branco. Nada seria mais falso. Na verdade, todos os módulos e submódulos da mente funcionam de maneira integrada e interdependente, num processo interativo extremamente dinâmico. A descrição dos módulos tal como o fizemos é importante para entendermos as funções que cada um deles desempenha em nossa cognição, todavia a exposição feita não deve jamais dar a entender que exista autonomia absoluta entre os módulos mentais.

Para tornar evidente a lógica da modularidade e da interação entre os módulos, façamos uma analogia entre a mente e o resto do corpo humano. Quase todos nós conhecemos alguma coisa sobre a *anatomia* de nosso corpo. Com o conceito de anatomia, damos conta do fato de que possuímos diversos *órgãos*. Cada órgão de nosso corpo é justamente um módulo. Assim, cada um deles tem a sua própria estrutura e é especializado numa função particular, por exemplo, o coração bombeia o sangue, o fígado armazena e libera a glicose, o estômago processa os alimentos, os pulmões retiram o oxigênio do ar que respiramos etc. Mas é claro que, no organismo vivo, todos esses órgãos interagem dinamicamente. A essa interação entre os órgãos durante o funcionamento normal do organismo damos o nome de *fisiologia*.

Tal como descrevemos, os módulos da mente são verdadeiros órgãos. A hipótese da modularidade da mente é, portanto, uma espécie de descrição da anatomia da mente. Já a interação dinâmica entre os módulos cognitivos são o que podemos chamar de fisiologia da mente. É exatamente nesse momento em que a mente funciona na prática, na sua fisiologia, que veremos a indefectível dinâmica da interação entre os módulos mentais. Na psicologia cognitiva, tal fisiologia cognitiva é chamada de *processamento mental*. Desse modo, passando aqui a um exemplo bem simplificado, quando nos lembramos de um acontecimento qualquer, usamos o módulo da memória, e imediatamente remetemos essa informação a outro módulo, digamos, o da interação sociocultural, e fazemos isso por intermédio do módulo linguístico, usando uma palavra ou uma frase, por exemplo, sem nos esquecer dos módulos da emoção, que nos põem num estado de ânimo tal durante a interação. Isto quer dizer que, a todo o momento, nossos módulos cognitivos estão ativos e interconectados. Essa é a natureza dinâmica de nossa mente.

O módulo linguístico não é exceção. Usamos fonemas para criar morfemas, que criam palavras, que combinadas geram sintagmas e frases, que expressam certo significado que assume determinado valor pragmático numa situação comunicativa específica no discurso. A cada vez que usamos a linguagem, recrutamos todos os submódulos linguísticos, que estão sempre em ação, um transbordando sobre o outro. O que vimos nesta unidade foram os *órgãos da linguagem*, sua anatomia por assim dizer. Na décima unidade de nosso curso, veremos em mais detalhes a sua fisiologia, isto é, veremos a interação dinâmica entre os módulos.

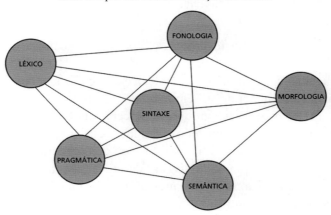

Figura 2.7: Módulos da mente e submódulos da linguagem estão sempre em intensa interação dinâmica.

Conclusão

Nesta unidade, vimos que o termo *língua* é ambíguo. Tal ambiguidade, como vimos, pode provocar muitas confusões entre os linguistas e demais estudiosos da linguagem. Para evitar a imprecisão do termo, aprendemos os conceitos de

48 Curso básico de linguística gerativa

língua-E e de língua-I. Aprendemos também o conceito de modularidade da mente, por oposição à ideia da mente uniforme, e vimos como esse conceito está relacionado ao de língua-I. Por fim, analisamos os seis submódulos da competência linguística humana e deixamos claro que cada um deles possui estrutura e função específicas no domínio da linguagem, não obstante todos estejam sempre em interação dinâmica e sobrepostos no uso normal que cotidianamente fazemos de nossa capacidade linguística.

Exercícios

1) Imagine que você esteja num encontro internacional de estudantes e seja apresentado a Juan, um jovem paraguaio que fala espanhol e guarani. Como você descreveria a dimensão objetiva e a dimensão subjetiva das línguas que o Juan domina?

2) Identifique e explique o conceito de *língua* subjacente na definição abaixo.
Uma língua é a instituição pela qual os humanos se comunicam e interagem uns com os outros por meio de símbolos arbitrários orais-auditivos habitualmente utilizados.
(Lyons, 1987: 4)

3) Analise o excerto abaixo. Identifique e explique o conceito de língua utilizado pelo autor.
A linguagem é uma habilidade complexa e especializada, que se desenvolve espontaneamente na criança, sem qualquer esforço consciente ou instrução formal, que se manifesta sem que se perceba sua lógica subjacente, que é qualitativamente a mesma em todo indivíduo, e que difere de capacidades mais gerais de processamento de informações ou de comportamento inteligente. Por esses motivos, alguns cognitivistas descreveram a linguagem como uma faculdade psicológica, um órgão mental, um sistema neural ou um módulo computacional. Mas prefiro o simples e banal termo *instinto*.
(Pinker, 2003: 9-10)

4) Considerando a hipótese da modularidade da mente, por que a linguagem deve ser considerada um módulo particular?

5) Analise os seguintes casos de pessoas com problemas cognitivos durante a aquisição de uma língua natural. Explique o que tais casos ilustram acerca da modularidade da linguagem.

(a) O caso Chelsea.

Chelsea iniciou a aquisição do inglês por volta dos 30 anos de idade. Ela era deficiente auditiva e passou, então, a ser oralizada e alfabetizada. Após anos de contato com o inglês, sua produção linguística apresentava estruturas morfossintáticas anômalas. Vejamos exemplos de frases de Chelsea. *Orange Tim car in* (tradução: "Laranja Tim carro em"), dita para expressar *There is an orange in Tim's car* (tradução: "Há uma laranja no carro de Tim"); *Breakfast eating girl* (tradução: "Café da manhã comendo menina"), dita para expressar *The girl is eating breakfast* (tradução: "A menina está comendo o café da manhã"). Chelsea, no entanto, apresentava uma competência lexical e semântico-pragmática normal.

(b) O caso Antony.

Antony foi uma criança acometida de retardamento mental. Seus enunciados eram deficientes do ponto de vista semântico e pragmático. Sua sintaxe, sua morfologia e sua fonologia, porém, eram normalmente elaboradas. Eis uma frase de Antony: *I got two sisters. I got David and Vicky and Margareth* (tradução: "Tenho duas irmãs. Tenho o David, a Vicky e a Margareth").

6) Numa crítica comumente feita não só a gerativistas, mas a todos os cientistas que assumem a modularidade da mente, afirma-se que a cognição humana não pode ser, de maneira nenhuma, modular. Afinal, dizem os críticos, quando fazemos uso de uma faculdade mental qualquer, como, por exemplo, a linguagem, lançamos mão de muitos tipos de conhecimento que atuam simultaneamente e, de forma alguma, parecem estar isolados de forma rígida. Explique, de acordo com o que você aprendeu nesta unidade, se esse tipo de crítica representa, de fato, objeção à hipótese da modularidade da mente e à hipótese da modularidade da linguagem.

UNIDADE 3
O problema de Platão

Talvez você tenha um animal de estimação. Se não tem, certamente conhece alguém que tenha. Animais domésticos são uma boa companhia para muitos seres humanos, especialmente para as crianças. Na maior parte do tempo, nós conseguimos nos comunicar bem com esses animais, assim como eles conseguem se comunicar conosco de uma maneira satisfatória. Por exemplo, se falamos com uma voz calma e usamos uma expressão amigável, nosso cachorrinho vem em nossa direção feliz e abanando o rabo. Mas se falamos de maneira ríspida e com expressão severa, ele logo se curva e procura se esconder. No caso, o animal é capaz de demonstrar entendimento sobre quando a situação lhe é favorável e quando não é, muito embora, é claro, não possa compreender exatamente as palavras que usamos para "falar" com eles. Da mesma forma, somos capazes de entender quando um determinado miado de um gatinho indica que ele está com fome ou em perigo. Quando nos acostumamos com um animal, seja um gato, um cachorro ou qualquer outro, rapidamente nos tornamos aptos a entender os diferentes sons e as distintas expressões corporais que eles usam para indicar fome, medo, desejo, alegria, dor, perigo, excitação, dentre outros estados e emoções.

Assim sendo, não devem existir dúvidas sobre as capacidades comunicativas dos animais. Certamente, os animais possuem formas de linguagem e é por isso que somos capazes de nos comunicar com eles. Mas pense por um momento: será que algum animal consegue se comunicar por meio de uma língua?

Linguagem é um conceito que usamos para nos referir a todo e qualquer sistema de comunicação e expressão. Dessa forma, sabemos que existem muitas linguagens diferentes da linguagem verbal, tais como a linguagem corporal, a linguagem pictórica, a linguagem das cores, a linguagem dos cheiros, a linguagem dos diferentes tipos de animais e daí por diante. A linguagem verbal, por sua vez, é um tipo específico e bem especial de comunicação e expressão. Em razão dessa especificidade, reservamos-lhe um termo exclusivo: *língua*. Assim, nossa pergunta não se refere à *linguagem*, mas sim às *línguas*. Os animais certamente possuem capacidades de comunicação pela linguagem, mas algum deles seria capaz de se comunicar por meio de uma língua humana?

Figura 3.1: Poderiam os animais aprender a usar uma língua humana?

A resposta a essa pergunta é **não**. Até hoje, nenhum animal, por mais inteligente que seja e por mais intensivamente treinado que tenha sido, jamais manifestou a capacidade humana de produzir e compreender linguagem através de uma língua específica, como o português, o inglês, o japonês ou qualquer outra. Animais falantes são ainda exclusividade de obras de ficção, como no filme *Dr. Dolittle*.

É bem verdade que alguns animais, após intensos treinamentos, até conseguiram realizar incríveis proezas linguísticas. Por exemplo, nos anos 60 do século XX, a famosa chimpanzé Washoe foi submetida a muitos anos de condicionamento por seus treinadores, o casal de psicólogos norte-americanos Gardner. Depois de muito treinamento, Washoe conseguiu aprender a se comunicar por meio de 132 sinais inspirados na Língua de Sinais Americana (LSA), que é usada pelos surdos dos EUA. Esses sinais podiam significar palavras simples, como "maçã", ou frases inteiras, como "eu, você, sair", que juntos diziam algo como "vamos sair". Por se tratar de uma macaca, as habilidades linguísticas que Washoe aprendeu parecem surpreendentes, não acha? Entretanto, um dos animais mais inteligentes que já foram treinados a "falar" não foi um macaco e, sim, uma ave. Trata-se de Alex, um papagaio-cinza africano que, após décadas de treinamento com a psicóloga norte-americana Irene Pepperberg, desde 1976 até 2007, aprendeu a usar mais palavras oralmente do que Washoe aprendera com a LSA. Dentre outras incríveis habilidades, Alex aprendeu a contar até seis e podia responder perguntas sobre objetos que lhe eram mostrados. Por exemplo, mostrava-se a Alex uma chave verde e um relógio amarelo e se perguntava "qual objeto é verde?". O papagaio muitas vezes respondia "chave", de maneira correta. Se perguntavam "qual é o objeto amarelo?", ele dizia "relógio".

Casos extraordinários como os de Washoe e Alex nos impressionam, todavia não podem ser usados como exemplos de animais que realmente teriam aprendido a usar uma língua humana. O que animais geniais e raros como esses de fato aprendem, quando bem treinados ao longo de anos, é memorizar dezenas de "palavras". Com essas palavras, eles conseguem se comunicar de maneira razoável e, é claro, conseguem realizar truques encantadores.

Mesmo que, numa visão leiga e entusiasmada com a linguagem animal, possamos ter a impressão de que Washoe e Alex são legítimos bichos falantes, a verdade não é essa. Eles apenas muito vagamente parecem ter aprendido que os sinais que lhes foram ensinados, seja pela LSA ou pelo inglês oral, serviam a propósitos de comunicação. Por exemplo, nenhum deles mostrou-se capaz de iniciar por si mesmo uma "conversa", usando de alguma maneira autônoma e coerente as "palavras" que haviam aprendido. Mesmo após anos de treinamento, Washoe e Alex ainda precisavam ser repetidamente estimulados a realizar um gesto ou a produzir um som reconhecível como uma palavra – e isso sempre com a persuasão de uma apetitosa banana ou de um irresistível biscoito. Ora, o uso normal da linguagem humana não apresenta quase nenhuma semelhança do que se passa com esses animais.

Crianças muito pequenas, já aos 3 ou 4 anos, são capazes de muito mais do que a memorização de algumas dezenas de palavras. Elas não apenas dominam uma vasta quantidade de itens lexicais como, principalmente, podem produzir e compreender um número infinito de frases e discursos. Fazem isso de maneira espontânea, natural e sem esforço cognitivo aparente – além, é claro, de não precisarem ser submetidas a condicionamentos intensivos ou terem de ser recompensadas com guloseimas. De fato, a aquisição da linguagem é um fenômeno compulsório entre os humanos. As crianças não podem escolher não adquirir a língua do ambiente. A aquisição de uma língua é muito mais algo que *acontece* com a criança do que algo que a criança *faz*. Somente situações específicas extraordinariamente anômalas, como deficiências cognitivas graves ou isolamento social severo, podem impedir o desenvolvimento da linguagem na mente de uma criança.

Ademais, já aprendemos nas unidades deste curso que a principal característica das línguas humanas, seja nas crianças ou nos adultos, é a **criatividade**, isto é, a capacidade de criar e compreender novas frases e discursos, diferentes daqueles que já produzimos ou já ouvimos. Até hoje, nenhum animal jamais demonstrou rudimentos de um uso criativo da língua que se lhes tentou ensinar.

Você deve estar se perguntando *por que isso acontece*. Por que os humanos são capazes de adquirir e usar uma língua tão natural e rapidamente, mas os animais não conseguem, mesmo que sejam submetidos a longos e rigorosos treinamentos?

54   Curso básico de linguística gerativa

> A criatividade é a principal propriedade das línguas naturais. Tenha atenção porque, ao contrário do que o nome sugere, "ser criativo" para a linguística não quer dizer "ser inventivo", "ser genial" ou "ser artístico". A criatividade é um termo técnico que se refere à nossa capacidade normal de produzir e compreender um número ilimitado de frases e discursos. Cada frase e cada discurso que proferimos ou ouvimos em nosso dia a dia é sempre uma criação inédita e única, e não uma repetição de algo que tivéssemos guardado em nossa memória de maneira passiva. Por exemplo, quantas vezes você falou ou ouviu exatamente a frase que lê neste momento? Com certeza, sua resposta foi "nenhuma"! A criatividade é justamente isso – o uso ilimitado que todos os seres humanos comuns fazem da língua ao produzir e compreender frases e discursos novos. Eis aqui outros termos técnicos que se relacionam à noção de criatividade: "recursividade", "produtividade", "ineditismo", "infinitude discreta" e "uso infinito de recursos finitos".

A resposta que a linguística gerativa apresenta para essa pergunta é a seguinte: um indivíduo humano parece possuir alguma predisposição genética para adquirir e usar a língua de seu ambiente. Isto é, essa capacidade de adquirir e usar uma língua de maneira tão rápida e natural, seja qual for a língua (português, alemão, inglês, xavante, sueco, guarani...) e mesmo que haja mais de uma língua no ambiente (como é caso das comunidades bilíngues ou multilíngues), parece ser fruto de uma disposição biológica exclusiva da espécie humana. Tal resposta é conhecida como a hipótese do *inatismo linguístico*.

Na presente unidade, veremos como o gerativismo formula diversos questionamentos científicos que nos conduzem ao *problema de Platão*. Aprenderemos que, quando focalizamos a linguagem humana, a reinterpretação gerativista do problema de Platão instiga-nos com a seguinte questão: como as crianças conseguem adquirir a língua do seu ambiente de maneira tão rápida e aparentemente sem esforço cognitivo, apesar da complexidade estrutural inerente a qualquer língua natural? Veremos que a resposta gerativista para o problema de Platão sustentará a hipótese de que a predisposição para uma língua natural seja uma característica genética inata do *Homo sapiens*, ausente noutros animais.

Se você já entendeu o contexto da discussão e os propósitos desta unidade, podemos então continuar!

Competência e desempenho

Pelos conhecimentos que vem adquirindo em nosso curso, você já sabe que a *competência linguística* humana é a nossa língua-I, ou seja, é a nossa capacidade de produzir e compreender expressões linguísticas compostas pelos códigos da língua-E de nosso ambiente. Essa capacidade é usada todas as vezes que falamos, ouvimos, escrevemos ou lemos textos, mas também está armazenada em nossa mente mesmo quando estamos em silêncio, sem usar a linguagem de nenhuma maneira. Isto quer dizer que nossa competência linguística permanece em estado de repouso em nossa cognição quando estamos dormindo ou quando estamos pensando silenciosamente em coisas que não recrutam a linguagem. Ela só se torna ativa quando nos engajamos numa conversa, seja como falantes ou como ouvintes, ou quando escrevemos ou lemos um texto. Preste bem atenção, pois essa é uma distinção conceitual muito importante: uma coisa é a nossa competência linguística e outra coisa é o uso concreto que, numa situação de comunicação real, fazemos dessa competência.

O uso concreto, em tempo real, de nossa competência linguística denomina-se *desempenho linguístico*, ou *performance linguística*.

Ter em conta a diferença entre competência e desempenho é relevante porque muitos aspectos do uso da linguagem parecem ser completamente exteriores ao nosso conhecimento linguístico. Por exemplo, pense no aparelho fonador humano. Nós que usamos uma língua oral precisamos utilizar dentes, lábios, língua, a corrente de ar egressa dos pulmões etc. para poder produzir os fonemas e as sílabas que estruturam as palavras. No entanto, não podemos dizer que nossa linguagem reside nesses órgãos ou circunscreve-se a eles. Tais órgãos fazem parte de outro domínio do corpo humano e não é neles que a essência de nossa linguagem se encontra. Nossa competência linguística não é tão somente a habilidade de mover os músculos da boca ou usar o sentido da audição. Na verdade, nós apenas usamos esses órgãos como meio de expressão. Não é exagero dizer que o aparelho fonador é tão exterior à linguagem quanto a tinta de uma caneta é exterior à capacidade de escrever. Prova disso é que a capacidade linguística humana pode realizar-se por outros meios, inteiramente independentes do aparelho fonador, como acontece nas línguas de sinais. No lugar de sons, essas línguas utilizam movimentos cinestésicos de nossos braços, mãos, dedos, cabeça e músculos do rosto para dar vida à capacidade linguística.

Foi pensando na relativa independência entre a capacidade linguística humana e os seus diferentes meios de expressão, como as línguas orais, as línguas de sinais e os diversos sistemas de escrita existentes, que o casal Gardner, citado na introdução desta unidade, resolveu treinar a chimpanzé Washoe com palavras da LSA. Segundo esses psicólogos, as tentativas anteriores de ensinar línguas humanas a macacos haviam falhado porque os treinadores desses animais tinham insistido no uso de uma língua oral, a qual, de acordo com os Gardner, os macacos nunca conseguiriam produzir em função de seu limitado aparelho fonador. Podemos deduzir, portanto, que os Gardner imaginavam que as limitações dos macacos em

56 Curso básico de linguística gerativa

usar uma língua humana decorriam de problemas de desempenho linguístico, por causa do formato da boca, dos dentes, dos lábios e da laringe desses animais. Não se trataria, segundo eles, de uma limitação na competência cognitiva dos símios. Foi com base nessa crença que os psicólogos investiram tanto tempo e dinheiro no treinamento de Washoe com a LSA.

Ora, sabemos que Washoe aprendeu a realizar fantásticas proezas comunicativas com a LSA, mas tal desempenho em muito pouco se assemelha ao uso naturalmente criativo – no sentido técnico que já conhecemos para o termo *criatividade* – que crianças surdas em fase de aquisição da língua de sinais de seu ambiente conseguem fazer. Essas crianças, ainda muito pequenas, com dois, três ou quatro anos de idade, já conseguem usar os sinais de sua língua para produzir e compreender um número ilimitado de frases e discursos. Diferentemente do que o casal Gardner imaginou, a incapacidade de Washoe ou de qualquer macaco em usar plenamente uma língua humana, oral ou gestual, não é um problema de *performance*, mas, sim, um problema de competência linguística.

Alex, o papagaio africano, é um caso complementar ao de Washoe. Em razão da estrutura anatômica do sistema respiratório e deglutivo dos papagaios de sua raça, Alex conseguia produzir muitos sons idênticos aos do inglês, língua usada oralmente durante o seu treinamento. Podemos dizer que ele possuía um aparelho fonador mais ou menos adequado para imitar a fala humana, afinal ele conseguia reproduzir o som de algumas palavras do inglês de maneira quase perfeita. Entretanto, somente deter esse mecanismo de desempenho não tornou o animal apto a usar uma língua humana de maneira normal, pois a ele faltava o essencial: a competência linguística.

Papagaios são sempre motivo de diversão e perplexidade exatamente porque eles *parecem* falar como uma pessoa fala. Se você já teve contato com um deles, sabe que muitos papagaios conseguem dar "bom dia", "boa noite", conseguem "xingar", "pedir comida" etc. Brincar com papagaios que parecem saber falar é, sem dúvida, muito divertido. Mas é claro que esses papagaios não sabem falar como os humanos sabem. Eles são capazes de repetir um número relativamente grande de expressões que lhes foram ensinadas, empregando-as, às vezes, em situações comunicativas adequadas. No entanto, não são capazes de produzir ou compreender uma única conversa simples, que qualquer criança de três anos trava diariamente com outras crianças ou com adultos. Por exemplo, se você dissesse ao Alex ou a qualquer outro papagaio treinado algo como "Olá, tudo bem? Como vai você?", o máximo que poderia ouvir de volta seria "Tudo bem", "Bom dia", "Como vai?", "Loro quer biscoito" ou qualquer outra expressão que tivesse sido ensinada ao bichinho. Você jamais ouviria Alex ou outro papagaio dizer algo como "Sabe de uma coisa, não estou bem. Fizeram muito barulho nesta casa ontem à noite e eu não consegui dormir direito". Papagaios não diriam nada parecido com isso porque, dentre outras coisas, eles simplesmente carecem de uma competência linguística, muito embora tenham um aparelho fonador que lhes permite uma *performance* vocálica parecida com a humana.

Por tudo isso que dissemos, você já deve ter compreendido que usar uma língua (a performance) não é a mesma coisa que possuir conhecimento linguístico (a competência). Isso fica claro quando analisamos o caso dos "animas falantes", mas o que dizer em relação especificamente aos seres humanos? Existe, para nós, alguma diferença entre essas duas grandezas?

As diferenças são as seguintes. Dizemos que a competência linguística é o módulo da mente humana em que todos os conhecimentos sobre a fonologia, a morfologia, o léxico, a sintaxe, a semântica e a pragmática de uma língua estão armazenados. Trata-se, portanto, de conhecimentos especificamente linguísticos, pertencentes ao módulo cognitivo exclusivo da linguagem. Por sua vez, o desempenho linguístico, isto é, o uso da linguagem, envolve a conjugação do conhecimento linguístico junto a inúmeros outros tipos de conhecimento. Durante o uso da linguagem, o módulo linguístico interage intensamente com muitos outros módulos da cognição humana. Se a competência linguística é modular, o desempenho é necessariamente não modular, ou intermodular.

A competência modular e o desempenho intermodular

Devemos entender que a competência diz respeito apenas ao conhecimento linguístico, algo estático e isolado na anatomia modular da mente humana, ao passo que o desempenho é o uso dinâmico desse conhecimento de maneira integrada a muitos outros tipos de cognição não especificamente linguística.

Conseguir controlar corretamente os músculos do aparelho fonador durante a produção da fala é apenas um exemplo dessas habilidades não estritamente linguísticas. Outros exemplos são a nossa *memória*, necessária para recuperamos na mente as informações sobre as quais queremos falar; a nossa *concentração*, necessária para focarmos no assunto de que falamos; as nossas *emoções*, necessárias para nos colocarmos numa certa perspectiva em relação à pessoa com que falamos ou em relação ao assunto de que falamos; as nossas *interações sociais*, necessárias tanto para sabermos o que devemos e podemos falar em certos contextos quanto para sabermos o que não devemos ou não podemos falar noutras situações, necessárias também para sabermos inconscientemente

58 Curso básico de linguística gerativa

quais conhecimentos sobre o mundo e sobre o contexto da comunicação compartilhamos com as outras pessoas presentes num ato da fala. Enfim, uma vasta gama de fatores entram em ação durante o uso da língua. É a integração entre a nossa língua-I e essa enorme quantidade de habilidades não linguísticas que denominamos *desempenho linguístico*.

Nesta altura, você pode estar se perguntando: será que existe alguma diferença prática entre o conhecimento linguístico e o uso concreto desse conhecimento? Tal distinção existe de fato ou será que se trata de uma mera abstração acadêmica? Essa é uma pergunta muito relevante. É importante você saber que muitos pesquisadores da linguística e das demais ciências cognitivas não veem razão para tentarmos separar conhecimento linguístico e uso da linguagem. Contudo, para o gerativismo, *linguagem* e *uso* são interpretados como grandezas muito diferentes. Os gerativistas afirmam que existem assimetrias entre o que *sabemos* sobre uma língua e o que *fazemos* com a linguagem. Isto é, o gerativismo assume que o nosso *saber linguístico* não é a mesma coisa que o nosso *fazer linguístico*. Uma clara ilustração das assimetrias entre *saber* e *fazer* são os casos dos *deslizes da linguagem*.

Linguagem e uso

Foi em seu livro de 1965, intitulado *Aspectos da teoria da sintaxe*, que Chomsky propôs claramente a separação entre competência e desempenho linguísticos. É possível dizer que, para a maioria dos gerativistas, a dicotomia chomskiana captura ainda hoje um importante fato a respeito da linguagem humana: "língua é língua" e "uso é uso", ou seja, sabemos coisas sobre a linguagem e fazemos coisas com a linguagem. No gerativismo, as duas realidades não se confundem. Não obstante, muitos linguistas e cientistas da cognição não concordam com essa divisão teórica entre saber e fazer. Numerosos psicolinguistas, funcionalistas e sociocognitivistas, dentre outros estudiosos contemporâneos, afirmam que a dicotomia de Chomsky não tem razão de ser. Para Adele Goldberg (da Universidade de Princeton, EUA), por exemplo, no conjunto dos sistemas cognitivos humanos, "língua é uso" e "uso é língua", isto é, nossa linguagem só existe pelo uso que dela fazemos e tal uso é a própria linguagem. É possível que as discussões contemporâneas sobre a oposição "linguagem *versus* uso" provoquem, futuramente, uma rediscussão epistemológica acerca da dicotomia chomskiana. Trataremos desse tema com mais detalhes na unidade 10 de nosso curso.

Um deslize da linguagem, chamado em inglês de *slips of the tongue*, acontece quando uma forma concretamente realizada durante o desempenho linguístico é diferente da maneira como essa mesma forma deve estar representada no conhecimento linguístico. Vejamos um exemplo concreto. Uma vez, num certo aniversário, a mãe da criança aniversariante estava preocupada com o avançar da hora e resolveu avisar que chegara o momento de cortar o bolo. A frase que ela proferiu para dizer isso foi: "Gente, está na hora de *bortar* o *colo*". Todos riram da frase estranha, inclusive a própria mãe, que imediatamente se corrigiu e disse "Quer dizer, está na hora de *cortar* o *bolo*!". As formas que a mãe da aniversariante pretendeu realizar eram "cortar" e "bolo", mas as formas concretamente realizadas por ela foram "bortar" e "colo". Você deve ter notado que a mãe claramente sabia as palavras que queria usar, tanto que ela se corrigiu logo depois do erro. As palavras "cortar" e "bolo" com certeza fazem parte da sua competência linguística, mas, por alguma razão, na hora de articulá-las, isto é, no momento do desempenho linguístico, houve um erro no processamento da posição dos fonemas e as consoantes que iniciam as duas palavras trocaram de lugar. Aconteceu, portanto, um deslize da linguagem.

Outro exemplo de deslize de linguagem ocorreu quando, após uma pescaria, dois rapazes estavam abrindo um peixe com uma faca, para limpá-lo antes de levá-lo ao forno. Um rapaz, ao encontrar uma glândula gelatinosa dentro do peixe, disse "Isso aqui deve ser o pulmão", ao que o seu amigo respondeu "Ah, seu burro! Pulmão não tem peixe." Assim que acabou de proferir a frase bizarra, o amigo se corrigiu dizendo "Nossa, o burro sou eu. Quis dizer que peixe não tem pulmão!". Mais uma vez, temos aqui um deslize da linguagem. O rapaz pretendia utilizar uma forma linguística, mas, no momento do desempenho, houve uma falha no processamento da posição linear dos sintagmas e duas palavras trocaram de lugar.

Você se lembra de alguma ocasião em que tenha "trocado" sintagmas, palavras, morfemas, sílabas ou fonemas de seu lugar correto? Lembra-se de algum caso em que alguém tenha feito algo assim? Talvez se lembre, pois equívocos de uso como esses são muito comuns. Agora você já sabe que tais erros de produção são o que na linguística gerativa chamamos de deslizes da linguagem.

Usamos o termo *deslize* porque se trata de fenômenos que acontecem esporadicamente durante o desempenho linguístico de uma pessoa. No caso, a **representação** linguística pretendida pela pessoa era uma, mas, no momento de sua realização concreta, ocorreu um problema de **acesso** a tal representação e, consequentemente, a forma final produzida não correspondia à forma inicial pretendida. O fato de que os deslizes são um equívoco no desempenho linguístico e não um problema na competência dos falantes torna-se claro quando as próprias pessoas que cometem os deslizes reconhecem a assimetria entre *representação* e *acesso* e imediatamente se corrigem.

60 Curso básico de linguística gerativa

> *A representação* é a forma pela qual uma determinada estrutura como uma palavra, um sintagma ou uma frase é representada na competência linguística de um falante. Já o *acesso* é a maneira pela qual a representação é manipulada durante o desempenho. Uma representação é, portanto, algo presente no módulo da cognição linguística humana, ao passo que o acesso é algo criado no conjunto dos diversos módulos que usam essa representação numa situação comunicativa concreta. Geralmente, o mapeamento entre representação e acesso é harmônico. Quando não é, temos um deslize da linguagem.

Os deslizes da linguagem são um forte argumento em favor da hipótese de que nossa competência linguística não é redutível a nosso desempenho linguístico. O que sabemos sobre uma língua (a nossa competência linguística, a nossa representação linguística) não parece ser sempre perfeitamente refletido no que fazemos com essa língua (o nosso desempenho linguístico, o nosso acesso às representações linguísticas).

Para ilustrarmos um pouco mais a fundo as assimetrias entre *saber* e *fazer* linguísticos, analisemos o caso dos irmãos gêmeos João e Victor. Eles têm hoje seis anos de idade e já são falantes fluentes do português. Quando brincam entre si ou com amigos da mesma faixa etária, ambos se comportam de maneira desinibida e loquaz. Conversam, fazem perguntas, dão ordens, fazem pedidos, contam e inventam histórias e, às vezes, intimidam e insultam verbalmente alguns coleguinhas. Na presença de adultos, João comporta-se relativamente da mesma maneira que em presença de crianças, com desinibição e vivacidade. Já Victor não age assim. Na presença de adultos, torna-se tímido, raramente fala, cobre o rosto quando é instado a dizer alguma coisa, sempre limitada a frases curtas e incompletas.

Podemos dizer que a timidez de Victor diante dos adultos inibe ou anula a sua *performance* linguística, algo que não acontece com João, que apresenta desempenho igualmente desinibido entre adultos ou crianças. Ora, é possível afirmar que Victor possui, tanto quanto o João, uma competência normal para produzir e compreender frases e discursos em português. Inclusive, ele é capaz de fazer uso desse saber de maneira satisfatória quando interage com os seus colegas. Seu desempenho limitado diante de adultos é nitidamente provocado por sua *timidez* e *inibição*, estados emocionais exteriores à competência linguística. Na estrutura modular da cognição humana, as emoções não podem ser caracterizadas como componentes do módulo da linguagem e, assim, não desempenham papel na estrutura do conhecimento linguístico, o nosso *saber*. Não obstante, emoções são um dos inúmeros fatores que influenciam o comportamento humano e, assim, muito contribuem para a natureza da *performance* linguística, o nosso *fazer*.

Se você compreendeu corretamente a diferença entre competência e desempenho linguísticos, então poderá identificar qual dessas duas grandezas interessa à linguística gerativa. O gerativista é um estudioso da competência linguística. Seu objetivo é formular uma teoria que descreva e explique o que é o conhecimento de uma língua. O uso do conhecimento linguístico de maneira integrada aos outros domínios da cognição é objeto de outras ciências, como, por exemplo, a *psicolinguística*.

Voltaremos a falar mais sobre uso da linguagem e psicolinguística ao longo de nosso curso. Por enquanto, você deve compreender que o foco de interesse da linguística gerativa é a competência linguística. Se você entendeu esse ponto, podemos seguir para a próxima seção. Já sabemos que, independentemente de possuírem ou não um aparelho fonador adequado para o desempenho linguístico, animais como Washoe e Alex não se tornaram capaz de usar uma língua humana porque a eles faltava o essencial: uma competência linguística. Aparentemente, apenas os seres humanos são capazes de construir conhecimento linguístico a partir dos estímulos do ambiente. Por que será que isso acontece? De onde vem essa capacidade humana de adquirir e usar uma língua natural?

Origens do conhecimento humano

Platão, o famoso filósofo grego que viveu em Atenas entre 428/427 e 348/347 a.C., demonstrou, em diversos momentos de sua obra, sua perplexidade diante da capacidade humana de acumular conhecimentos e habilidades. Para Platão, era espantoso que, apesar da existência breve e tumultuada comum a cada membro de nossa espécie, possamos adquirir tanto conhecimento, com base numa experiência de vida tão breve e fragmentada.

Bertrand Russel, filósofo inglês do século xx, traduziu com grande clareza a inquietação platônica. Ele resumiu o problema de Platão nas frases expressas a seguir.

O problema de Platão

"Como é possível a nós humanos adquirirmos tantos conhecimentos, se vivemos tão pouco tempo e temos experiências tão fragmentadas com o mundo?"

"Por que será que os humanos, cujos contatos com o mundo são breves, pessoais e limitados, são capazes de saber tanto quanto sabem?"

"De onde vem a capacidade humana de construir conhecimento de maneira tão rápida e precisa, se as evidências a que somos expostos no mundo são tão difusas e incompletas?"

62 Curso básico de linguística gerativa

O problema de Platão, como você pode ver, diz respeito à origem dos conhecimentos humanos. Platão estava preocupado com todos os tipos de conhecimento que nós, simples mortais, individual e coletivamente conseguimos adquirir. Ora, a competência linguística é somente um tipo específico de conhecimento na grande coleção de capacidades humanas. É justamente esse tipo particular de saber que interessa à linguística. Preocupados, então, com essa fração de nosso conhecimento, podemos, como fez Chomsky em seu livro *O conhecimento da língua: sua natureza, origem e uso* (1986), nos indagar sobre a origem da competência linguística nos indivíduos humanos. Nesse caso, o problema de Platão seria resumido mais ou menos assim: como é possível que uma criança humana, após alguns poucos anos de contato com a língua de seu ambiente, sem passar por treinamento intensivo explícito e sem ao menos possuir um sistema neurológico completo, seja capaz de adquirir o conhecimento linguístico? Por que, aparentemente, apenas os humanos conseguem adquirir uma competência linguística? Por que os outros animais não conseguem?

As respostas que Platão formulou para o seu problema não nos interessam aqui. Elas fazem parte do sistema místico-filosófico que Platão construiu na sua doutrina do *mundo das ideias*. O que nos importa é a formulação do problema e a busca moderna de respostas para a questão. Não obstante, devemos comentar que, já à época de Platão, havia pensadores que não aceitavam ou não entendiam perfeitamente o problema formulado pelo grande filósofo. Os **sofistas**, por exemplo, discordavam de Platão e diziam que, afinal de contas, o ser humano não sabia tanto quanto pensava que sabia. Afirmavam que o ser humano só vem a saber aquilo que lhe é ensinado pelos outros seres humanos de seu grupo social – e nada mais. Diziam, ainda, que a experiência humana é rica e cheia de evidências, e não rápida e fragmenta como alegara o filósofo.

> O termo *sofista* foi cunhado por Platão para fazer referências a um conjunto de professores de retórica da Grécia antiga. Platão acusava esses professores de falta de honestidade intelectual. Dizia que os sofistas recorriam à persuasão irracional, com falsos argumentos que apenas pareciam verdadeiros, de modo a evitar a busca da verdade das coisas do mundo.

Hoje em dia, é possível dizer que, pelo menos em parte, os sofistas estavam certos: nós possuímos conhecimentos limitados, e não infinitos; nós só adquirimos saber mediante o contato com os demais humanos, e não de maneira absolutamente isolada; nossa vida cultural e sensorial é plena e opulenta. Mas note que a "resposta" oferecida pelos sofistas ao problema de Platão era, na verdade, uma falsa resposta – era um sofisma. Afinal, poderíamos retorquir aos sofistas: mesmo que nosso conhecimento seja pequeno, como ele é possível? Com efeito, como é possível adquirirmos qualquer fatia de saber? Além disso, é indubitável que só adquirimos conhecimento através do contato com o mundo exterior e com outros humanos, mas como é que o aprendizado pelo contato é possível? Como ele acontece? Por que, se colocarmos um macaco ou uma planta no contato com os humanos, eles não adquirem conhecimento como os humanos adquirem? Para um sofista, o mero contato humano pela pura osmose explicaria tudo? Por fim, mesmo que nossa experiência seja rica e intensa, como conseguimos interpretá-la? Como somos capazes de traduzir experiência (rica ou pobre) em conhecimento? O problema de Platão, a despeito dos argumentos sofistas, persiste, você não concorda?

A lição com os sofistas não deve ser desprezada. Os estudiosos modernos não podem esquecer-se de que praticamente todos os conhecimentos que os seres humanos adquirem dependem de informações advindas de seu ambiente biossocial. Muitas vezes, gerativistas e outros cientistas da cognição contemporâneos parecem minimizar esse tipo de verdade. Entretanto, simplesmente dizer, como fizeram os sofistas, que a aquisição da competência linguística ou de qualquer outro tipo de conhecimento advém do meio cultural humano não explica rigorosamente coisa alguma sobre o fenômeno. Quando dizemos isso, ou estamos apresentando o mesmo problema sob outra perspectiva (e, assim, queremos descobrir como o aprendizado sociocultural é possível aos humanos individualmente) ou estamos demonstrando incompreensão sobre o problema de Platão. A transmissão cultural humana não é um milagre que simplesmente acontece de geração para geração. O problema de Platão nos indaga, justamente, sobre como é possível aprendermos a cultura de nosso ambiente.

O problema de Platão chama a atenção para o fato de que a aquisição da linguagem ou de qualquer tipo de conhecimento socialmente compartilhado só é possível para um organismo que seja capaz de aprender. Animais, por exemplo, são organismos capazes de aprender diversos tipos de conhecimento, mas não o conhecimento linguístico, dentre muitos outros que lhes são inacessíveis. Por sua vez, humanos são organismos capazes de adquirir competência linguística e muitos outros tipos de conhecimento, mas logicamente há no universo muito mais do que aquilo que de fato chegamos a conhecer. Esperamos que você tenha compreendido que o problema de Platão diz respeito à "máquina de aprender" existente na mente humana. Como é essa "máquina"? De que maneira ela funciona? Por que razão os outros animais possuem "máquinas de aprender" muito mais limitadas do que a nossa? Essas são as questões que o problema de Platão levanta.

Existem várias respostas logicamente possíveis para o problema de Platão. Façamos algumas hipóteses. Poderíamos dizer, por exemplo, que as crianças aprendem a linguagem através da imitação da fala das outras pessoas. Poderíamos supor que os adultos ensinam explicitamente a lógica do uso da linguagem às crianças, da mesma maneira que professores ensinam a lógica da matemática a seus alunos. Poderíamos dizer, ainda, que as crianças são muito inteligentes e, assim, conseguem encontrar nos estímulos linguísticos todas as informações necessárias para a aquisição da linguagem, como se tudo o que fosse suficiente e necessário para o conhecimento linguístico estivesse evidente nos estímulos do ambiente. O que você acha dessas hipóteses? Veremos a seguir como Chomsky formulou dois importantes argumentos contrários a elas. Com o *problema lógico da aquisição da linguagem* e com o *argumento da pobreza de estímulo*, Chomsky indicou que o mero contato com os estímulos linguísticos nas interações socioculturais, seja pela pura imitação ou pela instrução explícita, não pode explicar como chegamos a desenvolver um conhecimento linguístico tão específico sobre a fonologia, a morfologia, o léxico, a sintaxe, a semântica e pragmática de uma língua natural.

O argumento da pobreza de estímulo

Na essência dos argumentos sofistas contra o problema de Platão estava a pressuposição de que o ser humano não possui nenhuma dotação natural para desenvolver uma cognição. De acordo com esse pensamento, os humanos seriam, ao nascer, como uma folha de papel em branco ou uma *tabula rasa*, isto é, seriam um organismo sem qualquer pré-programação para certos tipos de cognição ou de comportamento. O corolário dessa ideia é a hipótese de que a aquisição do conhecimento humano decorre exclusivamente dos estímulos a que somos expostos. Seria tão somente a experiência na interação com o mundo biossocial que inscreveria impressões sobre a folha em branco e preencheria a *tabula rasa*.

Pensando em especial no caso da aquisição do conhecimento linguístico, Chomsky formulou duas fortes objeções à hipótese da *tabula rasa*. O primeiro argumento ficou conhecido como o problema lógico da aquisição da linguagem, e o segundo ficou conhecido como o argumento da pobreza de estímulos.

O problema lógico da aquisição da linguagem é bastante simples. É possível entendê-lo sem recorrer aos pormenores técnicos da linguística gerativa. Ele quer dizer basicamente o seguinte: os estímulos que uma criança recebe durante os anos de aquisição da linguagem são *finitos*, por mais ricos e diversificados que possam ser. Isso é um fato. As crianças recebem estímulos de seu ambiente durante dois, três ou quatros anos, período finito ao final do qual o conhecimento linguístico parece ter sido plenamente constituído. Porém, ao fim do processo de aquisição da linguagem, a competência linguística que a criança adquiriu não é um sistema que gere apenas produtos finitos. As frases e os discursos que as crianças podem produzir e compreender após a aquisição da linguagem são *ilimitadas*, potencialmente *infinitas*, e não apenas a reprodução dos padrões detectados nos dados finitos apresentados no estímulo. A criança não se limita a reproduzir os estímulos que recebeu, antes, ela age criativamente, produzindo e compreendendo enunciados inéditos. O problema lógico está aí: como é possível que um número finito de estímulos dê origem a um sistema que gere produtos infinitos? Dizendo de outra forma, como chegamos à infinitude discreta, característica fundamental da linguagem humana, a partir de estímulos finitos? Como uma lista finita de usos particulares da linguagem pode dar origem a um sistema infinitamente produtivo como a competência linguística?

Com esse argumento, Chomsky sustenta que não é logicamente possível criar *outputs* infinitos a partir de *inputs* finitos, ou seja, é impossível criar uma competência linguística com base apenas nos estímulos linguísticos. Para ele, as crianças deveriam completar os dados da experiência com algum filtro (organismo) que transformasse o *input* finito num *output* infinito, tal como ilustra a figura a seguir.

Figura 3.2: O problema lógico da aquisição da linguagem.

ESTÍMULOS FINITOS

(*input* finito)

CRIANÇA (organismo)

COMPORTAMENTO INFINITO

(*output* infinito)

Ilustração de Eduardo Kenedy

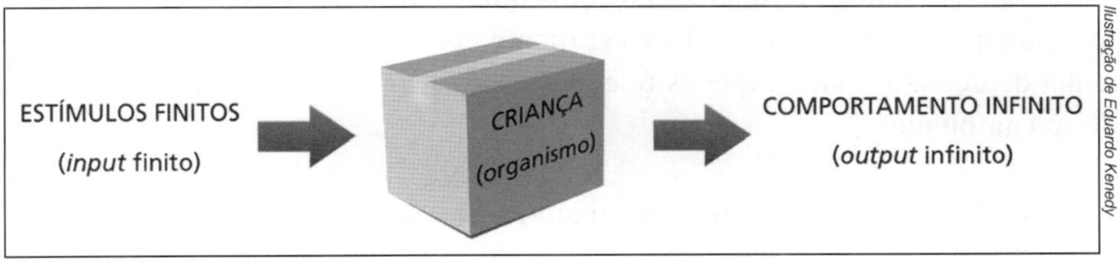

O segundo argumento formulado por Chomsky é técnico e, por isso mesmo, é às vezes mal compreendido por quem não fez um bom curso de introdução à linguística gerativa. O argumento, como já dissemos, se chama pobreza de estímulo. Em parte, as dificuldades na compreensão desse argumento decorrem do nome ruim com o qual ele acabou sendo batizado. Na verdade, é muito importante você saber que o argumento da pobreza de estímulo **não** quer dizer simplesmente que os estímulos linguísticos oferecidos às crianças são pobres, como, por exemplo, frases incompletas, expressões ambíguas, dicção ruim, referencialidade obscura... Se fosse esse o propósito do argumento, ele poderia ser facilmente derrotado, bastaria mostrarmos que os estímulos do ambiente linguístico da criança são normalmente ricos, cheios de informação e de evidências, como de fato são! O argumento da pobreza de estímulo sustenta, na verdade, que o conhecimento preciso e elaborado que a criança constrói sobre a estrutura da sua língua não pode ser deduzido unicamente a partir das informações contidas nos estímulos linguísticos do ambiente, por mais ricas que sejam. Os estímulos, segundo Chomsky, são

66 Curso básico de linguística gerativa

pobres porque não possuem todas as informações necessárias para a aquisição do conhecimento linguístico. De acordo com Chomsky, a criança deve deduzir por si própria uma grande quantidade de informações, sem as quais os estímulos para pouco serviriam. Vejamos isso em exemplos.

Uma pequena parte do conhecimento linguístico humano diz respeito às relações que as palavras mantêm entre si na estrutura de uma frase. Chamamos esse tipo de conhecimento de *conhecimento sintático*. Uma fração do conhecimento sintático diz respeito às relações anafóricas que podem acontecer num enunciado. Uma relação anafórica ocorre quando um termo presente numa frase se refere a outro citado anteriormente. Por exemplo, na frase "*Maria* se casou há poucos meses, mas *ela* já está insatisfeita com o marido", nosso conhecimento sintático nos indica que o pronome "ela" é uma anáfora do referente "Maria". Esses dois elementos estão, portanto, sintática e semanticamente ligados pelo fenômeno da anáfora. A respeito desse fenômeno em particular, a questão apresentada pelo argumento da pobreza de estímulo é: como aprendemos, na infância, a identificar as anáforas?

Para ilustramos o problema, façamos uma análise das frases que se seguem. Imagine que você seja uma criança e, diante dos estímulos que apresentaremos, tenha de deduzir como é que as relações anafóricas são estabelecidas na língua de seu ambiente.

(1) João acha que Pedro não vai ajudar ele, não.

No caso, usamos o pronome "ele" com a intenção de nos aproximar da língua falada que, no Brasil, uma criança sempre ouvirá como estímulo linguístico. Sabemos que, na escrita mais formal, é mais adequado usar o pronome átono "o" no lugar do "ele". Então vejamos. Qual é o referente do anafórico "ele"? Você, como falante adulto da língua, já sabe que o referente, no caso, é "João" ou outra pessoa não citada na frase, mas não pode ser "Pedro". Pense bem: como você chegou a esse conhecimento? Como uma criança deduziria essa informação?

Vamos nos colocar no lugar da criança. Vamos levantar hipóteses que tentem explicar como acontecem as relações entre referentes e anáforas. Lembre-se de que descobrir a lógica dessas relações é essencial para o uso normal de uma língua. A partir do exemplo, uma criança poderia, inicialmente, imaginar que o pronome "ele" tivesse alguma relação natural com o nome "João", e não com o nome "Pedro", e seria por isso que a anáfora aconteceria entre "ele" e "João". Essa hipótese teria de ser descartada quando a criança fosse exposta a uma frase como (2).

(2)   Pedro acha que João não vai ajudar ele, não.

Agora, "ele" deve tomar como referente "Pedro" ou outro nome não citado na frase, mas não poderá referir-se a "João". A primeira coisa que a criança terá de deduzir é, portanto, que os pronomes anafóricos não devem ser ligados a um nome em particular, como João, Pedro, Maria, Paula, carro, aula, felicidade, casamento... Logo, ela terá de concluir que há alguma relação estrutural dentro da frase a controlar a ligação das anáforas. Suponhamos, então, que a criança intua que os estímulos em (1) e (2) indiquem que a anáfora deve ser ligada sempre ao primeiro nome que aparece na frase, mas nunca ao segundo, já que é isso que parece estar acontecendo nos dois exemplos. Essa seria uma hipótese plausível, não? Pobre da criança. Ela teria de abandonar essa teoria quando um estímulo como (3) lhe fosse apresentado.

(3)   Antônio disse a João que Pedro não vai ajudar ele, não.

Desta vez, o pronome "ele" pode ser referente tanto ao primeiro nome da frase, quanto ao segundo ou a outro não citado. O pronome só não poderia referir-se ao último nome, o mais perto, no caso, "Pedro". Ah-ah! A criança poderia, neste momento, deduzir que as anáforas fariam referência a qualquer nome da frase, exceto o último. Essa seria uma bela solução, porém, teria de ser descartada quando o seguinte estímulo fosse encontrado.

(4)   João contou ao Pedro que viram ele na festa.

Agora, o pronome anafórico pode se referir tanto ao primeiro, quanto ao último nome da frase ou, ainda, a qualquer outro nome não citado. Confuso, não? Ora, afinal de contas qual seria a lógica para identificar os referentes das anáforas?

Numa resposta simplória, poderíamos dizer algo como "a identificação depende do contexto, depende de quem as pessoas estão querendo falar". A resposta é falsa, pois veja que na frase (1) não é possível usar o pronome "ele" mesmo que queiramos falar do Pedro. No caso, se quisermos falar do Pedro, teremos de usar outro pronome: o reflexivo "se".

(5)   João acha que Pedro não vai se ajudar, não.

Um dos belos fatos sobre as línguas naturais é que elas permitem que falemos o que quisermos, ao mesmo tempo em que nos impelem a fazê-lo de uma determinada maneira. No caso, o uso do "se" obriga a ligação desse pronome a

68 Curso básico de linguística gerativa

nome Pedro e, como vimos em (1), o uso do "ele" impede a ligação a Pedro, mas permite a João ou a outra entidade não citada na frase. Isso acontece, precisamos frisar, independentemente do contexto ou de nossa vontade de falar do João ou do Pedro. Trata-se, portanto, de uma propriedade estrutural da língua, a qual deve ser adquirida pela criança. Mas como é que as crianças descobrem essa propriedade?

Você deve estar curioso para descobrir qual é a solução do problema. Na verdade, as anáforas e os reflexivos são ligados a seus referentes de acordo com a estrutura das orações que compõem a sentença. Vejamos as representações a seguir.

(1)   João$_i$ acha [que Pedro não vai ajudar ele$_i$, não].
(2)   Pedro$_i$ acha [que João não vai ajudar ele$_i$, não].
(3)   Antônio$_i$ disse a João$_i$ [que Pedro não vai ajudar ele$_i$, não].
(4)   João$_i$ contou ao Pedro$_i$ [que viram ele$_i$ na festa].
(5)   João acha [que Pedro$_i$ não vai se$_i$ ajudar, não].

Os colchetes nos exemplos anteriores servem para ilustrar as fronteiras estabelecidas entre as orações de cada sentença. Uma oração, como você deve se lembrar de seus anos na escola básica, é composta por um núcleo verbal e seus termos essenciais, integrantes e acessórios. Os colchetes nas sentenças separam a oração subordinada de sua respectiva oração principal. Note que o "i" subscrito em cada sentença indica o "índice" ou a "indexação" entre palavras que estão relacionadas entre si como anáfora e referente. Assim, em (1), vemos que "ele" é referente a "João", em (2), vemos que "ele" é referente a "Pedro" e assim por diante. Com todo esse arranjo visual, torna-se mais fácil entender que as anáforas são pronomes que devem ser ligados a um referente fora da oração em que a própria anáfora se encontra. Dizemos, mais tecnicamente, que uma anáfora deve ser ligada a um referente de outro domínio, diferente do domínio da anáfora – e por *domínio*, no caso, entendemos *oração*. Já os reflexivos comportam-se de maneira inversa, como podemos ver no caso do exemplo (5). Reflexivos devem ser ligados a um referente dentro do seu próprio domínio, ou seja, a um nome dentro da oração em que se encontram. Essas são as regras estruturais que a criança deve deduzir para ser capaz de produzir e compreender ligações anafóricas.

A moral dessa história é que a relação das anáforas e dos reflexivos com os seus respectivos referentes num certo domínio da sentença não é algo que esteja explícito no estímulo linguístico. Você mesmo testemunhou como é difícil, senão impossível, deduzir essas regras simplesmente analisando o estímulo e seu contexto de uso sem usar algum conhecimento especializado em sintaxe. O argumento da pobreza de estímulo sustenta, precisamente, que uma regra complexa como a ligação de anáforas e de reflexivos tem de ser deduzida pela criança. Tal regra não pulula espontaneamente dos estímulos. Os estímulos são pobres, isto é, não possuem todas as informações necessárias para o aprendizado. A criança precisa estar equipada com uma "máquina de aprender sintaxe" muito potente para poder aprender a lógica por detrás das anáforas presentes nos estímulos.

Vejamos outro exemplo. Além do conhecimento sobre a estrutura de frases, nossa competência linguística armazena também informações sobre o uso contextualizado da língua em situações de interação sociocomunicativa. Chamamos esse tipo de conhecimento de *competência pragmática*. Com essa competência, somos capazes de identificar, por exemplo, sobre o que falamos numa dada conversa, qual é o tópico do discurso, qual é o foco da informação, que dados são relevantes ou não num diálogo, que tipo de pormenores podemos desprezar num determinado assunto, e daí por diante. Nesse caso, o argumento da pobreza de estímulos irá questionar: como conseguimos simplificar ao máximo todas as infinitas possibilidades lógicas de inferência num dado momento comunicativo e nos atermos ao que de fato é pragmaticamente relevante? Dizendo de outra forma, como conseguimos, na infância, aprender a identificar que tipo de informação está em jogo na interação pragmática? Pense, por exemplo, no caso da criança de 18 meses de idade que está chegando em casa ao colo da mamãe. Ao abrir a porta, a mãe avista um rato andando sobre o tapete da sala e, então, profere a frase "Um rato!".

Qual é o valor comunicativo dessa frase? Qual é o seu teor pragmático? Eu e você sabemos muito bem do que se trata. Mas ponha-se, uma vez mais, na mente da criança. Suponhamos que ela nunca tenha visto um rato na vida e nunca estivera numa situação como aquela. O que ela pode aprender da situação?

Com efeito, "um rato" poderia ser o *Mickey Mouse*. A criança, caso conhecesse o personagem, poderia pensar que ele estava na casa. Em termos puramente lógicos, essa inferência pragmática é perfeitamente possível. A expressão poderia significar também "animal rastejante, mamífero, preto, com um rabo longo". Poderia dizer "objeto preto que se desloca numa certa velocidade pelo carpete da sala desta casa particular". Ou então "coisa em movimento mais o carpete estático sobre o chão também estático". Poderia ser o caso de se tratar do "coletivo das partes que compõem aquele bicho, suas patas, orelhas, nariz, bigode...". Poderia querer dizer "grito da mamãe ao entrar em casa e notar um objeto preto pequeno a locomover-se da direita para a esquerda" ou "mamãe gritou porque encontrou o que cozinhar para o jantar". As possibilidades de inferência pragmática são virtualmente infinitas. O que a criança precisa fazer para tornar-se um usuário normal da língua é intuir corretamente os sentidos das expressões com que se depara em certos momentos comunicativos, de modo a evitar a quantidade enlouquecedora de possibilidades lógicas de inferência.

Se você está achando o exemplo esdrúxulo, saiba que a questão é muito séria. O filósofo Willard van Quine (1908-2000) denominou esse problema de "o escândalo da indução". Esse "escândalo" é o seguinte: como é possível as crianças observarem tão bem um conjunto finito de eventos de modo a fazer generalizações corretas a respeito de todo evento futuro daquele mesmo tipo? Como elas conseguem rejeitar de maneira apropriada o número infinito de generalizações irrelevantes, embora logicamente possíveis, a partir da observação original de um evento?

Figura 3.3: O escândalo da indução.

Felizmente, as crianças parecem escapar do escândalo da indução por seus próprios meios. Elas, de alguma forma, conseguem descobrir que o mundo funciona de uma determinada maneira, e que é essa a maneira que deve ser levada em consideração ao fazer inferências sobre o uso da linguagem. Os bebês devem saber que no mundo existem objetos discretos (isto é, isolados do resto do mundo), devem saber que esses objetos podem se deslocar por si mesmos, independente da superfície que ocupem, devem saber que os objetos coesos normalmente não se fragmentam em suas partes constitutivas, devem saber que certas palavras nomeiam objetos do mundo, outras nomeiam classes de objeto e outras nomeiam ações produzidas por esses objetos etc. Ou seja, a criança deve ser capaz de filtrar todas as inferências virtualmente plausíveis até encontrar aquelas relevantes para cada situação comunicativa com que se deparar.

É exatamente essa capacidade de filtrar informações e focar-se no que é relevante que chamamos de competência pragmática. Mais uma vez, os estímulos do ambiente não fornecem todas as pistas explícitas sobre quais inferências são corretas e quais não são. As inferências devem ser processadas pela mente das crianças. Os estímulos são pobres, isto é, não detalham tudo o que é suficiente e necessário para a aquisição do conhecimento. Para se tornar um falante normal da língua, a criança deve possuir, portanto, em sua mente uma robusta "máquina de aprender pragmática" que possa atribuir coerência aos estímulos linguísticos e comunicativos.

Antes de encerrarmos esta unidade do curso, devemos deixar bastante claro que os exemplos que aqui analisamos foram somente dois exemplos no meio de uma vasta gama de fenômenos linguísticos que não podem ser adquiridos pela criança com base apenas nos estímulos do ambiente. Anáforas e reflexivos são um pequeno fenômeno em nossa competência sintática. Inferências pragmáticas são apenas um exemplo de nossa competência comunicativa. Lembre-se de que muitos outros fenômenos complexos compõem o nosso conhecimento fonológico, morfológico, lexical, sintático, semântico e pragmático.

Você já deve ter compreendido que a suntuosa complexidade de nosso vasto conhecimento linguístico não é dedutível espontaneamente pelos estímulos do ambiente biossocial. Tais estímulos devem ser ativamente interpretados pela mente humana de modo a serem transformados em conhecimento. Deve haver, deste modo, algo em nossas mentes que consiga extrair informações dos estímulos e dar-lhes consistência. É isso o que propõe Chomsky com a hipótese do inatismo linguístico. Como veremos na próxima unidade do curso, a hipótese inatista, também chamada de **nativismo linguístico**, apresenta uma solução para o problema lógico da aquisição da linguagem e para o argumento da pobreza de estímulos.

Conclusão

Analisamos, nesta unidade, problemas acerca da origem do conhecimento linguístico humano. Esses problemas são sintetizados pelo que se conhece, na linguística gerativa, como o *problema de Platão*. Como vimos, é uma tarefa importante para as ciências cognitivas explicar por que animais tão espertos, como Washoe e Alex, não conseguem aprender a usar uma língua humana de maneira completa e produtiva. Essa incapacidade animal para as línguas naturais está em flagrante contraste com o que acontece com crianças ainda bem pequenas: todas elas, desde que sejam neurologicamente saudáveis e estejam inseridas em interação sociocultural normal, sempre conseguem desenvolver uma competência linguística perfeita, independente de sua inteligência, de sua condição social ou de qualquer outro fator contingencial. Por que será que isso acontece? Vimos que a explicação para esse problema está na ausência de competência linguística em animais não humanos – e competência não se confunde com desempenho linguístico. Aprendemos que uma resposta científica ao problema de Platão não pode ignorar os argumentos chomskianos sobre "o problema lógico da aquisição da linguagem" e "a pobreza de estímulos".

Exercícios

1) Nesta unidade, mencionamos as habilidades de Alex, um papagaio bastante inteligente, que, ao ser estimulado, parecia responder perguntas e comandos verbais com destreza. Baseado nisso, use os conceitos de *competência* e *desempenho* para explicar a seguinte afirmação: "o fato de Alex pronunciar corretamente certas palavras do inglês não significa que ele esteja realmente falando aquela língua". Se você quiser ver uma *performance* dessa simpática ave, visite o link do YouTube a seguir: <http://www.youtube.com/watch?v=rA3ER9Th5bw>.

2) Após uma festa, o aniversariante pediu a uma amiga para ajudá-lo a arrumar a casa. Ele disse: "Por favor, coloque a geladeira nos refrigerantes que sobraram para mim." Com base nessa estranha frase, explique o conceito de *deslize da linguagem*. Por que esse fenômeno é útil para evidenciar a existência de assimetrias entre competência e desempenho?

3) Pensando especificamente na capacidade linguística humana, explique o que é o problema de Platão.

4) "O argumento da pobreza de estímulo não afirma que os estímulos são pobres." Explique.

UNIDADE 4
Inatismo

Quando trazemos o problema de Platão para o âmbito da linguagem humana, pensamos nas seguintes questões científicas.

- Por que, em toda a natureza conhecida, somente os seres humanos são capazes de adquirir uma competência linguística? Por que outros animais, ainda que sejam exaustivamente treinados, nunca conseguem alcançar uma competência linguística próxima à humana?
- Como é possível que as crianças adquiram a língua do seu ambiente tão rapidamente e de maneira tão espontânea e sem esforço aparente? Como elas conseguem construir o seu conhecimento linguístico se os dados a que são expostas não contêm todas as informações necessárias para esse feito?

Você deve lembrar-se, pelo que estudamos na unidade 3 de nosso curso, que respostas simplistas a questionamento como esses nunca são satisfatórias. Por exemplo, simplesmente alegar que crianças aprendem a linguagem por imitação é algo que não resiste a uma análise científica sobre o assunto. Da mesma forma, negar o caráter extraordinário da aquisição da linguagem pelas crianças, tal como o fazem os sofistas, não resolve o problema e, na verdade, cria muitos outros. Considerando tudo isso, como poderemos enfrentar o problema de Platão de uma maneira científica e racional? Como podemos explicar o fenômeno da linguagem nos humanos levando em conta questões como *o problema lógico da aquisição da linguagem* e *o argumento da pobreza de estímulo*?

Conforme veremos ao longo desta unidade, a resposta que a linguística gerativa apresenta ao problema de Platão ficou conhecida como a *hipótese do inatismo linguístico*. Segundo essa hipótese, os seres humanos são tão prodigiosos em relação à linguagem porque estão geneticamente pré-programados para adquirir e usar pelo menos uma língua natural. Veremos como os gerativistas formulam e sustentam essa hipótese.

É importante você ter em mente, desde já, que a hipótese inatista não é a única resposta científica ao problema de Platão. Existem, nas ciências cognitivas, pelo menos duas hipóteses alternativas não inatistas que vêm despertando o interesse de numerosos pesquisadores importantes da atualidade. São elas "a teoria da mente" e o conexionismo. Analisaremos cada uma delas nas seções finais desta unidade.

Se você compreendeu corretamente o que motivou a hipótese inatista criada pelos gerativistas, podemos seguir em frente, pois nossa unidade só está começando!

A hipótese inatista

A hipótese inatista é a proposta formulada no âmbito da linguística gerativa para dar conta do problema de Platão. De acordo com essa hipótese, somente o ser humano é capaz de filtrar os dados da sua experiência de modo a construir uma competência linguística porque essa é uma dotação genética de nossa espécie. O inatismo linguístico sustenta, portanto, a tese de que a predisposição para a linguagem é uma característica biológica do *Homo sapiens*.

O gerativismo, como já sabemos, é uma teoria linguística e não uma ciência biológica. Dessa forma, devemos entender que a hipótese inatista cara aos gerativistas é uma postulação abstrata e não um achado empírico sobre mundo concreto. Com o inatismo, a linguística gerativa levanta a hipótese de que existam, no genoma humano, materiais genéticos inatos que se destinam especificamente à aquisição e ao uso da linguagem. É com base nessa hipótese que os gerativistas se propõem a explicar por que os seres humanos adquirem a língua de seu ambiente de maneira tão rápida e uniforme, mas nenhuma outra espécie animal consegue aprender uma língua. Note, não obstante, que a confirmação ou não dessa hipótese como um fato do mundo da genética caberá à pesquisa biológica do futuro. Comentaremos um pouco mais sobre pesquisa genética sobre linguagem ao final desta seção.

Na linguística gerativa, utiliza-se o termo *faculdade da linguagem* para fazer referência à dotação biológica que a espécie humana possui para a aquisição e o uso de pelo menos uma língua natural. É essa faculdade assumida como inata que possibilitará à criança analisar os estímulos da língua do ambiente (a língua-E) de forma a construir uma competência linguística (a língua-I). O esquema a seguir demonstra como o conhecimento linguístico torna-se possível pela interação entre *estímulos* e *faculdade da linguagem*.

Figura 4.1: A hipótese inatista sobre a faculdade da linguagem.

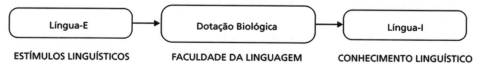

No que pese a aparente simplicidade da equação da figura 4.1, é possível fazer com ela generalizações teóricas importantes sobre a linguagem humana. Por exemplo, podemos entender que não é correto dizer que a competência linguística seja inata. Como se vê na figura, a competência linguística é, na verdade, o resultado de um processo. Isso, afinal, é óbvio. Ninguém nasce com a capacidade de falar especificamente português, inglês, hebraico, xavante, cherokee ou qualquer outra língua particular. O que temos ao nascer é a dotação genética que nos possibilita a aquisição da língua do ambiente, seja ela qual for. Dessa forma, em contato com os dados de uma língua-E, nossa faculdade da linguagem será capaz de encontrar as informações suficientes e necessárias para construir, ao longo de alguns anos, nosso conhecimento sobre a fonologia, a morfologia, o léxico, a sintaxe, a semântica e a pragmática dessa língua. Se a língua do ambiente é o português, então a faculdade da linguagem irá construir uma competência com base nos estímulos linguísticos do português. Se a língua do ambiente é o inglês, então uma competência sobre essa língua será construída, e assim por diante. Mesmo que a língua do ambiente de uma criança se modifique no curso da aquisição da linguagem, no caso de, por exemplo, de uma mudança súbita de uma comunidade lusófona para um ambiente anglófono, a faculdade da linguagem presente nessa criança será capaz de reorganizar os dados da experiência de modo a construir conhecimento sobre esses novos estímulos linguísticos.

A equação nos permite dizer, também, por que razão Washoe, ou Alex ou qualquer outro animal é incapaz de adquirir conhecimento linguístico: eles não possuem a dotação genética necessária para tanto. Podemos dizer que os estímulos linguísticos, por eles mesmos, não são o suficiente para a construção de uma competência. Não é qualquer organismo que, em virtude de treinamento com estímulos linguísticos, poderá construir conhecimento sobre a uma língua – é imprescindível que esse organismo seja dotado da faculdade da linguagem. Isso não significa dizer, note bem, que os estímulos linguísticos sejam irrelevantes para a aquisição de uma língua-I. Os estímulos são uma condição necessária para a aquisição de conhecimento linguístico. Com efeito, sem eles, a faculdade da linguagem nada pode fazer. Os estímulos sem a faculdade da linguagem não produzem uma competência e, tampouco, a faculdade da linguagem sem os estímulos linguísticos produz qualquer coisa. A competência linguística é, por conseguinte, o resultado do dinâmico processo de integração entre os estímulos da língua ambiente e a faculdade da linguagem radicada no organismo humano.

76 Curso básico de linguística gerativa

Período crítico para a aquisição da linguagem

Em 1967, o neurolinguista Eric Lenneberg formulou a hipótese de que a aquisição de uma língua materna só possa ocorrer durante um determinado período no amadurecimento do cérebro das crianças – do nascimento até por volta do início da puberdade. Após esse período, a aquisição natural da língua do ambiente não seria possível. Tal hipótese ficou conhecida como *período crítico para a aquisição da linguagem*. Segunda ela, devemos entender que o estágio estável de uma língua-I só será alcançado se a faculdade da linguagem presente no organismo dos bebês e das crianças for exposta a uma língua-E durante o período crítico, isto é, ao longo o intervalo limitado de tempo em que a dotação biológica para a linguagem precisa ser estimulada pelo ambiente para poder desabrochar.

O espaço da natureza, com a faculdade da linguagem, e o espaço da cultura, com os estímulos do ambiente, estão claramente representados no modelo de aquisição de conhecimento linguístico proposto pela hipótese inatista de Chomsky. Entretanto, é importante você saber que nem sempre os estudiosos da linguagem humana aceitam essa separação esquemática entre *natureza* e *cultura*. Na história da linguística contemporânea, muitas vezes presenciamos entusiastas da hipótese inatista menosprezando a relevância da experiência humana no processo de aquisição de uma língua-I. Da mesma forma, não são poucos os críticos da hipótese inatista que ignoram ou desdenham a importância da biologia humana na construção da capacidade linguística. Na verdade, os debates do tipo *natureza versus cultura*, que frequentemente são travados entre entusiastas e críticos da hipótese inatista, em pouco ajudam a nossa compreensão sobre o complexo fenômeno da linguagem humana.

Natureza *versus* Cultura

Os debates contemporâneos sobre natureza *versus* cultura na formação da cognição humana são a herança da milenar discussão entre racionalistas e empiristas, que remonta, pelo menos, a Platão e Aristóteles. Racionalistas, como René Descartes (1596-1650), afirmavam que o conhecimento humano advém das faculdades mentais naturais de nossa espécie, chamadas na época de *razão*, daí o termo *racionalismo*. Por sua vez, empiristas como John Locke (1632-1704) sustentavam que não existe uma "natureza humana" e todos os tipos de conhecimentos possíveis são instanciados no cérebro humano através da experiência sensitiva do indivíduo em seu mundo empírico. Foi com o filósofo alemão Immanuel Kant (1724-1804) que a dicotomia racionalismo *versus* empirismo seria superada. Kant concluiu que o conhecimento humano resulta da integração entre o mundo dos sentidos e as faculdades mentais que interpretam a experiência empírica. Após a síntese kantiana, no entanto, a querela racionalismo *versus* empirismo não cessou. Pelo contrário, ela ainda continua viva nas disputas ideológicas e políticas que estão por trás das discussões sobre o papel da natureza e o papel da cultura na formação da cognição humana. O cotejo entre os livros *O instinto da linguagem*, de Steven Pinker, e *O debate sobre o instinto da linguagem*, de Geoffrey Sampson, poderá revelar que os fundamentos do embate são políticos-ideológicos e não científicos. Também o livro *Guerras linguísticas*, de Randy Harris, revela a essência acientífica da disputa entre nativistas e culturalistas nos estudos da linguagem.

Podemos dizer que, com base na figura 4.1, tentar decidir qual é o fator mais importante na aquisição de uma língua, se os estímulos do ambiente ou se nossa dotação genética, é tão sem sentido quanto discutir se, na soma $2 + 3 = 5$, o 3 é mais importante do que o 2 para atingirmos o resultado final 5.

Versões forte e fraca do inatismo

O inatismo linguístico, da maneira como foi originalmente formulado por Chomsky nos anos 50 e 60 do século XX, deve ser considerado uma *hipótese forte* sobre a faculdade da linguagem. De acordo com essa hipótese forte, todas as informações cognitivas necessárias para transformar os dados dos estímulos da língua do ambiente em conhecimento linguístico na mente de uma criança estariam, em alguma medida, pré-especificadas e detalhadas no código genético da espécie humana. Dessa forma, um bebê humano (mas não um chimpanzé ou um papagaio) será capaz de identificar, por exemplo, as regras tácitas que governam as relações anafóricas numa frase porque, segundo a hipótese inatista forte, há um princípio linguístico geneticamente determinado que especifica, na biologia desse bebê, algo

78 Curso básico de linguística gerativa

como "uma anáfora deve ser ligada a um referente fora de seu domínio". Dizemos que a hipótese inatista chomskiana é *forte* justamente porque, segundo ela, inúmeros detalhes da competência linguística dos falantes de uma língua natural seriam resultantes de especificações genéticas inscritas no genoma do *Homo sapiens*.

Se você considerou a hipótese inatista forte sobre a faculdade da linguagem um tanto implausível do ponto de vista biológico, saiba que muitos estudiosos de diferentes áreas do conhecimento concordam com você. É, de fato, difícil imaginar como certos princípios linguísticos, às vezes tão específicos, como o controle de anáforas e de reflexivos, possam estar inscritos no organismo humano antes mesmo de sua experiência com a língua do ambiente. Pense bem: que pressão evolutiva, na história genética da evolução humana, poderia ter selecionado a "ligação anafórica" como um componente genético a ser transmitido de uma geração para outra? Não é fácil responder uma indagação como essa.

Diante da implausibilidade biológica do inatismo forte, estudiosos gerativistas mais moderados têm defendido o que entendemos como uma *versão fraca* da hipótese inatista. Tal como argumentam os psicólogos cognitivos Steven Pinker (da Universidade de Harvard) e Gary Marcus (da Universidade de Nova York) e o linguista Paul Smolensky (da Universidade de Johns Hopkins), a versão fraca do inatismo propõe que a faculdade da linguagem seja uma espécie de disposição biológica, algo como um conjunto de instruções genéticas que criam neurônios especializados em retirar informações linguísticas do ambiente a fim de construir uma língua-I. Essas instruções seriam uma espécie de *Mecanismo de Aquisição da Linguagem* (Language Acquisition Device – LAD, na sigla em inglês).

A diferença entre a hipótese inatista fraca e a forte é muito importante. Na hipótese fraca, descarta-se a ideia de que todas as informações linguísticas que tornam a aquisição da linguagem possível estejam pré-detalhadas no genoma humano. Em vez disso, a hipótese fraca assume que os princípios linguísticos na verdade emergem durante o processo de aquisição da língua do ambiente, à medida que os neurônios especializados em linguagem formam sinapses em função dos estímulos da língua-E. Nesse sentido, para que o conhecimento linguístico possa emergir nos seres humanos, o mínimo suficiente e necessário é que os neurônios da linguagem sejam capazes de identificar e interpretar todos os detalhes da informação linguística a que a criança é exposta. Para tanto, basta que tais neurônios tenham hipersensibilidade à informação linguística, sendo capazes, portanto, de aprender com o sinal linguístico disponível no ambiente. Por exemplo, de acordo com o inatismo fraco, os "princípios de ligação" seriam criados com a experiência da criança, à medida que seu LAD conseguisse identificar o fato de que anáforas são ligadas a um referente fora da oração em que se encontram, enquanto reflexivos ligam-se a um referente na mesma oração em que se inserem.

Se você entendeu a hipótese fraca do nativismo linguístico, talvez concorde com ela. O que pensa sobre o assunto? Caso estejamos certos em nossa intuição, você, a esta altura, deve estar se perguntando se já existe alguma pesquisa genética que confirme ou refute a hipótese inatista. Bem, a despeito dos grandes avanços que as ciências biológicas alcançaram ao longo das últimas décadas, ainda não é possível falar com segurança sobre *genética e linguagem*. A descoberta do FOXP2, não obstante, é digna de nota. Senão vejamos.

No início do século XXI, um geneticista inglês chamado Anthony Monaco, professor da Universidade de Oxford e integrante do Projeto Genoma Humano, anunciou a descoberta do que poderá ser o primeiro gene que, aparentemente, está associado à competência linguística humana: o FOXP2. Monaco proclamou sua possível descoberta após estudar diferentes gerações dos K. E., uma família inglesa de classe média. O geneticista constatou que muitos membros dessa família possuíam distúrbios de linguagem, os quais não pareciam estar associados a algum mero problema de desempenho linguístico, como língua presa, audição ineficiente etc. Tais distúrbios diziam respeito à conjugação verbal, à distribuição e à referencialidade dos pronomes, à elaboração de estruturas sintáticas complexas, como as orações subordinadas etc. O interessante é que os avós, pais, filhos e netos da família K. E. não possuíam aparentemente nenhum outro distúrbio cognitivo além desses problemas com o conhecimento linguístico. Monaco analisou amostras de DNA dessa família e descobriu que uma única unidade de DNA de um único gene estava corrompida: o FOXP2.

O FOXP2 é um dos 70 genes diferentes que compõem o cromossomo 7, que é responsável pela arquitetura genética do cérebro humano. Ou seja, trata-se de um gene que cria neurônios, neurotransmissores e afins. Esse gene, o FOXP2, possui 2.500 unidades de DNA, e só uma delas apresentava problemas na genética da família K. E. Monaco estava convencido de que esse gene deveria ser, pelo menos em parte, responsável pela capacidade linguística humana. Ele confirmou suas intuições quando descobriu o jovem inglês C. S., que não possuía parentesco com os K. E., mas apresentava os mesmos distúrbios linguísticos manifestados pelos membros daquela família. Monaco analisou o FOXP2 de C. S. e constatou o que presumia: C. S. apresentava um defeito na mesma unidade de DNA do FOXP2 deficiente na família K. E. A partir desse achado, o geneticista divulgou o que pode ser a descoberta do primeiro gene aparentemente responsável pela genética da linguagem humana: o FOXP2.

A lógica subjacente à afirmação de Monaco é a seguinte. Como parte do FOXP2 está danificada nos K. E. e também em C. S., e isso parece ter como correlato comportamental dificuldades exclusivamente linguísticas, então esse gene deve ser responsável pelas habilidades linguísticas deficientes nos K. E. e em C. S.

Se isso for verdadeiro, então em indivíduos "normais", isto é, nas pessoas com o FOXP2 sem anomalias, esse gene deve ter a função de produzir os neurônios que virão a formam as sinapses responsáveis pelo conhecimento linguístico.

Independentemente de as pesquisas de Anthony Monaco virem a ser confirmadas ou não nas pesquisas mais recentes sobre genética humana (e há, de fato, muitos geneticistas que as refutam com muito bons argumentos e evidências), o importante é que elas abriram ou aprofundaram a discussão, fora do âmbito da linguística gerativa, a respeito dos fundamentos biológicos da linguagem humana. O FOXP2 é um gene existente também noutros primatas, como chimpanzé e gorilas, porém em quantidade muito reduzida. Isso pode explicar, por exemplo, porque a capacidade de comunicação linguística é tão limitada nesses animais. Se, de fato, o mapeamento dos genes humanos apontar, como a hipótese do FOXP2 apenas muito timidamente esboça, a existência de genes cuja função seja construir os neurônios que farão as sinapses responsáveis pela competência linguística, então a hipótese fraca do inatismo linguístico encontrará o seu correlato na realidade biológica da natureza humana.

Esperamos que você tenha compreendido a importância e os fundamentos da hipótese inatista, nas suas versões forte e fraca. Passaremos, agora, a analisar os principais argumentos formulados contra o nativismo linguístico. Será que os humanos são mesmo geneticamente predispostos à linguagem? Não serão as línguas naturais invenções culturais contingentes?

Alternativas à hipótese inatista

Como adiantamos desde a introdução desta unidade, é importante você saber que, para um número considerável de importantes estudiosos da linguagem, a hipótese segundo a qual as línguas naturais sejam um patrimônio biológico da espécie humana – algo como o que Steven Pinker chamou, numa escolha vocabular deliberadamente grosseira, de "instinto da linguagem" – é muitas vezes repudiada com extremo ceticismo e, mesmo, com profundo desgosto.

O pano de fundo dessa aversão, já o sabemos, é a oposição entre *natureza versus cultura, biologia versus sociedade, ciências naturais versus ciências sociais* etc. É por causa desses embates ideológicos que alguns argumentos dirigidos contra a hipótese inatista são às vezes virulentos e radicais. Por exemplo, o filósofo americano Hilary Putnam (da Universidade de Harvard) afirmou, em resposta à Chomsky, que a universalidade da linguagem e a rapidez da aquisição da língua do ambiente pela criança nada têm a ver com supostas predisposições inatas para um tipo de comportamento. Ridicularizando a hipótese inatista, Putnam chamou a atenção para o fato de que a Coca-Cola é um produto existente em praticamente todas as culturas humanas contemporâneas. Onde hoje houver humanos, disse ele, haverá linguagem e haverá, também, Coca-Cola. Sua conclusão é: dizer que há uma dotação inata para a linguagem apenas em virtude de ela ser aparentemente universal é tão absurdo quanto dizer que há uma dotação inata para consumir Coca-Cola, pois esse também é um comportamento humano talvez universal. Noutra contra-argumentação, Putnam reconhece que a rapidez da aquisição da linguagem é impressionante. Mas, continua, também é de impressionar a rapidez com que uma criança aprende a segurar uma bola e arremessá-la logo em seguida. "Deve haver na biologia humana genes especializados em segurar e arremessar bolas?", fulmina o filósofo.

Os argumentos de Putnam são lógicos, mas são também estranhos. Podemos dizer que são pseudoargumentos. São sofismas. Você certamente já compreendeu que esse tipo de embate político e ideológico não faz parte da boa agenda de pesquisa das ciências. Portanto, podemos ignorar críticas como as de Putnam e passar a apresentar as hipóteses que a pesquisa científica vem elaborando como alternativas ao nativismo linguístico.

A hipótese da teoria da mente segundo Tomasello

Dentre os cientistas cognitivos contemporâneos, o psicólogo americano Michael Tomasello (diretor do Instituto de Antropologia Evolutiva da Universidade Max Planck, em Leipzig, Alemanha) é um dos mais importantes críticos do inatismo. Tomasello argumentou, em diversos momentos de sua obra e, principalmente, no livro *Origens culturais da aquisição do conhecimento humano* (1999), que a aquisição de uma língua natural pelas crianças decorre da integração de diversas habilidades mentais não especificamente linguísticas. Dentre essas habilidades, uma das mais importantes seria, de acordo com Tomasello, a capacidade que nós humanos possuímos de conseguirmos nos colocar imaginariamente no lugar das outras pessoas e intuir como elas devem pensar e interpretar os eventos do mundo. Chamamos essa capacidade imaginativa de "teoria da mente".

Para o famoso psicólogo, é, dentre outros fatores cognitivos, a posse de uma "teoria da mente" que permitiria às crianças aprender, no curso de suas interações sociocomunicativas, que o uso de palavras, frases e discursos é capaz de provocar ou alterar o pensamento e o comportamento das outras pessoas. Dizendo de outra forma, Tomasello levantou a hipótese de que é o desenvolvimento da "teoria da mente" que fundamentalmente faz a linguagem emergir na cognição de uma criança.

Figura 4.2: Para Tomasello, a capacidade de imaginar o que se passa na mente das outras pessoas (a "teoria da mente") é uma das origens sociocognitivas da linguagem humana.

De forma geral, segundo a hipótese de Tomasello, a criança adquiriria a linguagem porque vê, diante de si, adultos ou outras crianças a falar de um objeto ou de um evento do mundo. Por exemplo, as outras pessoas podem estar falando de um acontecimento, de um brinquedo, de um animal de estimação ou de qualquer outro tema inteligível para a criança. A criança, de alguma forma, é capaz de perceber a referência e a **intencionalidade** no uso das palavras e discursos ao seu redor e, então, descobre que poderá usar os mesmos termos quando quiser evocar a mesma referência e a mesma intencionalidade na mente das outras pessoas. Isto quer dizer que, ao entender que uma palavra como, digamos, "cachorro" é usada quando as outras pessoas veem ou pensam num "cachorro", a criança aprenderá que, ao usar aquele mesmo signo, as outras pessoas vão, com ela, pensar também num "cachorro". Segundo Tomasello, é essa capacidade de imaginar o que se passa na cabeça das outras pessoas, compreendendo-as como seres portadores de mentes e de intencionalidade, que distinguiria o comportamento humano do comportamento animal. Para o estudioso, é justamente essa habilidade que dá à luz a capacidade linguística humana.

> Nos estudos da cognição humana, *intencionalidade* não quer dizer apenas "ter intenção de fazer alguma coisa". Em vez disso, o termo se refere à capacidade humana de se dirigir e se concentrar em certos objetos e eventos do mundo. Tais objetos podem ser, inclusive, os estados mentais de outras pessoas. Por exemplo, acreditar em certas coisas, ter certos desejos, ambições e intenções e supor que as outras pessoas acreditam em certas coisas são estados mentais que exibem intencionalidade.

A hipótese conexionista

Outra importante alternativa à hipótese inatista é o *conexionismo*. Podemos compreender o conexionismo como uma teoria sobre a mente humana segundo a qual a aquisição e o uso de conhecimentos, como, por exemplo, a competência linguística, decorrem exclusivamente da formação de padrões de comportamento ao longo da experiência de um indivíduo. Trata-se de uma hipótese oposta ao inatismo porque, segundo os conexionistas, os neurônios responsáveis pelo comportamento humano não possuem nenhuma especificação prévia sobre os tipos de sinapses que devem fazer no curso da formação do cérebro de uma pessoa. Segundo os conexionistas, os neurônios formam sinapses de acordo com as regularidades advindas dos estímulos do ambiente e não em função de alguma pré-especificação genética.

Como você pode ver, a proposta conexionista descarta o inatismo e também a modularidade da mente. Para os estudiosos do conexionismo, os neurônios humanos não nascem predeterminados a dar origem ao que conhecemos como *domínios da cognição* (como a visão, a linguagem, a locomoção espacial etc.). Esses domínios seriam constituídos ao longo da experiência biossocial do indivíduo, conforme o seu cérebro interpretasse os dados do ambiente e, então, aprendesse a adotar certos tipos de comportamento, como a visão, a linguagem, a locomoção espacial etc. Dessa forma, podemos entender que, de acordo com a abordagem conexionista, a cognição humana é resultante do aprendizado pela experiência, no processo de tentativa e erro regulado pelos estímulos ambientais. Nesse processo, a natureza biológica do *Homo sapiens* não desempenharia papel determinante. "A cognição humana emerge das conexões entre os neurônios, mas não é dada previamente", afirmam os conexionistas.

Ciências cognitivas clássicas e conexionismo

O conexionismo é muitas vezes considerado uma nova proposta dentro das ciências cognitivas, que poderá superar a abordagem clássica do cognitivismo. Na abordagem clássica, assumida por, por exemplo, Chomsky, Pinker e Fodor, para citar autores que você já conhece em nosso curso, a cognição humana é interpretada como um sistema lógico que manipula símbolos (como, no caso da linguagem, fonemas, morfemas, sintagmas etc.) através de regras (como as regras da fonologia, da sintaxe etc.). O conexionismo apresenta outra concepção de cognição. Nessa nova abordagem, a mente é interpretada como o resultado da interação de inúmeras informações neuronais não simbólicas e não controladas por regras formais. Tais interações são analisadas como o resultado da formação de sinapses no cérebro humano, as quais resultam das ativações neuronais obtidas exclusivamente através da frequência e da intensidade dos estímulos do ambiente. As disputas entre conexionismo e cognitivismo clássico são assunto para livros inteiros. Caso você se interesse pelo tema e tenha um bom domínio do inglês, sugerimos duas leituras avançadas: *The harmonic mind* (*A mente harmônica*, 2006), obra dos conexionistas Paul Smolensky e Géraldini Legendre, e *The algebraic mind* (*A mente algébrica*, 2003), do cognitivista clássico Gary Marcus. Por diferentes caminhos, esses autores chegam à conclusão de que cognitivismo clássico e conexionismo são, na verdade, duas dimensões diferentes de um mesmo objeto. Há, entretanto, outras análises sobre as tensões entre cognitivismo clássico e conexionismo. A mais trágica delas é a eliminacionista, segundo a qual apenas a abordagem conexionista ou a clássica sobreviverá no futuro das ciências da cognição.

O conexionismo vem alcançando relativo sucesso na inteligência artificial e nas ciências da computação. Muitos *softwares* conexionistas são capazes de criar sinapses entre neurônios artificiais, as chamadas *redes neurais artificiais* ou *redes conexionistas*. O que há de mais importante em tais redes é que elas vêm revelando capacidades de aprendizado através da experiência, mais ou menos como o cérebro humano é capaz de fazer. Por exemplo, Patrick Grim (da *State University of New York at Stony Brook*) reportou o caso de uma dessas redes neurais artificiais que conseguiu aprender a reconhecer ambientes nos diferentes tipos de casas humanas. O interessante é que essa rede conexionista não foi pré-programada para reconhecer ambientes. Ela apenas foi instruída previamente com noções básicas como reta, curva, ângulo e demais rudimentos de geometria e, de posse dessas informações, foi capaz de interpretar os estímulos do ambiente de modo a gerar conhecimento (aprender) sobre ambientes domésticos.

Figura 4.3: Para o conexionismo, o aprendizado humano é tão somente o resultado da formação de padrões de comportamento neuronal.

Como você pôde ver, trata-se de uma experiência muito significativa, pois indica que certos tipos de conhecimento podem emergir de conexões entre informações, dispensando a ideia de que um dado conhecimento tenha de estar necessariamente disponível no organismo desde o início de sua experiência no mundo.

O inatismo enfrenta suas alternativas

A hipótese de Tomasello e a hipótese conexionista representam importantes abordagens alternativas ao inatismo linguístico assumido na linguística gerativa. No entanto, devemos chamar a sua atenção para o fato de que nenhuma das duas abordagens pode ser considerada radicalmente anti-inatista. Como vimos, Tomasello propõe que a "teoria da mente" seja um traço distintivo dos seres humanos, provavelmente ausente nos outros animais. Para ele, é a posse desse traço que torna possível às crianças, mas não a um chimpanzé, adquirir uma língua natural. Ora, a proposta de Tomasello também deve ser submetida ao problema de Platão. Afinal, de onde viria a capacidade humana de adquirir uma "teoria da mente"? Muito provavelmente, a disposição humana para a "teoria da mente" seja uma dotação natural de nossa espécie. Não seria isso é um tipo diferente de inatismo?

Também o conexionismo não pode ser considerado uma teoria anti-inatista de fato. Se você notou bem o caso da rede neural artificial que aprendeu a reconhecer ambientes, talvez tenha percebido que ela possuía muitas informações prévias, isto é, havia nessa rede uma grande quantidade de programação "inata". Uma rede conexionista é, na verdade, um programa de computador criado por um programador conexionista. Nesse programa, estão pré-especificadas todas as informações que a rede precisar ter, de antemão, para ser capaz de aprender com sua experiência. Por exemplo, a rede que aprendeu a reconhecer ambientes não criou essa capacidade a partir do nada, do absoluto vazio de uma *tabula rasa*. Pelo contrário, tal rede foi pré-capacitada com noções fundamentais de geometria, sem as quais o aprendizado não teria sido possível. Ora, com isso estamos dizendo que as redes conexionistas nunca são desprovidas de qualquer informação inicial. Os *softwares* conexionistas jamais são, de fato, tão anti-inatos quanto seus programadores afirmam. É verdade que as redes inteligentes aprendem novos comportamentos a partir da experiência, mas esse aprendizado pressupõe um "programa de aprender" – justamente como a hipótese inatista fraca propõe. Diante disso, podemo-nos perguntar: se as próprias redes conexionistas pressupõem alguma informação inata (ainda que mínima), como poderia ser diferente com o cérebro humano?

Por outro lado, a "teoria da mente" de Tomasello e o conexionismo são hipóteses radicalmente opostas à modularidade da mente. Ambos defendem a ideia de que a linguagem humana emerge da conjugação de diferentes domínios cognitivos não especificamente linguísticos. Isto é muito diferente das hipóteses do gerativismo, que, como você já sabe, assume que a linguagem é um módulo cognitivo específico e altamente especializado na informação linguística. Portanto, a principal diferença entre o gerativismo e as suas alternativas apresentadas nesta seção não parece ser o inatismo em si mesmo, mas, sim, a modularidade da mente. Em outras palavras, o inatismo que Tomasello e o conexionismo rejeitam é o inatismo da disposição natural específica para a linguagem, mas não qualquer tipo de inatismo.

Ao final de toda essa discussão, você talvez se indague: qual hipótese sobre as origens da linguagem humana parece ser a mais adequada? O gerativismo assume que a hipótese inatista esteja na pista correta, sobretudo em sua versão fraca. Entretanto, somente a pesquisa genética do futuro poderá confirmar ou refutar definitivamente o nativismo linguístico ou qualquer uma de suas alternativas críticas.

Evidências neuropsicológicas do inatismo

Muitos estudos em neurociências e em psicolinguística experimental têm reunido diversas evidências que parecem confirmar as previsões da hipótese inatista. Por exemplo, o estudo de Ramus et al. (2000) demonstrou que bebês ainda no útero materno já são capazes de perceber aspectos da prosódia da língua de sua mãe – por exemplo, eles reagem com estranhamento quando algum estrangeiro fala a seu redor, numa prosódia diferente da da língua materna. De fato, bebês recém-nascidos ou ainda intrauterinos já estão aptos a perceber e discriminar diversos aspectos gramaticais da língua de seu ambiente, demonstrando precocidades linguísticas que parecerão milagrosas se não forem desencadeadas por alguma compulsão biológica para a linguagem. Uma boa leitura para você saber mais sobre o assunto são os livros *Nascer humano* (1990) e *O que as crianças sabem: a nova ciência cognitiva do desenvolvimento infantil* (1994), ambos dos famosos neurocientistas Emmanuel Dupoux e Jacques Mehler.

Conclusão

Aprendemos, nesta unidade, que a hipótese inatista é a resposta formulada pela linguística gerativa para dar conta do problema de Platão. Como vimos, o inatismo linguístico assume que a faculdade da linguagem seja uma dotação biológica exclusiva da espécie humana. Tal dotação pode ser interpretada de uma maneira forte, segundo a qual todas as informações linguísticas necessárias para a aquisição da linguagem estão inscritas no genoma humano, ou pode também ser interpretada de uma maneira fraca, a qual afirma que somos equipados com uma poderosa máquina de aprender especializada na informação linguística. Você aprendeu que é com base na hipótese inatista que os gerativistas propõem-se a explicar por que apenas os seres humanos são capazes de adquirir e usar normalmente uma língua natural. Aprendemos, por fim, que as principais hipóteses alternativas ao inatismo linguístico são a "teoria da mente" e o conexionismo.

Exercícios

1) Qual é a relação entre o problema de Platão e a hipótese inatista formulada pela linguística gerativa?

2) De acordo com a hipótese inatista, é correto dizer que, no Brasil, as crianças já nascem com a capacidade de falar português? Podemos dizer que o ambiente linguístico e a interação social são irrelevantes para aquisição da linguagem?

88 Curso básico de linguística gerativa

3) Diferencie a hipótese inatista forte da hipótese inatista fraca.

4) Em que medida a hipótese da "teoria da mente" de Tomasello pode ser considerada contrária ao nativismo linguístico?

5) Identifique e descreva as principais semelhanças e diferenças entre a hipótese inatista fraca e o conexionismo.

6) Analise o caso de Genie e relacione-o à hipótese do período crítico para a aquisição da linguagem.

O caso Genie

Genie foi isolada do convívio social dos 20 meses de idade até os 13 anos. Nesse período, não foi exposta a nenhuma língua-E. Quando voltou a ter contato com seres humanos, começou a aprender inglês. Genie apresentou bom desenvolvimento de habilidades lexicais e semântico-pragmáticas, mas não alcançou uma competência sintática, morfológica e fonológica normal. Veja umas frases de Genie: *Applesauce buy store* (tradução: "Suco de maçã comprar loja"), dita para expressar o pedido *Buy applesauce at the store* (tradução: "Compre suco de maçã na loja"); *Man motorcycle have* (tradução: "Homem motocicleta ter"), dita para expressar a descrição *That man has a motorcycle* (tradução: "Aquele homem tem uma motocicleta").

Para saber mais sobre o caso Genie, visite o link: <http://www.youtube.com/watch?v=qFh10w3UX_s>.

UNIDADE 5
Princípios e Parâmetros

Se você for um linguista iniciante, talvez a característica das línguas humanas que mais lhe chame a atenção seja sua diversidade e sua heterogeneidade. De fato, de acordo com os critérios de contagem da maioria dos especialistas no assunto, existem hoje mais de 6 mil línguas naturais vivas pelo mundo. Trata-se de um número bastante grande, não? Pois saiba que, alguns séculos atrás, esse número era ainda maior. Estima-se que, por volta do ano 1.500 d.C., mais de 13 mil línguas eram faladas pelos continentes da Terra. Infelizmente, a maioria delas são hoje línguas mortas ou extintas, isto é, são línguas que não possuem mais falantes nativos – como é o caso do latim, língua do antigo Império Romano que deixou de ser usada nativamente nos primeiros séculos da era cristã.

Para além dessa grande quantidade de línguas existentes, são as enormes diferenças entre elas que realmente impressionam. Incontáveis detalhes fonológicos, lexicais e morfossintáticos fazem das línguas vivas e mortas um dos maiores tesouros da história da cultura humana. Vejamos rapidamente uns poucos casos dessa rica diversidade linguística.

Ao compararmos o inventário fonológico das línguas, descobrimos que elas podem ser de fato muito diferentes. Por exemplo, existem algumas que possuem somente 3 vogais orais, como o koasati (língua indígena norte-americana), e outras que possuem muito mais, como o inglês, que conta com 11 vogais orais, ou o português, com 7. Certas línguas, a exemplo do português, possuem diversos fonemas nasais, como as consoantes [m] e [n] e as vogais [ã] e [õ], mas existem línguas que não têm sequer um único fonema nasal. Também na morfologia, as línguas podem divergir dramaticamente. De um lado, línguas como o chinês praticamente não conhecem sufixos verbais indicativos de tempo, modo, aspecto, número, pessoa e demais funções gramaticais ou semânticas. De outro lado, línguas como o português conhecem dezenas desses morfemas, tais como o "-va", que indica tempo passado e aspecto não concluído, e o "-mos", que indica a primeira pessoa do plural. Em algumas outras línguas, o número desses sufixos pode ser extremamente elevado. Por exemplo, no kivunjo, língua falada na Tanzânia, existem centenas ou mesmo milhares de morfemas verbais que exprimem uma vastidão de nuances de significados capazes de enlouquecer qualquer falante estrangeiro.

Quando analisamos o léxico das línguas, as diferenças que encontramos podem chegar a ser curiosas e intrigantes. Veja-se o caso do português e de diversas outras línguas ocidentais que possuem dezenas de palavras para indicar cores (amarelo, azul, branco, preto, rosa etc.), por contraste ao Dani, língua falada em Nova Guiné, na Indonésia, que só possui duas palavras para essa função, algo como "claro" e "escuro". Na sintaxe as diferenças também não são pequenas. Dentre as 6 mil línguas do mundo, existem inúmeros padrões de organização linear entre as palavras que compõem uma dada frase. Por exemplo, quando fazemos, em língua portuguesa, uma comparação qualitativa entre duas entidades, digamos X e Y, devemos construir uma estrutura como "*X é melhor que Y*". Nessa estrutura, introduzimos primeiramente o item X, sobre o qual faremos a comparação, e depois usamos uma expressão adjetival (do tipo "é melhor") seguida do termo comparativo referente a Y (como "que Y"). O resultado é uma frase como "Pelé é melhor que Maradona". Esse mesmo padrão sintático é encontrado em inglês, grego, hebraico, galês e muitas outras línguas. Entretanto, em línguas como japonês, turco, basco e guarani, a expressão adjetival e o termo comparado têm de aparecer antes do X sobre o qual fazemos a comparação. Isso quer dizer que, nessas línguas, uma estrutura comparativa entre X e Y será algo como "*Y que melhor é X*". Em tais línguas, nossa frase-exemplo seria estruturada como "Maradona que melhor é Pelé". Trata-se de um padrão sintático bem diferente, não é verdade?

A lista das divergências entre as línguas naturais é extensa e complexa. Muitos linguistas podem dedicar sua carreira inteira à identificação e à descrição dessas diferenças. Na verdade, umas das áreas mais ricas da linguística moderna é a descrição dos distintos fenômenos encontrados nas línguas humanas.

Figura 5.1: A diversidade linguística no mundo: passado, presente e futuro.

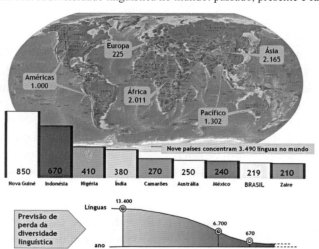

Fonte: Laboratório de Psicolinguística Experimental da UFRJ.

Depois de descobrir tantas línguas e tamanhas diferenças entre elas, você, como linguista iniciante, poderia perguntar-se se não existiria alguma regularidade linguística por trás de toda essa heterogeneidade. A resposta é que, realmente, as línguas humanas apresentam um considerável lastro de unidade em meio à sua evidente diversidade. Muitos fenômenos linguísticos são regulares e universais. Por exemplo, todas as línguas possuem nomes e verbos. Todas apresentam frases compostas de sujeito e predicado. Todas possuem núcleos sintáticos, seus complementos e adjuntos. Todas lançam mão de pronomes e advérbios para indicar pessoa, tempo e lugar da comunicação. Todas estruturam o período por meio de orações simples, coordenadas ou subordinadas. Há, com efeito, um grande número de universais linguísticos. É justamente a busca pela identificação dessa universalidade que caracteriza o esforço descritivo da linguística gerativa.

Na presente unidade, aprenderemos como o gerativismo reconhece ordem e previsibilidade no vasto oceano de diferenças existentes entre as línguas naturais. Veremos de que maneira a análise gerativista identifica, no componente sintático das línguas do mundo, um alto grau de homogeneidade. Você aprenderá que, na verdade, grande parte das diferenças sintáticas entre as línguas não se dá aleatoriamente. Pelo contrário, essas diferenças ocorrem de maneira previsível, num limitado eixo de possibilidades de variação.

Por que as diferenças sintáticas entre as línguas são restritas e previsíveis? Veremos que o gerativismo responde a essa pergunta com a hipótese da Gramática Universal (a GU – pronunciando-se "gê-u") e a Teoria de Princípios e Parâmetros.

Conforme aprenderemos nesta unidade, o conceito de GU é muito importante para a linguística gerativa. É com ele que os gerativistas são capazes de sintetizar a heterogeneidade das línguas do mundo e a homogeneidade linguística prevista pela hipótese inatista sobre a faculdade da linguagem. A GU, como veremos, é caracterizada como o estágio inicial da aquisição da linguagem pela criança. Ela corresponde, portanto, ao estado da cognição linguística humana anterior aos estímulos da língua-E do ambiente. Todavia, a dotação genética presente na GU não implica que todos os indivíduos humanos desenvolverão exatamente a mesma língua-I. Como veremos, os gerativistas assumem que a GU é composta por dois conjuntos de elementos. O primeiro deles são os *Princípios* universais, comuns a todas as línguas humanas, e o segundo são os *Parâmetros* particulares, que serão formatados conforme a experiência linguística dos indivíduos. Dessa forma, é a formatação dos Parâmetros da GU – aliada à aquisição das arbitrariedades do léxico de uma língua particular – o fator responsável pela diversidade linguística, por contraste à universalidade dos Princípios comuns a todos os idiomas.

Como Princípios e Parâmetros são conjugados nas mentes dos indivíduos? Explicar isso é justamente um dos objetivos desta unidade do curso.

Gramática Universal

A percepção de que as línguas do mundo compartilham um grande número de semelhanças é muito anterior ao surgimento da linguística gerativa. Diversos gramáticos e filósofos desde, pelo menos, a época do Renascimento já estavam conscientes de que as línguas humanas guardavam entre si considerável parentesco sintático, que parecia esconder-se sob as idiossincrasias do léxico e da morfologia dos diferentes idiomas. Talvez os primeiros estudiosos a formular explicitamente uma explicação para a universalidade da linguagem tenham sido os eruditos franceses Antoine Arnauld e Claude Lancelot. Arnauld e Lancelot publicaram, em 1660, um tratado gramatical que ficou conhecido como *Gramática de Port-Royal*. Um fato curioso é que, enquanto "Port-Royal" era apenas o nome da abadia em que os autores trabalhavam, a gramática propriamente dita foi batizada com o extenso nome *Gramática geral e razoada contendo os fundamentos da arte de falar, explicados de modo claro e natural*.

O interessante sobre a *Gramática de Port-Royal* é que ela não era apenas mais uma gramática prescritiva preocupada em ensinar o uso da língua padrão, como era então a prática nas grandes nações da Europa. Para Arnauld e Lancelot, o simples fato de qualquer pessoa normal ser capaz de produzir e compreender a sua língua **vernácula** é um fenômeno cientificamente importante, que deveria ser explicado pelos estudiosos. Nas palavras dos autores, *a gramática* era "a arte de falar e entender uma língua" ao mesmo tempo em que *uma gramática* (um compêndio gramatical) era "a disciplina que apresenta os fundamentos dessa arte" (cf. Arnauld; Lancelot, p. XV-XVII). Ora, se você usar os conhecimentos que até aqui adquiriu em nosso curso para interpretar os significados do termo *gramática* utilizados por Arnauld e Lancelot, entenderá que para eles uma *gramática* era uma faculdade cognitiva humana (uma arte) e também uma ciência cognitiva (a apresentação dos fundamentos dessa arte). Dessa forma, podemos dizer que esses franceses foram os grandes precursores da abordagem universal sobre a linguagem que viria a ser sustentada pela linguística gerativa nos séculos XX e XXI.

> *Vernáculo* é o conceito usado na linguística para identificar a língua natural e espontânea dos indivíduos, adquirida na infância durante o processo de aquisição da linguagem. O vernáculo é anterior à influência sociocultural padronizante da escola e do letramento, sendo, assim, considerado como a instância mais natural de uma língua.

Também no século XVII, o filósofo francês René Descartes já manifestava suas meditações sobre a universalidade da linguagem. Descartes dizia que "é um fato notável que não existam seres humanos tão embotados e estúpidos que não sejam capazes de arrumar várias palavras juntas, formando com elas uma frase pela qual dão a entender os seus pensamentos" (Descartes, 1637). Para o filósofo, a linguagem deve ser interpretada fundamentalmente como a forma de expressão de nossos pensamentos, isto é, Descartes afirmava que a linguagem é a capacidade humana universal de usar palavras e frases como meio de expressão de ideias. É importante você notar que, para o famoso criador da expressão "Penso, logo existo", as palavras e frases que usamos para exprimir pensamentos são acidentais, isto é, podem variar de indivíduo para indivíduo, de acordo com suas diversas circunstâncias socio-históricas, mas a habilidade em fazer uso dessas palavras e frases é essencial e universal a todos os humanos.

A essa altura, é fácil percebermos que as ideias de Descartes muito influenciaram o pensamento de Noam Chomsky. Isso tanto é verdade que, em 1966, portanto nos primeiros anos da linguística gerativa, Chomsky lançou um livro intitulado *Linguística cartesiana: um capítulo na história do pensamento racionalista*. Nesse livro, Chomsky explicita que a busca gerativista pelos universais da linguagem não é uma novidade na história do pensamento ocidental. Pelo contrário, ele aponta que, desde há muitos séculos, a preocupação com o que é geral e universal nas diferentes línguas naturais vem sendo objeto de investigação de muitos pensadores da chamada tradição racionalista na filosofia. A relevância de Descartes para o gerativismo é destacada já no título da obra.

Figura 5.2: René Descartes é, para Chomsky, um dos precursores dos estudos sobre a Gramática Universal.

Depois de Descartes, foi o filósofo Wilhelm von Humboldt quem, nos séculos XVIII e XIX, daria sequência às reflexões sobre a universalidade da linguagem. Em seus estudos, Humboldt destacava que a principal característica das línguas naturais é a sua capacidade de fazer *uso infinito de recursos finitos*. Isso quer dizer que, há quase 200 anos, aquele filósofo já havia detectado a principal propriedade da linguagem humana: a *criatividade* – conceito que já estudamos neste curso.

Joseph Greenberg

No século XX, de maneira independente do gerativismo, o linguista norte-americano Joseph Greenberg (1915-2001) formulou, em seu livro de 1966 intitulado *Universais linguísticos*, um conjunto de 45 generalizações tipológicas entre as línguas do mundo. Greenberg analisou exaustivamente mais de 30 línguas de inúmeras famílias linguísticas com a intenção de encontrar "universais" na aparente diversidade das línguas.

Com efeito, Humboldt anteviu muitos conceitos caros à linguística gerativa. Por exemplo, segundo ele, todos os humanos possuem uma disposição natural para adquirir qualquer língua específica – o que adiantava a *hipótese inatista*. Além disso, Humboldt dizia que as diferenças entre as línguas encontram-se nos seus meios de expressão, isto é, nas suas idiossincrasias lexicais e morfofonológicas. O filósofo asseverava haver limites e restrições impostas às diferenças entre as línguas. Segundo ele, tais imposições eram derivadas da cognição linguística humana. Vejamos uma das afirmações tipicamente gerativistas de Humboldt.

> Dado que a disposição natural para a língua é universal no homem, e visto que cada um tem de possuir a chave para o entendimento de todas as línguas na mente, têm-se como corolário que a forma de todas as línguas tem der ser essencialmente a mesma. A variedade entre as línguas só pode residir nos meios, nos limites permitidos.
> (1836 – apud Corrêa, 2006).

As reflexões de Port-Royal, Descartes, Humboldt e outros abriram o caminho para que, no século XX, a busca pelos universais da linguagem atingisse o seu clímax. Já nos anos 1960, Chomsky começava a formular uma nova teoria que buscava explicitar a maneira pela qual a universalidade linguística assenta-se por detrás das grandes diferenças visíveis entre as línguas particulares. Foi com o conceito de Gramática Universal (GU) que o gerativismo ressignificou a busca racionalista pelos universais linguísticos.

Os gerativistas compreendem a GU como o *estágio inicial* da aquisição da linguagem. Esse estágio corresponde ao estado natural da cognição linguística humana antes do contato da criança com a língua-E de seu ambiente. A GU é interpretada, portanto, como uma propriedade do cérebro humano. Essa propriedade é a concretização biológica de nossa faculdade da linguagem (seja na versão forte ou fraca do inatismo). Ela é a maneira pela qual a disposição para a linguagem deve estar codificada no genoma do *Homo sapiens*.

Figura 5.3: A GU é o estágio inicial da aquisição da linguagem.

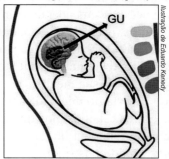

Com o conceito de GU, Chomsky promove uma síntese entre a tradição racionalista sobre o estudo da linguagem e as modernas ciências da cognição. Tal síntese pode ser denominada **biolinguística**. A GU é a "chave para o entendimento das línguas" (cf. Humboldt, 1836), como previa Humboldt; é a "capacidade humana de expressar pensamentos", como dizia Descartes (cf. Descartes, 1637); é a "arte que nos permite produzir e compreender a linguagem", nos dizeres dos gramáticos de Port-Royal (cf. Arnauld; Lancelot, 1660). A GU é, também, o conjunto dos genes responsáveis pelo desenvolvimento da cognição linguística humana. A descoberta desses genes ocupa lugar de destaque na agenda de pesquisa sobre o genoma humano. O FOXP2, sobre o qual já falamos neste curso, é provavelmente um desses genes.

> Conforme o nome indica, a *biolinguística* corresponde ao conjunto das ciências biológicas e das ciências da cognição que buscam descobrir as especificações genéticas da linguagem humana.

Como você pode perceber, o conceito de GU é, na verdade, muito simples e objetivo. Sua simplicidade, porém, não deve ser subestimada. Com conceito de GU, somos capazes de formular uma das explicações mais interessantes sobre as semelhanças encontradas entre as línguas naturais. Segundo Chomsky, todas as línguas particulares são formadas a partir do mesmo estágio inicial inscrito na GU. Dessa forma, é natural esperarmos que elas apresentem muitas semelhanças e afinidades entre si, já que todas compartilham o mesmo ponto de partida.

É muito importante ressaltar que GU não é o conhecimento de nenhuma língua específica. Veja bem: GU não é a mesma coisa que língua-I. A GU é uma disposição biológica, uma potencialidade. A transformação da GU na gramática de uma língua específica dependerá fundamentalmente da experiência sociolinguística do indivíduo humano. Nesse momento, você pode perguntar-se como é, então, que o conhecimento de uma língua particular emerge da GU? Vejamos a seguir como isso acontece.

A GU, para dar à luz uma língua-I, deve receber estímulos de uma língua ambiente. Por língua ambiente você deve entender uma língua-E, isto é, qualquer uma dentre as mais de 6 mil línguas existentes hoje ou, ainda, as centenas de línguas de sinais espalhadas pelo planeta. É sob a estimulação de uma língua-E que a GU será capaz de filtrar os dados da experiência de um indivíduo particular de modo a gerar conhecimento linguístico em sua mente.

Como já dissemos, a GU é o estágio inicial da aquisição da linguagem. Existem, não obstante, muitos outros estágios, nos quais a aquisição da linguagem está em curso e o conhecimento de uma língua específica, como o português, o inglês ou o kuikuro, está sendo construído. A aquisição da linguagem será concluída e, assim, uma língua-I terá emergido na mente de uma pessoa, quando a GU tiver retirado do ambiente informações suficientes para a formatação da gramática de uma língua específica. Quando isso acontece, dizemos que o processo de aquisição atingiu o *estágio estável*. A partir do estágio estável, o conhecimento linguístico da pessoa já está constituído e apenas mudanças superficiais devem acontecer, tais como a aquisição de novos itens lexicais. A figura a seguir ilustra o que acabamos de dizer.

Figura 5.4: A GU como o estágio inicial, geneticamente programado, da aquisição da linguagem.

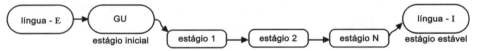

O modelo presente na figura 5.4 é capaz de explicar por que as línguas naturais compartilham tantas características: todas elas possuem o mesmo estágio inicial, a GU. Mas o que dizer sobre as diferenças entre as línguas do mundo? Será que o conceito de GU é capaz de formular alguma explicação para as divergências entre as línguas? A resposta é positiva. Veremos na seção a seguir que a GU compõe-se de dois conjuntos de informações, os Princípios e os Parâmetros. Por um lado, os Princípios da GU são responsáveis pelas semelhanças que as línguas compartilham entre si. Por outro lado, os Parâmetros da GU ordenam as diferenças possíveis entre as línguas.

Princípios e Parâmetros

No início dos anos 1980, a linguística gerativa formulou uma interessante agenda de pesquisa que se mantém ativa e profícua até o presente. Trata-se da

Teoria de Princípios e Parâmetros. De acordo com essa teoria, a GU deve ser compreendida essencialmente como um conjunto de regularidades gramaticais universais (os Princípios) e um conjunto limitado de variações linguísticas possíveis (os Parâmetros). Vejamos em detalhes como é essa teoria.

Para a Teoria de Princípios e Parâmetros, a GU é o estágio inicial da aquisição da linguagem. Nesse estágio, a linguagem é formada por dois conjuntos de elementos. O primeiro deles são os Princípios universais, comuns a todas as línguas. O segundo são os Parâmetros particulares ainda não formatados pela experiência do indivíduo com a sua língua-E. Sendo assim, a teoria assume que a GU possuiu ativos os Princípios da linguagem desde o início da vida de um indivíduo, enquanto seus Parâmetros precisam ser ativados ao longo do tempo, de acordo com a língua do ambiente da criança.

É no curso da aquisição da linguagem que a GU deverá retirar informações da língua ambiente da criança de modo a formatar os seus Parâmetros. Ao fim do processo de aquisição, no estágio estável, os Parâmetros de uma língua particular encontrar-se-ão completamente assimilados pela GU e, dessa forma, o conhecimento de uma língua específica, como, por exemplo, o português, estará estabelecido na mente da pessoa. Esse conhecimento linguístico, isto é, o conjunto de Princípios universais e o conjunto de Parâmetros já formatados pela experiência particular, caracterizará a língua-I de um indivíduo, a sua competência linguística.

Uma boa metáfora para explicar a Teoria de Princípios e Parâmetros é imaginar a linguagem na mente humana como um conjunto de chaveamentos entre diversos interruptores, como os interruptores de luz que possuímos em nossas residências. Note bem, é claro que isso é somente uma metáfora, uma ilustração... A linguagem humana não se parece em nada com interruptores de luz! Digamos que, no estágio inicial da aquisição, a GU possua apenas alguns chaveamentos já preestabelecidos e outros ainda não estabelecidos. Os chaveamentos estabelecidos desde o início da aquisição da linguagem são os *Princípios* da GU. São esses chaveamentos que, digamos assim, já vêm formatados de fábrica. Eles serão idênticos em todas as línguas naturais, exatamente porque são previamente especificados pela GU.

Por sua vez, os Parâmetros da GU são aqueles chaveamentos que não são especificados de fábrica. Eles serão formatados no curso da aquisição da linguagem, de acordo com a experiência da criança com a língua de seu ambiente. Os Parâmetros são, digamos assim, como interruptores de luz que precisam ser especificados na posição "ligado" ou na posição "desligado" de acordo com o ambiente em que se encontram.

Figura 5.5: Uma língua-I pode ser ilustrada como um conjunto de chaveamentos, que especificam como os Parâmetros da GU são formatados ao lado dos Princípios universais.

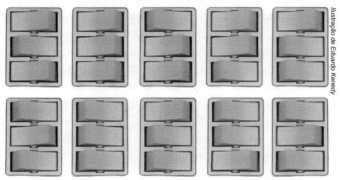

Com essa ilustração, entendemos que os Parâmetros da GU são variáveis de maneira binária e previsível. Um dado Parâmetro será formatado como positivo (ligado) ou como negativo (desligado) de acordo com os estímulos de uma dada língua-E. Sendo binário, um Parâmetro não poderá deixar de ser especificado numa das duas posições possíveis, tampouco poderá conter uma terceira posição, nem mesmo uma posição intermediária entre positivo e negativo.

Vejamos como Princípios e Parâmetros se relacionam a partir de um breve exemplo. Um dos Princípios da GU estabelece que as frases das línguas humanas são compostas por *sujeitos* sintáticos (opostos, na frase, a seus respectivos predicados). Chamemos esse de *Princípio de Sujeitos*. De acordo com tal Princípio, esperamos que todas as línguas naturais componham suas frases com *sujeitos*. Com efeito, isso é o que acontece quando analisamos os dados dos milhares de línguas do mundo: todas elas constroem frases por meio da articulação de um *sujeito* com um *predicado*. Contudo, um fato interessante sobre os sujeitos sintáticos das diferentes línguas naturais é que, em somente algumas delas, o sujeito pode ser omitido na frase, criando o chamado *sujeito nulo* (que conhecemos da escola como sujeito oculto, indeterminado ou inexistente). Por se tratar de um fenômeno variável, dizemos, então, que a possibilidade de um sujeito ser nulo, isto é, ser omitido numa frase, configura um Parâmetro da GU, chamado de Parâmetro do Sujeito Nulo.

Na condição de Parâmetro, o Sujeito Nulo será variável binariamente entre as línguas, isto é, algumas línguas irão marcá-lo como positivo e outras como negativo. Quando esse parâmetro é marcado como positivo numa língua, dizemos que ela é [+ sujeito nulo]. Quando é marcado como negativo, a língua é considerada [- sujeito nulo].

Princípios e Parâmetros **99**

O português é um exemplo de língua [+ sujeito nulo]. Já o inglês é exemplo de língua [- sujeito nulo]. Ilustremos isso com os dados a seguir. Note que o asterisco indica que a frase é impossível (**agramatical**) na língua. Os pronomes destacados em negrito são o sujeito explícito na frase. O zero (ø) representa o sujeito nulo, isto é, indica que nenhum elemento é pronunciado naquela posição sintática. As frases do inglês são a tradução, para aquela língua, das respectivas frases do português.

(1)   Português [+ sujeito nulo]
    "**Eu** estudo linguística." ☑
    "**ø** estudo linguística." ☑

(2)   Inglês [- sujeito nulo]
    "**I** study linguistics." ☑
    *"**ø** study linguistics." ☒

> Uma construção é *gramatical* numa dada língua natural quando é gerada de acordo com as regras tácitas dessa língua. Por contraste, uma construção é dita *agramatical* quando viola alguma regra inconsciente dessa língua. Regras são, na verdade, o conjunto de valores dos Princípios, dos Parâmetros e das demais imposições formais que compõem o sistema da gramática mental da língua em questão.

Pela análise dos exemplos, você pode verificar que, em português, tanto a frase que apresenta o sujeito explícito (também chamado de "sujeito pleno") quanto a que realiza o sujeito nulo são igualmente gramaticais, ou seja, ambas são perfeitamente aceitáveis na gramática de nossa língua. Dizemos, então, que o português é uma língua [+ sujeito nulo]. Já em inglês, apenas a primeira frase, a que apresenta o sujeito pleno, é gramatical. A segunda frase, com sujeito nulo, não é aceitável na gramática daquela língua. Logo, o inglês deve ser caracterizado como uma língua [- sujeito nulo], já que seu Parâmetro do Sujeito Nulo é negativo. Tenha em mente que o comportamento do sujeito nulo em português e em inglês não se restringe às poucas frases de nosso exemplo. Pelo contrário, em todas as frases com estrutura semelhante, o português aceitará o sujeito nulo, mas o inglês não.

Resumindo o que acabamos de dizer, vimos que a GU possui um conjunto de Princípios e um conjunto de Parâmetros não formatados. Tais Parâmetros são especificados ao longo da aquisição da linguagem, de acordo com os dados disponíveis na língua do ambiente da criança. Eles são marcados binariamente, como positivo (ligado) ou negativo (desligado). Um rápido exemplo de formatação de Parâmetros é o Parâmetro do Sujeito Nulo. Uma criança que tenha como língua-E o português marcará esse Parâmetro em sua GU como positivo (ligado). Já se a língua-E da criança for o inglês, então o Parâmetro será formatado como negativo (desligado).

Figura 5.6: Os Parâmetros da linguagem são formatados como positivos ou negativos durante a aquisição de uma língua específica.

É importante deixar claro que o Princípio de Sujeitos e o Parâmetro do Sujeito Nulo são apenas um pequeno exemplo dos Princípios e dos Parâmetros da GU. Ao observarmos a complexidade das línguas naturais, descobriremos que existem muitos outros. Nesse sentido, uma das tarefas mais importantes dos linguistas de orientação gerativista é pesquisar as diversas línguas do mundo e procurar descobrir nelas evidências dos inúmeros Princípios e dos Parâmetros que compõem a GU. Vejamos, nas seções a seguir, alguns exemplos de Princípios e de Parâmetros já identificados e bem estudados pela linguística gerativa dos últimos 30 anos.

Exemplos de Princípios

Um dos Princípios existentes na GU é o *Princípio da Subordinação*. Ele estabelece que, em qualquer língua humana, uma oração sempre poderá ser inserida como constituinte de outra oração, subordinando-se a ela. Por exemplo, em português, uma oração como "João é feliz" é, por si mesma, uma frase completa. De acordo com o Princípio da Subordinação, essa oração pode ser inserida no interior de outra, que a subordina, dando origem a uma frase complexa como "Eu acho que João é feliz".

Princípios e Parâmetros **101**

Você deve ter percebido que esse Princípio é um dos mais interessantes da linguagem humana. Ele é um dos responsáveis pela propriedade da *recursividade*, que dá à luz o aspecto criativo das línguas naturais. Todas as línguas são produtivas porque, dentre outras coisas, podem inserir orações umas dentro das outras de maneira recursiva, conforme prevê o Princípio da Subordinação. Por se tratar de um *Princípio*, a *Subordinação* manifesta-se em todas as línguas humanas.

Outro Princípio da GU já identificado pelos linguistas é o *Princípio da Dependência de Estrutura*. De acordo com ele, as operações sintáticas existentes nas línguas naturais sempre são sensíveis à estrutura em que os constituintes se encontram inseridos numa dada frase. Como aprenderemos nas próximas unidades do curso, essas operações sintáticas, dentre outras coisas, deslocam constituintes de uma posição para outra dentro da frase, apagam constituintes por elipse ou substituem-nos por pronomes equivalentes. Por exemplo, perceba que no exemplo (3), a seguir, o possessivo "esse" forma uma estrutura junto a "livro". É por isso que se deslocarmos "livro" para o início da frase, teremos de levar junto dele o pronome "esse", como acontece em (4). Do contrário, isto é, se não respeitarmos a dependência de estrutura entre "esse" e "livro", o resultado seria uma frase agramatical, como ocorre em (5).

(3)   Eu ainda não li esse livro. ☑
(4)   Esse livro, eu ainda não li. ☑
(5)   *Livro, eu ainda não li esse. ☒

Note que, em (5), o constituinte [livro] foi deslocado para o início da frase de maneira independente ao pronome [esse], algo que viola o Princípio de Dependência de Estrutura e, assim, torna a frase agramatical (lembre-se de que o asterisco no início da construção representa "agramaticalidade"). O interessante é que nenhuma língua humana pode tratar os elementos de uma frase de maneira isolada, como se cada um deles fosse uma unidade absolutamente independente das demais. Com efeito, uma frase como (5) será agramatical em qualquer língua humana, afinal a Dependência de Estrutura é um Princípio e, como tal, aplica-se universalmente a todas as línguas naturais.

Outro exemplo de Princípio da GU é, na verdade, um conjunto de três princípios, conhecidos como *Princípios da Ligação*. Um desses princípios – o Princípio B, que já vimos superficialmente na unidade 3 e voltaremos a estudar com mais detalhes ao final de nosso curso – estabelece que pronomes anafóricos devem encontrar seu referente numa oração diferente daquela em que estão inseridos – e nunca no interior da mesma oração em que se encontram. Vejamos uma ilustração desse Princípio.

102   Curso básico de linguística gerativa

Na frase "Paulo não sabe se João o viu na festa", o pronome anafórico "o" pode referir-se ao nome "Paulo". Dizemos, então, que "o" e "Paulo" são *correferentes*. Por serem termos correferentes, "o" e "Paulo" são indexados com o mesmo símbolo, o "i" subscrito que denota a indexação entre dois elementos, conforme se ilustra a seguir.

(6)   [Paulo$_i$ não sabe] [se João o$_i$ viu na festa]

Note que o referente do anafórico "o" não pode ser "João", uma vez que esse nome se encontra inserido na mesma oração em que o pronome ocorre, tal como você pode verificar pelo uso dos colchetes na frase (os colchetes servem justamente para indicar a fronteira entras as duas orações).

Dizendo de outra maneira, sabemos que, no exemplo (6), o pronome "o" pode referir-se a "Paulo", mas não a "João". Ora, isso se dá em função do Princípio B da Ligação, que estabelece exatamente que o referente de um dado pronome anafórico só poderá ser encontrado numa oração diferente daquela em que esse anafórico se situe. Por se tratar de um Princípio, já sabemos que a situação será a mesma em qualquer língua humana. Isso quer dizer que, se traduzirmos a frase (6) para o alemão, o txucarramãe, o russo ou o francês – na verdade, para qualquer língua –, o resultado será invariavelmente o mesmo: "o" e "Paulo" sempre poderão ser correferentes, mas nunca a correferência será estabelecida entre "o" e "João".

Os Princípios da GU, como vemos, são especificações gramaticais comuns a qualquer língua humana. Todas elas possuem o Princípio de Sujeitos, o Princípio da Subordinação, o Princípio da Dependência de Estrutura, os Princípios da Ligação, além dos demais Princípios existentes. Trata-se, portanto, dos casos das invariâncias entre as línguas. Nesse momento você pode se perguntar: mas o que a Teoria de Princípios e Parâmetros tem a dizer a respeito dos fenômenos gramaticais variáveis entre as línguas? Nesse caso, estaremos falando dos Parâmetros da GU – e esse é o assunto da próxima seção.

Exemplos de Parâmetros

Para ilustrar os Parâmetros da GU, voltemos ao caso do Parâmetro do Sujeito Nulo. Já sabemos que esse Parâmetro, quando marcado como positivo, gerará línguas [+ sujeito nulo] e, quando marcado como negativo, gerará línguas [- sujeito nulo]. Vejamos mais alguns casos que opõem o português e o inglês, línguas que, como já sabemos, formatam o Parâmetro como positivo e negativo respectivamente.

Princípios e Parâmetros **103**

(7) Português [+ sujeito nulo]
"**Eu** estou bem." ☑
"**ø** estou bem." ☑

(8) Inglês [- sujeito nulo]
"**I** am fine." ☑
*"**ø** am fine." ☒

Já sabemos que, em português, se não quisermos preencher o sujeito da frase, podemos dizer algo como "*estou bem*", conforme indica a gramaticalidade assinalada nas frases do exemplo (7). Já em inglês, não existe essa possibilidade. Se quisermos dizer, naquela língua, algo como "estou bem", seremos obrigados a expressar o sujeito na frase, gerando a estrutura *I am fine* (que quer dizer apenas "estou bem"). Se, nas frases do inglês, não explicitarmos o sujeito, deixando-o oculto como em *am fine*, o resultado será uma construção agramatical, como vemos acontecer na oposição das frases em (8).

A diferença entre línguas [+ sujeito nulo] e [- sujeito nulo] torna-se ainda mais nítida quando consideramos os casos em que o sujeito da frase não possui nenhum significado, nem se refere a alguma entidade no mundo. Em línguas [+ sujeito nulo], sujeitos não referenciais sempre ficarão nulos (são os chamados sujeitos inexistentes na escola). Já nas línguas [- sujeito nulo], todos os sujeitos precisam ser preenchidos de alguma maneira, mesmo que não se refiram a nada e não signifiquem coisa alguma.

Para explicitar os sujeitos não referenciais, línguas [- sujeito nulo] lançam mão de pronomes expletivos. Esses pronomes não possuem significado, nem fazem referência alguma. Eles são utilizados tão somente para preencher a posição sintática do sujeito, conforme vemos acontecer no exemplo do "inglês" em (9) e do francês, em (10), nos quais o item em negrito é um pronome expletivo.

(9) *It rained yesterday*
(tradução: "choveu ontem")

(10) *Il a plu hier.*
(tradução: "choveu ontem")

Vemos, nos exemplos, que os pronomes *it* em inglês e *il* em francês não denotam nenhuma entidade na frase. Eles não são como o pronome "ele" ou "ela" do português, que se referem a uma pessoa ou coisa. Na verdade, *it* e *il* são inseridos nas frases apenas para preservar o Parâmetro do Sujeito Nulo, que é marcado como

104 Curso básico de linguística gerativa

negativo em inglês e em francês. Em português, esse Parâmetro é marcado como positivo e, assim, um verbo que não possua sujeito referencial, como é o caso do exemplo ("chover"), receberá um sujeito nulo: "ø choveu ontem".

Se você é estudante de línguas estrangeiras, já deve ter notado que brasileiros que começam a aprender inglês como língua estrangeira geralmente têm dificuldades com pronomes do tipo *it* e *there*. Isso acontece justamente porque tais pronomes são uma mera gramaticalidade nas línguas [- sujeito nulo], algo inexistente em português e demais línguas [+ sujeito nulo]. É comum que estudantes brasileiros em fase inicial de estudo produzam frases agramaticais em inglês como as seguintes.

(11) *Is possible*
 (querendo dizer *It is possible*, tradução de "É possível")

(12) *Can be a chance*
 (querendo dizer *There can be a chance*, tradução de "Pode haver uma chance")

Erros assim ocorrem porque as respectivas frases em português deixam o sujeito nulo, mas eles precisam ser preenchidos com expletivos em inglês. O problema acontece porque os estudantes brasileiros possuem uma língua formatada como [+ sujeito nulo] e têm de aprender uma língua com formatação diferente, [- sujeito nulo].

Outro exemplo de Parâmetro da GU é o *Parâmetro do Núcleo*. Esse Parâmetro determina qual é, na frase, a posição linear de um dado núcleo sintático em relação a seu respectivo complemento. Em português, um núcleo sintático antecede o seu complemento. Por exemplo, quando produzimos uma frase como "Leda comprou doce", o núcleo da construção é o verbo "comprar", que ocorre antes de seu complemento, o objeto direto "doce". Essa situação é inversa, por exemplo, no japonês. Nessa língua, um núcleo sintático sucede o seu complemento. Assim, a mesma frase traduzida para o japonês teria como resultado *Leda okashi kau* (literalmente "Leda doce comprou"), considerando que o núcleo da frase é o verbo *kau* ("comprar"), que ocupa posição posterior ao complemento objeto direto *okashi* (doce). Dizemos, então, que o japonês se especifica como uma língua cujo Parâmetro do Núcleo é [+ final], diferentemente do português, que é uma língua com núcleo [- final].

Como já podemos prever, as línguas do mundo variarão binariamente em relação ao Parâmetro do Núcleo. Umas o formatarão como [- final], como, além do português, acontece também com o espanhol e o inglês. Outras o formatarão como [+ final], como, junto do japonês, é o caso do chinês e do karajá. Falaremos um pouco mais do Parâmetro do Núcleo na seção final desta unidade.

Um terceiro exemplo de Parâmetro da GU é o Parâmetro QU-. Esse Parâmetro diz respeito à posição linear que pronomes iniciados com *qu-* devem ocupar nas frases. Dentre as línguas naturais, os elementos *qu-* podem ocorrer no final de frases ou podem ser deslocados para o início delas.

> Um elemento *qu-* é um pronome como *que, qual, quem, quando* e também *como*, sendo esse uma forma reduzida de *"de que maneira"*, e *onde*, forma reduzida de *"em que lugar"*.

Em línguas como o chinês, os pronomes **qu-** ocorrem obrigatoriamente nas posições finais de frase. Por contraste, línguas como o português podem deslocá-los para as posições iniciais. Vejamos exemplos. Note que o pronome **shenme** é o equivalente, em chinês, de nosso **que**.

(13) *Ni xiangxin ta hui shuo **shenme**?* ☑
(14) **Shenme** *ni xiangxin ta hui shuo?* ☒

Como vemos, em chinês, o pronome *qu- shenme* só pode ocorrer no final da construção, como acontece em (13), cuja tradução palavra por palavra é "Você pensa ele vai dizer o quê?". Deslocá-lo para o início da frase provoca agramaticalidade, como acontece em (14). Já em português, uma frase equivalente pode localizar o pronome interrogativo ao final ou ao início da frase.

(15) Você acha que ele vai falar *o quê*? ☑
(16) *O que* você acha que ele vai falar? ☑

O português é, portanto, uma língua que apresenta o Parâmetro QU- marcado como positivo. Isto é, esse Parâmetro é formatado em nossa língua como [+ movimento de *qu*-]. Tal marcação faz com que pronomes *qu-* possam ser deslocados para o início da frase. Ao contrário, em chinês o Parâmetro é formatado como [- movimento de *qu*-] e, assim, os pronomes ocorrem sempre em sua posição original, *in situ* (sem deslocamento).

106 Curso básico de linguística gerativa

Os Parâmetros são mesmo binários?

A caracterização dos Parâmetros da GU como binários, isto é, meramente instanciados como negativos ou positivos, é uma simplificação teórica – um artifício descritivo. Na verdade, os Parâmetros são o resultado de um grande conjunto de variáveis linguísticas que são marcadas arbitrariamente no Léxico de uma determinada língua. Por exemplo, se uma língua possui vários morfemas verbais para indicar a pessoa gramatical dos sujeitos das frases, é provável que ela seja marcada como [+ sujeito nulo]. Já se essa língua não dispõe de morfemas desse tipo, é mais provável que ela seja marcada como [- sujeito nulo]. Caracterizar os Parâmetros da GU por oposições binárias é descritiva e didaticamente útil, mas, de fato, o Léxico das línguas é algo muito mais complexo e sutil. De uma maneira mais precisa, poderíamos dizer que o conjunto das convenções do Léxico das línguas humanas irá provocar certos *outputs* sintáticos previsíveis, os quais podemos descrever esquematicamente na forma de Parâmetros binários.

Um fato muito interessante nas línguas naturais é que os Parâmetros da GU, conforme são formatados como positivos ou negativos, vão construindo uma intrincada rede de relações estruturais – os tais *chaveamentos* da linguagem. Essas redes dão origem à configuração sintática final de uma língua-I em particular. Vejamos na próxima seção como diversos fenômenos sintáticos coocorrem de maneira sistemática e previsível numa língua a partir de uma dada formatação paramétrica. Os padrões linguísticos que emergem de opções paramétricas compõem a harmonia de estrutura de uma língua humana específica.

Harmonia estrutural

Uma questão sintática que rapidamente detectamos numa língua é o seu padrão de organização linear entre os principais constituintes de uma frase: o sujeito (S), o verbo (V) e o objeto (O). Tal padrão não se dá de maneira aleatória, afinal, se assim o fosse, nem sequer haveria um padrão sobre o qual se pudesse falar, não é verdade? Antes, o padrão emerge de certas propriedades da GU. Por exemplo, línguas que possuem o Parâmetro do Núcleo marcado como [- final], isto é, aquelas línguas que antepõem o núcleo a seu respectivo complemento, como é o caso do português, geralmente dispõem os constituintes de uma frase na sequência SUJEITO → VERBO → OBJETO, dando origem à ordenação SVO. Por seu turno, as línguas que marcam o Parâmetro do Núcleo como [+ final], tal como acontece com o japonês, pospõem o núcleo a seu respectivo complemento e, assim, tipicamente ordenam suas frases na sequência SUJEITO → OBJETO → VERBO, com a ordenação SOV.

(17) Português: Leda   comprou   doce
    Ordem: S   V   O

(18) Japonês: *Leda*   *okashi*   *kau*
    Ordem: S   O   V

A maioria das línguas humanas se divide, por conseguinte, no padrão SVO *versus* SOV. As poucas exceções decorrem das restritas possibilidades de posicionamento de S em relação a V e a O.

> **Indicação de leitura – livro do Prof. Dr. Marcus Maia (UFRJ)**
>
> Grande parte dos exemplos de harmonia estrutural citados nesta unidade foram retirados do excelente livro *Manual de linguística: subsídios para a formação de professores indígenas na área da linguagem*, de autoria do professor da UFRJ, Marcus Maia.
>
> Marcus Maia é um eminente psicolinguista de orientação gerativista, além de ser um importante estudioso das línguas indígenas brasileiras. Você pode conhecer mais sobre seu trabalho visitando o site do Laboratório de Psicolinguística Experimental (Lapex) por ele coordenado na UFRJ: <http://www.museunacional.UFRJ.br/labcoglin/lapex/>.

Figura 5.7: Distribuição da ordem entre S, V e O dentre as línguas humanas. O português é caso de uma língua SVO.

Como você pode notar, o padrão de organização entre constituintes frasais nas milhares de línguas do mundo relaciona-se ao Parâmetro do Núcleo, conforme ele esteja inscrito na GU dos indivíduos. As línguas humanas são OV ou VO, conforme seu Parâmetro do Núcleo [+/- final]. As pequenas irregularidades ocorrem

108 Curso básico de linguística gerativa

em relação à posição de S, que pode localizar-se antes ou depois de OV ou VO, ou mesmo entre esses dois constituintes. O interessante é que a posição relativa de S não depende do Parâmetro do Núcleo, mas de um conjunto de outros fatores, dentre os quais figura, inclusive, o Parâmetro do Sujeito Nulo.

Além da ordenação entre S, V e O, o fato de uma língua ser [+ final] ou [- final] implica um grande conjunto de propriedades sintáticas. Tais propriedades estão esquematizadas na Tabela 5.1. Vejamos a seguir exemplos dessas características.

Tabela 5.1: Padrões estruturais decorrentes do Parâmetro do Núcleo.

	PADRÃO	
ESTRUTURA	[+ final]	[- final]
1. Ordenação de orações		
1.1 Posição entre O e V	OV	VO
1.2 Adposição	posposição	preposição
1.3 Construções termo-padrão		
1.3.1 Comparativos	termo padrão → adjetivo	adjetivo → termo padrão
1.3.2 Nome de família	família → pessoa	pessoa → família
2. Modificadores do Nome		
2.1 Adjetivos descritivos	adjetivo → nome	nome → adjetivo
2.2 Adjetivos genitivos	genitivo → nome	nome → genitivo
2.3 Orações relativas	oração relativa → nome	nome → oração relativa
3. Modificadores do Verbo		
3.1 Negação	verbo → advérbio negativo	advérbio negativo → verbo
3.2 Auxiliares	verbo → auxiliar	auxiliar → verbo

Fonte: Laboratório de Psicolinguística Experimental da UFRJ.

Nós, falantes de português, estamos acostumados a falar em "preposição". Termos como "adposição" e "posposição" só se tornam nossos conhecidos nas aulas de linguística. Isso acontece porque, em nossa língua, uma adposição sempre antecede o seu termo regido (um nome ou um pronome) e, assim, lhe está preposta.

(19) Koboi foi <u>para</u> a roça.

No exemplo (19), a adposição se realiza antes da expressão nominal "a roça" e, dessa maneira, é uma preposição. As preposições acontecem nas línguas que, como o português, são marcadas com o Parâmetro do Núcleo [- final]. Por sua vez, línguas com o Parâmetro do Núcleo marcado como [+ final] conhecerão as posposições. Em (20), temos a frase (19) traduzida para karajá, língua indígena brasileira, cujo Parâmetro do Núcleo é [+ final].

(20) Karajá: *Koboi koworu ò rara.*
     Tradução: Koboi roça <u>para</u> foi.

Princípios e Parâmetros **109**

O termo "ò" é uma adposição. Perceba que ele se situa depois do nome "ko-woru" (roça). Isso quer dizer que uma língua como karajá conhece posposições, e não preposições. Temos aqui uma regularidade muito importante: línguas [+ final] possuirão posposições e línguas [- final] possuirão preposições.

Outra regularidade decorrente do Parâmetro do Núcleo diz respeito à configuração sintática das expressões comparativas. Em português, quando comparamos duas entidades, posicionamos a expressão comparativa antes do termo com o qual estamos comparando algo. Isso pode ser visto no exemplo a seguir.

(21) Maria é *mais bonita do que* Ana.

A expressão comparativa "mais bonita" acontece antes de "Ana", termo usado para a comparação com Maria. Esse padrão ocorre regularmente em português e nas demais línguas [- final]. Já em línguas [+ final], o padrão é oposto. A expressão comparativa deve ocorrer depois do termo usado para a comparação. A frase (22) ilustra como o chinês realiza a comparação de maneira inversa ao português.

(22) Chinês: *Mei bi Hua piaolian.*
      Tradução: Mei do que Hua <u>mais bonita</u>.

Como podemos ver, a expressão "piaolian" ("mais bonita") sucede o nome próprio Hua. Ora, isso ocorre justamente porque o chinês é, como já sabemos, uma língua cujo Parâmetro do Núcleo é formatado como [+ final].

A ordenação do nome de família em relação ao nome específico de uma pessoa é uma curiosidade que também decorre do Parâmetro do Núcleo. Em línguas [-final], o nome próprio é posicionado antes do nome de família. Assim, dizemos "João da Silva" em português e "John Smith" em inglês. Todavia, em uma língua com o Parâmetro [+ final], o nome da família vem logo ao início, antes do nome particular do indivíduo. Por exemplo, "Chang Whan" é o nome de um indivíduo específico, o Whan, que pertence à família Chang em chinês.

O Parâmetro do Núcleo é responsável, também, pelo padrão de ordenação entre substantivos e adjetivos. Línguas [- final] tipicamente dispõem o nome antes do adjetivo, ao passo que língua [+ final] antepõem o adjetivo ao nome. Ao analisarmos os exemplos (23) e (24), veremos que línguas que dizem "João da Silva" vão dizer algo como "casa grande", enquanto línguas que dizem "Chang Whan" dirão algo como *ta fenzi* ("grande casa", em sentido denotativo).

(23)   Português: casa grande (nome + adjetivo)
(24) Chinês: *ta fenzi* (adjetivo + nome)
      Tradução: *ta* = grande; *fenzi* = casa.

110 Curso básico de linguística gerativa

O padrão estende-se também aos adjetivos genitivos. Tais adjetivos servem para indicar a posse de um determinado objeto em relação a alguém ou algo. Em português, língua que possui o Parâmetro do Núcleo [- final], o adjetivo genitivo (ou a locução adjetiva genitiva) pospõe-se ao substantivo sobre o qual se indica a posse: dizemos "casa de João", mas não *"de João casa". Já nas línguas com o Parâmetro marcado como [+ final], a expressão genitiva antecede o substantivo.

O Parâmetro do Núcleo é responsável também pelo padrão de organização das orações relativas das línguas – as orações subordinadas adjetivas, na nomenclatura que aprendemos na escola. Nas línguas [- final], as orações relativas se localizam depois do nome que por elas é modificado, tal como vemos exemplificado em (25). Já em línguas [+ final], as orações relativas ocorrem antes do nome modificado. É isso que vemos no exemplo (26), retirado do japonês, uma língua cujo Parâmetro do Núcleo é formatado como [+ final].

(25) A loja que Kato comprou.
 [nome][oração relativa]
(26) *Kato-ga katta mise*
 [oração relativa]   [nome]
 Tradução: Kato comprou (que) loja.

Por fim, todos os falantes de português sabem que, nessa língua, um advérbio de negação posiciona-se antes do verbo. Dizemos tipicamente "o livro que você *não leu*" (e não *"o livro que você *leu não*"). Esse posicionamento anterior do advérbio de negação é típico das línguas [- final]. Línguas [+ final] fazem a negação depois do verbo. Por exemplo, em apinayé, língua indígena brasileira cujo Parâmetro do Núcleo é [+ final], a tradução de uma frase como "eu *não comi*" será "*pa krerket ne*", em que o verbo "comer" é *krerket*, e o advérbio de negação é o termo *ne*.

A negação verbal no português do Brasil

É interessante notar que muitos dialetos do português no Brasil encontram-se em variação linguística em relação à posição do advérbio de negação em frases negativas simples. Por exemplo, os brasileiros dizem "não comi", mas dizem também "comi não". No português, existe também a possibilidade de dupla negação verbal, como ocorre em "não comi não", às vezes realizada como "num comi não" (note que a forma "num" é uma versão fonética enfraquecida de "não"). Se tal variação provocará uma mudança linguística é algo que somente no futuro poderemos saber.

Princípios e Parâmetros **111**

A posição do verbo auxiliar em relação ao verbo principal de uma oração é outro fenômeno linguístico que também decorre do Parâmetro do Núcleo. Línguas [- final] posicionarão o verbo auxiliar antes do principal. Línguas [+ final] posicionarão o verbo principal antes do auxiliar. Isso pode ser verificado nos exemplos do português [- final] e do karajá [+ final], a seguir.

(27) Eu fui pescar.
[auxiliar] [principal]
(28) Karajá: *Deary waximy rare.*
[principal] [auxiliar]
Tradução: Eu pescar fui.

O propósito de todos esses exemplos é demonstrar a você que as línguas naturais compartilham entre si um grande número de semelhanças sintáticas, ao mesmo tempo em que organizam suas diferenças de maneira sistemática e previsível. Tanta ordem, segundo os gerativistas, decorre do estágio inicial da GU, com seus Princípios e com seus Parâmetros a serem formatados.

Note, porém, que uma coisa é clara. A variação paramétrica não explica todas as diferenças sintáticas entre as línguas. Muitos aspectos da sintaxe das línguas são variáveis de maneira acidental e idiossincrática. Não obstante, esperamos que você tenha compreendido que a proposta da linguística gerativa, com a Teoria de Princípios e Parâmetros, é justamente tentar compreender por que as línguas não variam em certos aspectos e por que grande parte da sintaxe das línguas é variável de maneira organizada e previsível.

Conclusão

Vimos, nesta unidade, como a hipótese da GU e a Teoria de Princípios e Parâmetros são a maneira pela qual a linguística gerativa busca explicações para a universalidade da sintaxe das línguas naturais. Aprendemos que a preocupação com os universais da linguagem é bastante antiga na história do pensamento humano. No contexto dessa longa história, a proposta da GU representa o capítulo mais atual. Ela se constitui, sobretudo, como uma síntese entre as ciências cognitivas contemporâneas e a tradição racionalista nos estudos da linguagem. A GU é, como vimos, o estágio inicial da aquisição da linguagem, que apresenta um conjunto de Princípios invariantes e um conjunto de Parâmetros binários que devem ser formatados no curso da aquisição da língua do ambiente. A articulação entre os diversos Princípios invariantes e

Parâmetros formatados, ao lado das idiossincrasias e arbitrariedades do Léxico, confere a cada língua humana sua feição específica. Isso não quer dizer, no entanto, que as línguas possam variar de maneira caprichosa e imprevisível. Como vimos, a harmonia estrutural é um belo exemplo de ordem por detrás de intensa variação. Essa harmonia é uma tendência natural de uma língua organizar-se internamente dada sua formatação de um Parâmetro gramatical específico, como o sujeito nulo ou o núcleo final.

Exercícios

1) De acordo com a linguística gerativa, por que as línguas do mundo compartilham entre si tantas semelhanças estruturais?

2) Imagine um brasileiro chamado João da Silva. Ele tem 20 anos e é falante nativo do português culto do Rio de Janeiro. É correto afirmamos que a GU presente em João já estava programada para adquirir especificamente a língua portuguesa desde a sua concepção no útero materno? Justifique sua resposta.

3) O que se deve entender por GU?

4) Por que a hipótese da GU representa uma síntese entre diferentes momentos da história do pensamento racionalista ocidental?

5) Qual é a relação existente entre GU e Teoria da Princípios e Parâmetros na linguística gerativa?

6) Quais as semelhanças entre Princípios e Parâmetros da GU?

7) Quais as diferenças entre Princípios e Parâmetros da GU?

8) Observe os dados do inglês e do espanhol nas frases a seguir.

INGLÊS	ESPANHOL
Did you see John? [partícula] você viu João?	Tu viste a Juan? você viu João?
1) Yes, I saw him. Sim, eu vi-o	1) Sí, yo lo vi. Sim, eu o vi
2) *Yes, I saw. Sim, eu vi Ø	2) Sí, lo vi. Sim, Ø o vi
3) *Yes, saw him. Sim, Ø vi-o	3) *Sí, yo vi. Sim, eu vi Ø
4) *Yes, saw. Sim, Ø vi Ø	4) *Sí, vi. Sim, Ø vi Ø

Leve em consideração também a tradução dessas frases para o português – note que todas as traduções são gramaticais em português, mas podem não ser no original em inglês e/ou espanhol. Explique o comportamento dos sujeitos e dos objetos diretos (nulos ou preenchidos) nessas três línguas de acordo com as noções de Princípio e Parâmetros estudadas nesta unidade.

UNIDADE 6
Arquitetura da linguagem

Se um linguista tivesse de definir, em algumas poucas palavras, o objetivo fundamental da linguística como ciência cognitiva, ele certamente poderia dizer: observar, descrever e explicar a estrutura e o funcionamento da linguagem no interior da mente humana. Ao ouvir tal linguista falar em "estrutura e funcionamento", você talvez o imagine num laboratório tentando elaborar uma planta arquitetônica, uma espécie de gráfico ou cartografia da linguagem em meio aos demais sistemas cognitivos humanos. Se você pensou nisso, saiba que está certo! Quando nos preocupamos com a estrutura e o funcionamento da linguagem, estamos buscando entender como é a sua arquitetura na cognição humana. Estudar a arquitetura da linguagem é descobrir quais são as partes constitutivas das línguas naturais, como essas partes interagem entre si e de que forma elas se relacionam com os outros componentes de nossa cognição.

Na presente unidade, vamos explorar bastante as noções de estrutura e de funcionamento da linguagem. Apresentaremos a você como os gerativistas assumem que a linguagem esteja estruturada em nossas mentes, ou seja, veremos como a linguística gerativa descreve a anatomia de nossa competência linguística, em suas partes constitutivas e suas interseções. Veremos também como a linguística gerativa sustenta que a linguagem humana mantenha relações com os sistemas de desempenho linguístico, numa região de interação entre módulos linguísticos que denominamos *interfaces*.

Ao estudarmos a anatomia da cognição linguística no complexo ecossistema da mente humana, construímos uma representação teórica da arquitetura da linguagem. É essa representação que desejamos apresentar a você. Prepare sua régua e seu compasso, pois nossa incursão pela geometria da linguagem já começou.

Linguagem: som e significado

A característica fundamental da linguagem humana é a sua capacidade de fazer associação sistemática entre um determinado *som* e um dado *significado*. Essa propriedade já havia sido identificada por Aristóteles, mais de dois mil

116 Curso básico de linguística gerativa

anos atrás. Para o filósofo, a linguagem definia-se como a arte de unir "som" e "significado". Muitos séculos depois, a díade "som e significado" seria a pedra fundamental da teoria do signo linguístico, de Ferdinand de Saussure (1857-1913). Para o famoso linguista de Genebra, a linguagem constituía-se como um sistema de signos, no qual cada signo seria caracterizado pela união indissociável entre um dado significante (som) e certo significado.

Significado e som

Em seu texto de 2011 (*Linguagem e outros sistemas cognitivos*), Chomsky alerta, de uma maneira muito interessante, que as análises de Aristóteles e de Saussure devem ser invertidas. Na verdade, a linguagem produz "significado por meio de sons". Para Chomsky, a principal função linguística é carrear significação – e o uso de sons para esse propósito é somente uma das diversas formas de veiculação do significado.

Afirmar que a linguagem humana caracteriza-se pela relação entre som e significado significa dizer que as línguas naturais são um *sistema* capaz de produzir associações entre determinada *forma* e certo *conteúdo*. Mas o que devemos entender por *sistema*, *forma* e *conteúdo*?

Dizemos que a linguagem humana é um *sistema* porque seu funcionamento não ocorre por acaso, de maneira improvisada ou aleatória. Muito pelo contrário, a linguagem é um sistema organizado segundo princípios e regras que geram expressões linguísticas de maneira ordenada e previsível. Tais expressões dão-se através da associação entre uma dada forma e certo conteúdo. A forma de uma expressão linguística é tipicamente uma cadeia sonora, um "som". Porém, devemos ter em conta que essa forma pode ser também gestos visuais, como acontece com as línguas de sinais usadas por pessoas surdas. Por seu turno, o conteúdo das expressões linguísticas é sempre o seu valor informativo, o juízo de verdade ou o "significado" do que dizemos. Se esquecermos por um momento que as línguas podem assumir também a forma de sinais, será correto afirmar que uma língua natural é um sistema que produz o par *som* e *significado* presente em cada expressão linguística.

Vamos introduzir agora um pouco de terminologia em nossa análise sobre a arquitetura da linguagem. Já sabemos que as representações construídas pela linguagem humana são de dois tipos: forma e conteúdo. Por forma (som), devemos entender uma representação *fonética*, que resumiremos com o símbolo π (pronuncia-se *pi*). Por conteúdo (significado), devemos entender uma representação *lógica*, sumarizada por λ (pronuncia-se *lambda*). O par (π, λ) corresponde à díade *som* e *significado*, conforme ilustrado na figura a seguir.

Figura 6.1: Linguagem e o par (π, λ).

Quando pensamos pela primeira vez nas representações do par (π, λ), é comum imaginarmos que elas digam respeito ao som e ao significado específicos que cada uma das palavras de uma língua natural possui. De fato, quando analisamos uma palavra qualquer do português como, por exemplo, **casa**, percebemos que ela possui uma substância fonética [kaza] e um valor lógico [tipo de moradia]. No entanto, as representações (π, λ) não se limitam à expressão de itens lexicais. Elas podem veicular também unidades inferiores à palavra, como os morfemas, ou unidades superiores, como os sintagmas e as frases. Assim, quando ouvimos um item como *meninas*, reconhecemos nele três morfemas, isto é, três relações entre som e significado que se estabelecem dentro da palavra: 1º [menin] = [criança], 2º [a] = [gênero feminino] e 3º [s] = [número plural]. Já quando lidamos com uma frase completa, atribuímos-lhe um significado global, ou seja, fazemos uma representação λ final. Tal significado é veiculado pelos sons que, em conjunto, constituem a representação π da frase. Por exemplo, em *Maria ama João*, π corresponde, de modo geral, à sequência fonética [maria ama joaum], ao mesmo tempo em que λ veicula a interpretação lógica evocada por esse π específico, algo como [há um indivíduo X, tal que X é Maria, e X ama um indivíduo Y, tal que Y é João].

Dizendo de outra forma, devemos entender que a linguagem é um sistema capaz de gerar o par (π, λ), em que π é uma forma fonética de qualquer extensão (desde o fonema até a frase) associada a um dado λ, que é um valor significativo de qualquer grandeza (morfemas, palavras, sintagmas, frases). Essa é a caracterização mais básica da arquitetura da linguagem humana.

Quando entendemos a natureza das representações do par (π, λ), podemos rapidamente fazer as seguintes indagações. Como essas representações são construídas? De que maneira conseguimos codificar e decodificar as informações inscritas nesse par? Qual é a estrutura e como é o funcionamento do sistema que gera a forma π associada ao conteúdo λ? Como o resto da cognição humana pode acessar e usar o par (π, λ)? Essas são questões muito importantes, cujas respostas ainda estão sendo descobertas pelas ciências cognitivas contemporâneas. Vejamos

118 Curso básico de linguística gerativa

nas seções seguintes como a linguística gerativa vem procurando respondê-las. Comecemos pela última pergunta. Que sistemas cognitivos acessam o par (π, λ)?

Sistemas de interface

No estudo da linguagem humana, é muito importante termos sempre consciência de que os usos que podemos fazer de uma língua natural (como, por exemplo, a comunicação) não devem ser confundidos com a própria linguagem. Por exemplo, nós humanos usamos a linguagem essencialmente para estabelecer comunicação e trocar informações. No entanto, comunicação e troca de informação podem acontecer sem a utilização da linguagem humana. Pense nos animais que se comunicam naturalmente entre si, mas não possuem linguagem humana, ou pense nos pequenos bebês que ainda não adquiriram uma língua específica, mas são capazes de se comunicar com outras pessoas, ou, ainda, pense na comunicação entre as células que estruturam um organismo qualquer, ou na comunicação entre os dispositivos que compõem o seu computador pessoal. Todos esses são exemplos de comunicação e informação que acontecem sem a intervenção da linguagem humana. A linguagem é um poderoso instrumento de comunicação, mas não é a comunicação propriamente dita.

Sendo assim, muitos cientistas cognitivos concordam em dizer que a nossa linguagem produz representações de som e significado, mas são outros sistemas cognitivos (como nossas intenções, crenças e desejos, os aparelhos fonador e auditivo etc.) que motivam essas representações e as põem em uso, inclusive para a comunicação. Pois bem, os sistemas cognitivos que acessam e fazem uso das representações do par (π, λ) são denominados **sistemas de interface**. Às vezes, tais sistemas são também chamados pelos linguistas de *sistemas de desempenho* ou *sistemas superiores*. Na arquitetura da cognição humana, esses sistemas desempenham a função de receber da linguagem as representações de som e significado e com elas dar origem aos diversos usos linguísticos característicos do comportamento humano.

> Usamos o termo *interface* para denominar os sistemas cognitivos externos à linguagem. Apesar de externos, tais sistemas mantêm intensas relações imediatas com a linguagem. Eles estão, na arquitetura da mente humana, diretamente conectados ao sistema linguístico – daí a expressão *interface*.

Os sistemas de interface são, na verdade, um conjunto de faculdades cognitivas. Elas encontram-se interligadas entre si de tal maneira que se torna possível

Arquitetura da linguagem **119**

agrupá-las, para fins descritivos didáticos, em somente dois sistemas: (1°) o sistema de pensamento e (2°) o sistema sensório-motor. Analisemos em mais detalhes cada um deles.

Para entendermos as interfaces entre *linguagem e pensamento*, façamos a seguinte reflexão. Imagine o que acontece em nossa mente quando meditamos em silêncio sobre algum problema. Ao pensar num dado assunto, nossas ideias não são necessariamente mediadas pela linguagem verbal. Muitas vezes podemos pensar de maneira puramente abstrata, usando o pensamento pelo próprio pensamento – aquilo que Pinker (2007) e Fodor (1983) chamam de *mentalês* ou *linguagem do pensamento*. Esse fato empírico – a realidade do pensar não estruturado em palavras ou frases – evidencia que o pensamento é um sistema externo à linguagem e dela relativamente independente. Mas é claro que, normalmente, organizamos os nossos pensamentos através da linguagem. Usamos palavras para representar conceitos e combinamos essas palavras em frases complexas, fazendo com que conceitos complexos sejam manipulados na estrutura das frases. A linguagem é, portanto, um sistema que fornece ao pensamento expressões com as quais ele possa organizar-se. Isso significa que, na estrutura da mente humana, a linguagem funciona como uma espécie de *centro de logística*, o qual provê o pensamento de instrumentos para a manipulação de conceitos. Dizendo de outra maneira, a linguagem humana é um sistema capaz de produzir representações λ que atendam às necessidades de outro sistema, um sistema externo – o sistema de pensamento. Esse sistema de pensamento, também chamado **conceitual-intencional**, é, portanto, uma das interfaces da linguagem.

> O sistema conceitual-intencional diz respeito ao pensamento humano, isto é, refere-se a nossas crenças, desejos, conceitos e intencionalidades, a nosso raciocínio e a nossas motivações comunicativas.

Analisemos, agora, as relações de interface entre *linguagem e sistema sensório-motor*. Imagine que queiramos expressar nossos pensamentos às outras pessoas. Com esse objetivo, apenas codificar ideias numa representação λ não será o suficiente, afinal essa representação não é capaz de propagar-se sozinha de uma mente para outra entre os humanos. Será necessário, então, criar um meio de exteriorização que faça λ chegar à percepção dos outros indivíduos. Esse meio de exteriorização será a representação π. π é, dessa maneira, a contraparte sonora do conteúdo de λ. Na estrutura cognitiva humana, as informações contidas em π serão acessadas pelo sistema sensório-motor. Tal sistema tem a função de converter π nos sons que conduzirão, pelo ar, as estruturas que veiculam λ, numa viagem que vai do aparelho articulador do falante até o sistema perceptivo do ouvinte. O sistema sensório-motor, também denominado **articulatório-perceptual**, é, por conseguinte, outra interface do módulo da linguagem. Sua função, na mente humana, é claramente exterior à linguagem: cabe a ele controlar o aparato físico humano responsável pela produção e percepção de sons.

> O sistema articulatório-perceptual diz respeito ao conjunto das funções cognitivas responsáveis pelo controle da produção e da recepção das unidades linguísticas, seja na articulação e percepção de sons, seja na produção e na recepção de sinais visuais.

Resumindo o que dissemos até aqui, podemos afirmar que a linguagem é um sistema cognitivo capaz de produzir representações linguísticas codificadas no par (π, λ). Uma vez gerada pela linguagem, a representação π deve ser acessada pelo sistema articulatório-perceptual, visto que contém as informações e instruções sobre *som* que levarão ao correto funcionamento de nosso aparato articulador e auditivo na tarefa de codificar e decodificar as cadeias sonoras da linguagem. Já a representação λ alimenta o sistema conceitual-intencional e, dessa forma, produz as informações sobre *significado* que permitirão a manipulação de conceitos, referências e valores pelo nosso sistema de pensamento. As representações da linguagem humana e seus respectivos sistemas de interface podem ser visualizados na figura 6.2.

Figura 6.2: Linguagem, o par (π, λ) e os sistemas de interface.

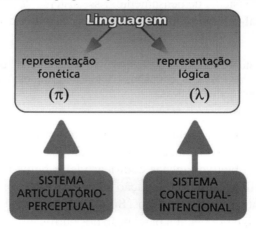

Para exemplificar a dinâmica da figura anterior, recorreremos novamente à frase simples *Maria ama João*. Depois de produzida, essa frase possuirá a forma π, que é o conjunto de instruções que a linguagem passa ao sistema articulatório-perceptual de tal modo que a cadeia fonética [maria ama joaum] possa ser produzida pelo nosso aparelho fonador, propagada pelo ar e percebida pelo sistema auditivo de nossos interlocutores. A frase possuirá também o conteúdo λ, que contém a informação lógica [há um indivíduo X, tal que X é Maria, e X ama um indivíduo Y, tal que Y é João], a qual será acessada pelo sistema conceitual-intencional e desencadeará o processo de interpretação semântica.

Representação lógica *versus* representação discursivo-pragmática

É importante você notar que a informação lógica contida na representação λ não é ainda responsável pelo sentido contextual da frase. Os valores discursivos que o par (π, λ) pode receber não são previsíveis somente a partir de suas informações fonética e lógica. Por exemplo, para sabermos se uma frase como *Maria ama João* (1) é apenas uma declaração acerca da relação de amor entre Maria e João, ou se (2) se trata de uma frase contrastiva à pressuposição de que *Maria não ama João*, ou ainda se (3) é o caso de um comentário maldoso considerando que Maria é casada com outro homem diferente de João, precisaríamos de muito mais informações do que aquelas puramente linguísticas produzidas pelo módulo da linguagem. Os estudiosos da linguagem devem sempre ter em conta que o sentido final de uma expressão, isto é, o seu valor pragmático-discursivo, é o resultado da interação de todos os módulos cognitivos ativados na *performance* linguística.

A visão da arquitetura da linguagem que acabamos de aprender é bastante simples. Tal simplicidade, entretanto, não deve mascarar a importância que tal visão representa para o empreendimento da teoria linguística contemporânea. Veremos isso na seção seguinte, quando apresentaremos o Princípio da Interpretação Plena, conceito fundamental da linguística gerativa, segundo o qual todo o funcionamento da linguagem deve atender às necessidades dos sistemas de interface.

O Princípio da Interpretação Plena

Conforme acabamos de aprender, a linguagem é um sistema cognitivo específico. Os sistemas cognitivos que acessam e usam as informações produzidas pela linguagem são outros, também específicos na mente humana: o sistema de pensamento e o sistema sensório-motor. Ora, será que ao afirmamos que a linguagem é um sistema cognitivo separado dos sistemas de interface, tal como representamos na figura 6.2, poderíamos concluir que linguagem e interfaces são sistemas absolutamente independentes na arquitetura da mente humana?

A resposta a essa pergunta é um definitivo **não**! As expressões que a linguagem constrói só são úteis na medida em que possam ser usadas pelos sistemas de inter-

122 Curso básico de linguística gerativa

face. A única razão de ser da linguagem humana é poder servir às suas interfaces. Sua missão exclusiva é construir representações que possam ser manipuladas por nossos sistemas de pensamento e sensório-motor. Dessa forma, podemos dizer que, no interior da mente humana, as interfaces exercem grande controle sobre a linguagem. Os produtos que a linguagem deve entregar às suas interfaces são, por assim dizer, feitos sob encomenda, na justa medida. Tecnicamente, os gerativistas afirmam que a linguagem produz as representações do par (π, λ) sob as imposições do Princípio da Interpretação Plena (em inglês, *Full Interpretation* – às vezes chamado apenas de FI – pronuncia-se "éfe-i").

O Princípio da Interpretação Plena deve ser entendido como o conjunto das restrições cognitivas que os sistemas de interfaces impõem ao funcionamento da linguagem humana. Basicamente, ele determina que as representações produzidas pela linguagem devem ser totalmente interpretáveis em suas respectivas interfaces. Isso quer dizer que, para satisfazer FI, a linguagem humana deve construir representações de uma maneira tal que (1) o sistema sensório-motor possa reconhecer e colocar em uso todas as informações inscritas em π e (2) o sistema de pensamento possa acessar e usar todas as informações presentes em λ. O Princípio da Interpretação Plena estabelece, portanto, que uma representação linguística qualquer deve sempre ser concomitantemente legível nas interfaces fonética e lógica.

Bem, o que significa dizer que uma representação linguística tem de ser "interpretável" ou "legível" nas interfaces da linguagem? O significado é simples. As representações linguísticas não podem ser construídas de qualquer maneira, através, por exemplo, de uma combinação aleatória de palavras. Pelo contrário, a criação do par (π, λ) sempre é regida por regras. Mas de onde advêm essas regras? A resposta é: das interfaces! As regras que orientam a formação de representações linguísticas são impostas pelos sistemas conceitual-intencional e articulatório-perceptual. Seria como se, ao entregar uma representação para as interfaces, a linguagem recebesse dois vereditos, um do sistema de pensamento e outro do sistema sensório motor. Ambos os vereditos têm de ser favoráveis, isto é, os sistemas de interface devem sempre considerar as representações de (π, λ) "interpretáveis", "legíveis", "processáveis".

Quando o sistema de pensamento consegue acessar e usar as informações de π e, ao mesmo tempo, o sistema sensório-motor consegue acessar e usar as informações de λ, dizemos que as representações do par (π, λ) são interpretáveis nas interfaces, isto é, dizemos que as representações são legíveis ou **convergentes**. Se uma representação é convergente, então ela foi gerada de acordo com o Princípio da Interpretação Plena.

> Uma representação linguística é convergente quando é "bem construída", ou "gramatical", e assim pode ser interpretada pelas interfaces da linguagem. Lembre-se do conceito de "gramaticalidade" que já aprendemos neste curso. Uma representação convergente é sempre gramatical.

Vamos usar um exemplo bem simples para ilustrar o que acabamos de dizer. Tomemos a frase "Você conhece alguém que já escreveu um livro?". Você certamente é capaz de produzir e decodificar sem dificuldade as informações de π e de λ presentes nessa frase. As informações fonéticas de π são plenamente processáveis pelo sistema sensório-motor (e assim você consegue pronunciar normalmente a frase), bem como as informações lógicas de λ são facilmente processadas pelo sistema de pensamento (e assim você consegue interpretar normalmente a frase). A frase preserva o Princípio da Interpretação Plena e, assim, corresponde a uma representação convergente.

Agora imagine que a frase seja "Que livro você conhece alguém que já escreveu?". Desta vez, você deve ter achado a frase estranha. Talvez tenha de relê-la algumas vezes para tentar adivinhar o que ela quer dizer. Note que a estranheza da frase não reside em sua representação fonética, afinal você consegue ler as informações de π tanto para produzir quanto para decodificar a cadeia fonética que compõe o conjunto de sons da frase. A estranheza encontra-se na representação de λ. Explicando de uma maneira muito simples e informal, podemos dizer que, na construção, a expressão interrogativa "que livro" encontra-se numa posição linear muito distante do verbo "escreveu", do qual é complemento. Essa distância excessiva impede que nosso sistema de pensamento consiga encontrar facilmente a relação entre "que livro" e "escreveu". O resultado é que as informações lógicas da frase não conseguem ser interpretadas por sua respectiva interface. Como consequência, temos uma representação não convergente, isto é, temos uma violação do Princípio da Interpretação Plena. (Uma maneira de tornar a frase convergente seria modificar a ordenação da pergunta e usar outro tipo de pronome, construindo algo como "Você conhece alguém que já escreveu algum livro?")

E se nosso exemplo fosse a frase "Que livro você leu que livro?". Essa também é muito estranha, não? No caso, é a repetição fonética do sintagma "que livro" ao final da frase que torna a representação ilegível na interface sensório-motora. Muito embora possamos acessar o significado λ da frase, sua representação π encontra-se prejudicada. Nosso aparato sensório-motor estranha a pronúncia do mesmo item "que livro" em duas posições diferentes da frase. Para o sistema articulatório-perceptual, os itens lexicais de uma representação linguística qualquer devem normalmente ocupar apenas uma posição na linearidade da frase, algo que não acontece no exemplo e provoca a violação do Princípio da Interpretação Plena. (A solução fonética no caso é bem simples, basta não pronunciar a última ocorrência de "que livro", deixando a frase assim: "Que livro você leu?")

Se você compreendeu corretamente a essência do Princípio FI, podemos seguir para a próxima seção. Nela veremos quais são os componentes da linguagem humana e como eles interagem para produzir representações que preservam o Princípio da Interpretação Plena.

O Princípio da Interpretação Plena é um conceito muito importante para a linguística gerativa e para a psicolinguística. Com ele, abrem-se as possibilidades de estudos sobre a competência linguística serem integrados a estudos sobre desempenho linguístico – e vice-versa. Tradicionalmente, os estudos de competência têm sido conduzidos de maneira independente dos estudos sobre o uso da linguagem. Entretanto, ao considerarmos a arquitetura da linguagem que aqui estamos apresentando, podemos rapidamente entender que, para descrevermos adequadamente a natureza cognitiva da linguagem, teremos de compreender profundamente as demandas que os sistemas de interface lhe impõem. Só descobriremos como é a linguagem na mente humana se descobrirmos como as interfaces fazem a linguagem ser do jeito que é. Isso significa que, no empreendimento das ciências cognitivas, gerativistas e psicolinguistas precisam ser parceiros de trabalho. Exploraremos este assunto em detalhes na última unidade de nosso curso, que é inteiramente dedicada às interfaces da linguagem.

Componentes da linguagem

Já sabemos que o par (π, λ) são representações mentais construídas pela linguagem humana. Devemo-nos ocupar, a partir de agora, dos processos computacionais que criam essas representações. A primeira coisa a considerar é que as representações linguísticas são criadas passo a passo, num processo complexo que denominamos **derivação**. Nesse processo, participam diversos componentes da linguagem, cada um deles desempenhando uma função específica. Você terá uma boa ilustração de como esses componentes interagem na tarefa de criar representações (π, λ) se imaginar que a arquitetura da linguagem assemelha-se a uma *linha de montagem* de uma fábrica.

A derivação é o processo computacional por meio do qual a linguagem humana constrói as representações que serão enviadas para as interfaces. Ela começa com a seleção das palavras que devem compor uma frase, passa pela combinação de palavras em sintagmas e orações, e chega até as especificações fonéticas e lógicas do par (π, λ).

Pensemos numa fábrica qualquer – uma fábrica de telefones, por exemplo. Poderíamos dizer que uma fábrica dessas tem justamente nos "telefones" a sua representação final, isto é, aparelhos telefônicos são o produto final de uma fábrica desse tipo. Telefones são produzidos numa sequência de etapas, semelhantes a uma *derivação*. Cada etapa é executada por um setor especializado – um componente. Imagine a carcaça de um telefone sendo deslocada por uma esteira rolante numa linha de montagem. O primeiro setor dessa linha insere os mecanismos básicos do telefone, como, por exemplo, seu processador central. O setor seguinte insere o teclado. Logo depois, um novo setor introduz os pequenos alto-falantes e o am-

Arquitetura da linguagem **125**

plificador do recebimento de voz. Outro setor é responsável pela pintura – e assim o telefone seguirá por toda a linha de montagem até que esteja prontinho, acabado e embalado para o uso. Trata-se de uma imagem bastante mecânica – como a do personagem de Charles Chaplin no filme *Tempos Modernos*.

Com essa imagem em mente, podemos dizer que a linguagem humana é uma espécie de fábrica de representações (π, λ). Seus componentes são como setores dispostos ao longo de uma esteira de montagem. Cada um deles, como se espera de um setor, desempenha uma tarefa específica, tal como selecionar as palavras que devem compor uma frase, combinar palavras entre si, linearizar os constituintes da oração, especificar a pronúncia e a interpretação da representação produzida, dentre outras coisas. Que setores são esses? São apenas quatro: Léxico, Sistema Computacional, Forma Fonética (FF) e Forma Lógica (FL). Vejamos um pouco de cada um deles a seguir. Nas seções subsequentes desta unidade, vamos descrevê-los em mais detalhes.

O *Léxico* é um componente evidente da arquitetura da linguagem. Afinal, é um fato empírico óbvio que todas as expressões linguísticas nas inúmeras línguas naturais são compostas por itens lexicais. A importância do Léxico no funcionamento da linguagem é crucial, pois é nele que se encontram armazenadas todas as informações de som e de significado que devem ser combinadas durante uma derivação, de modo a gerar representações complexas no par (π, λ). O Léxico é, portanto, o início de nossa linha de produção. É de lá que retiramos as informações necessárias para criação de expressões com som e significado.

> LÉXICO → componente da linguagem em que todas as informações sobre som e significado de itens lexicais isolados estão depositadas.

O segundo componente da linguagem é o *Sistema Computacional*. Esse componente é também denominado *Sintaxe*. Seu papel no funcionamento da linguagem é combinar as informações retiradas do Léxico de modo a gerar expressões de som e significado complexas, tais como sintagmas e frases. Podemos dizer que o Sistema Computacional é o componente central na arquitetura da linguagem humana. É ele que retira informações do Léxico para construir as representações linguísticas que serão enviadas a FF e FL, e de lá seguirão para as interfaces. Além disso, é da Sintaxe que emerge o caráter produtivo das línguas naturais. O número de combinações que esse componente pode criar recursivamente a partir das informações do Léxico é potencialmente infinito. Em nossa linha de produção linguística, o Sistema Computacional posiciona-se imediatamente após o Léxico.

> SISTEMA COMPUTACIONAL (SINTAXE) → componente da linguagem que compõe expressões complexas (sintagmas e frases) a partir da combinação recursiva de itens retirados do Léxico.

Os dois últimos componentes da linguagem humana são aqueles necessários para que as representações produzidas pelo Sistema Computacional possam ser codificadas nas informações fonéticas e lógicas que serão processadas pelos sistemas de interface. Na arquitetura da linguagem, a Forma Fonética (FF) é o componente responsável pelas instruções cognitivas que converterão em expressão e percepção sonora as representações construídas pela Sintaxe. Por sua vez, a Forma Lógica (FL) é o componente responsável pelo tratamento mental das relações conceituais das expressões construídas pelo Sistema Computacional.

> FORMA FONÉTICA (FF) → componente da linguagem que converte as representações advindas da Sintaxe em instruções cognitivas a serem enviadas para a interface sensório-motora.
> FORMA LÓGICA (FL) → componente da linguagem que converte as representações advindas da Sintaxe em instruções cognitivas a serem enviadas para a interface conceitual-intencional.

A arquitetura da linguagem, com os seus quatro componentes e suas duas interfaces, pode ser visualizada na figura a seguir.

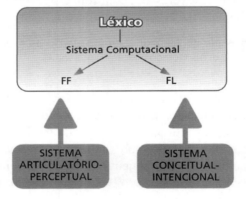

Figura 6.3: A arquitetura da linguagem humana.

A imagem nos dá informação a respeito da estrutura da linguagem, evidenciando seus elementos constitutivos. Para visualizarmos o funcionamento desse sistema, façamos uma ilustração simplificada de uma derivação.

Digamos que os itens {Maria, amar, João} sejam retirados do Léxico e enviados para o Sistema Computacional. Uma vez introduzidos numa derivação, esses itens sofrerão uma série de operações computacionais até que a representação a ser enviada para as interfaces seja gerada. Por exemplo, o Sistema Computacional combinará os itens [amar + João] para gerar o predicado "amar João". Com esse predicado construído, o Sistema o combinará com o sujeito "Maria", gerando a estrutura [[Maria] + [amar +João]]. Por fim, o Sistema fará a concordância entre o sujeito e verbo, especificando o tempo, o modo e o aspecto da frase, de modo que a representação sintática final estará pronta: [Maria ama João]. Essa representação será, então, enviada para FF, que elaborará a forma fonética [maria ama joaum] a ser entregue à interface sensório-motora, e também para FL, que construirá a forma lógica [há um indivíduo X, tal que X é Maria, e X ama um indivíduo Y, tal que Y é João] a ser enviada à interface conceitual-intencional.

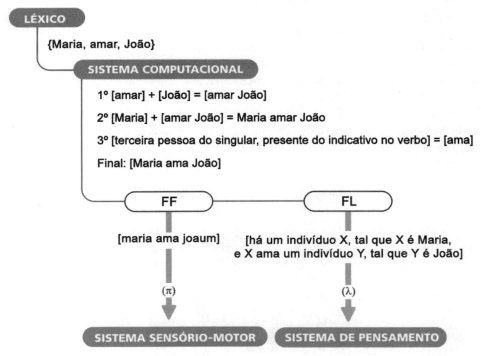

Figura 6.4: Os componentes da linguagem em funcionamento durante uma derivação (simplificada).

Acreditamos que as figuras 6.3 e 6.4 lhe dão uma boa visão da estrutura e do funcionamento da arquitetura da linguagem. Tenha essa arquitetura fundamental sempre viva em sua memória, pois é ela que orienta os estudos gerativistas sobre linguagem e o resto da cognição humana. Se você já está familiarizado com as imagens, podemos seguir para as próximas seções, que falarão um pouco mais sobre cada um dos quatro componentes da linguagem.

Léxico

O Léxico da linguagem humana será o objeto exclusivo de nossa próxima unidade. Nela analisaremos sua natureza em detalhes. Por ora, você aprenderá um pouco mais sobre esse componente pensando no seguinte.

Se FF e FL instruem suas interfaces sobre o conteúdo fonético e lógico dos objetos que recebem de outros componentes da linguagem, poderíamos inicialmente imaginar que esses objetos provêm diretamente do Léxico, sem passar pela intermediação da Sintaxe, não é verdade? De fato, um item lexical qualquer, entendido como uma *palavra*, possui sua forma fonética (pronúncia) e sua forma lógica (conceito) específicas. Essa relação direta entre Léxico e FF/FL acontece quando nos comunicamos por meio de palavras isoladas, não concatenadas com outras em estruturas sintáticas elaboradas.

Ocorre, contudo, que a linguagem humana apenas muito raramente constrói suas representações por meio tão somente de palavras isoladas. O natural nas línguas é que as palavras apareçam articuladas entre si em estruturas frasais complexas, algo que é levado a cabo pelo Sistema Computacional da linguagem humana. Portanto, é raro que o Léxico alimente diretamente FF e FL. Com efeito, o Léxico é componente inicial de nossa fábrica de representações (π, λ). Sua função principal é prover a Sintaxe de itens lexicais com os quais possa gerar sintagmas e frases a partir das operações computacionais de uma derivação. São os produtos da Sintaxe, isto é, os sintagmas e as frases, que devem ser enviados a FF e FL.

Figura 6.5: O Léxico das línguas naturais é um compósito de traços fonológicos, semânticos e formais.

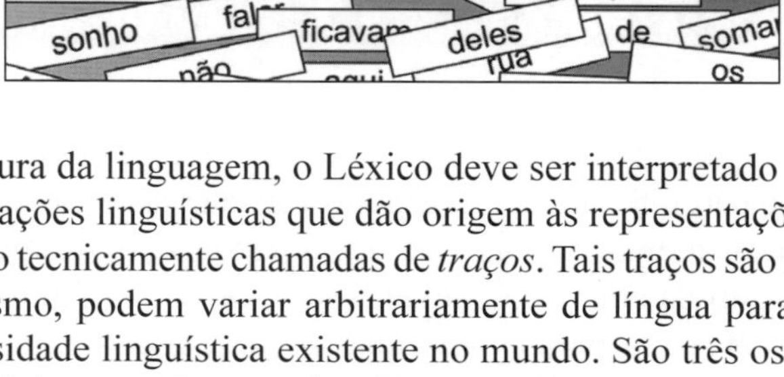

Na arquitetura da linguagem, o Léxico deve ser interpretado como o repositório de informações linguísticas que dão origem às representações (π, λ). Essas informações são tecnicamente chamadas de *traços*. Tais traços são idiossincráticos e, por isso mesmo, podem variar arbitrariamente de língua para língua, dando origem à diversidade linguística existente no mundo. São três os tipos de traços existentes no Léxico: *semânticos*, *fonológicos* e *formais*.

Os traços semânticos dizem respeito ao conteúdo dos itens lexicais, seu significado, enquanto os traços fonológicos referem-se à substância sonora desses itens, sua pronúncia. Tipicamente, traços semânticos e fonológicos são codificados e expressos no corpo de um item lexical, como, por exemplo, o conteúdo [tipo de moradia] e a pronúncia [kaza] presentes numa palavra como *casa*. Os traços formais, no entanto, são mais abstratos e não se realizam visivelmente numa palavra isolada. Esses traços dizem respeito a informações que serão acessadas pelo Sistema Computacional e repercutirão na estruturação da frase. Por exemplo, na figura 6.4, são os traços formais do Léxico que desencadeiam a flexão do verbo, em concordância com o sujeito da frase.

Você deve notar que o Léxico não contém somente *palavras*. Ele possui especificações de som e significado de morfemas em geral (como -s do plural de nomes, -mos da primeira pessoa do plural verbal etc.) e também de expressões idiomáticas (como "chutar o balde", "pagar mico" etc.) e frases feitas (como "vale mais a pena um pássaro na mão do que dois voando..." etc.).

Todas essas informações do Léxico ficam armazenadas em nossa cognição linguística, a postos para serem selecionadas pelo Sistema Computacional a fim de gerar representações para as interfaces da linguagem.

Sistema Computacional

A analogia entre a linguagem humana e uma fábrica é certamente uma metáfora muito limitada, talvez feia. A linguagem só é comparável a uma fábrica qualquer no que diz respeito à sua estrutura organizada em setores especializados ao longo de uma linha de montagem – e é apenas nesse sentido que a comparação é útil. Com efeito, os produtos de uma fábrica são sempre os mesmos objetos inanimados, mas os produtos da linguagem são infinitamente diversos e cheios de vida. Pense bem: o número de representações num par (π, λ) que podemos criar e interpretar é infinito.

Essa capacidade infinita da linguagem é muito importante e intrigante, afinal o número de palavras que existem no Léxico de uma língua, por maior que seja, é sempre limitado, bem como é finito o número de regras que permitem a combinação de palavras numa frase e o número de sons que usamos para falar. Ora, se a linguagem conta com recursos finitos e limitados, como é que ela consegue produzir representações infinitas e ilimitadas?

Pois bem, o componente linguístico que dá à luz essa capacidade infinita é o Sistema Computacional da linguagem humana. Esse componente tem a função de combinar os traços do Léxico e transformá-los em representações sintáticas complexas. É justamente essa capacidade combinatória da Sintaxe que faz emergir na linguagem a infinitude discreta, sua propriedade fundamental.

A Sintaxe humana é capaz de aplicar operações combinatórias sobre itens lexicais de maneira recursiva, de tal modo que o resultado da combinação entre esses itens são sempre representações infinitamente novas, inéditas. Conforme já aprendemos, o conjunto dessas operações é o que conhecemos como *derivação*. Por sua vez, o produto final de uma derivação é o que chamamos *representação*.

Em nossa unidade 9, veremos os detalhes do Sistema Computacional da linguagem humana, suas derivações e suas representações. Por agora, apresentaremos a você a essência das operações sintáticas de nosso Sistema Computacional. São essas operações que permitem à linguagem "o uso infinito de recursos finitos", numa expressão que aprendemos em unidades anteriores.

A primeira e mais básica operação do Sistema é **Selecionar**. Com essa operação, o Sistema Computacional retira do Léxico (na verdade, de um subgrupo do Léxico, chamado **Numeração**, que estudaremos nas próximas unidades) os itens que participarão da derivação. Uma vez selecionados para o espaço derivacional, esses itens lexicais se tornam acessíveis às outras operações do Sistema.

| NUMERAÇÃO → conjunto de itens retirados do Léxico que devem alimentar a derivação de uma representação linguística específica.

| Selecionar (do inglês *Select*) é a operação que retira um item lexical da Numeração e o introduz no espaço derivacional. Um espaço derivacional é o conjunto de itens que estão ativos durante a derivação e podem ser acessados pelas operações computacionais do Sistema.

Figura 6.6: O Sistema Computacional e a operação SELECIONAR (note que agora João é apresentado como sujeito e Maria, como respectivo objeto do verbo amar).

A segunda operação do Sistema Computacional denomina-se **Merge**. Essa operação tem como finalidade criar representações linguísticas complexas, afinal, como já sabemos, a linguagem humana raramente funciona por meio de palavras isoladas, preferindo sempre que possível expressões compostas. Merge é, portanto, a operação computacional criadora de objetos sintáticos complexos (como sintagmas, orações e frases).

| Merge é o termo inglês que significa "fusão", "concatenação", "combinação".

Arquitetura da linguagem **131**

O princípio da operação Merge é muito simples. Ela é capaz de combinar dois objetos e deles gerar um objeto complexo. Por exemplo, imagine que tenhamos no espaço derivacional os objetos X e Y. Merge combinaria X + Y, formando um novo objeto, que podemos chamar de Z. Z é, portanto, um objeto complexo formado, através da operação Merge, por dois elementos, X e Y – ou seja Z = [X + Y].

Se isso parece muito matemático e abstrato, vejamos então o Merge mais simples possível, aquele que acontece entre duas palavras. Imagine que os itens [amar] e [João] já tenham sido selecionados para espaço derivacional. O que Merge deve fazer, então, é combinar esses dois constituintes, formando um terceiro: o predicado [amar + Maria].

Figura 6.7: O Sistema Computacional e a operação Merge.

Com a figura 6.7, torna-se fácil compreender que a combinação entre [amar] e [Maria] gera o objeto complexo [amar + Maria]. É como se X representasse [amar] e Y representasse [Maria]. O Merge entre X e Y dá origem a Z, que é o composto [amar + Maria].

O mais interessante na operação Merge é que ela não se aplica apenas sobre itens lexicais. Merge pode ser aplicado também sobre objetos complexos, já anteriormente criados pela própria operação Merge. Por exemplo, sabemos que Merge gerou, na frase de nossa ilustração, o predicado [amar + Maria]. Agora Merge é capaz de combinar esse objeto complexo com outro item lexical, por meio da composição [João] + [amar + Maria].

Figura 6.8: A operação Merge pode ser aplicada recursivamente.

132 Curso básico de linguística gerativa

Você deve ter compreendido que, em sua primeira aplicação, Merge construiu o objeto complexo [amar + Maria]. Na segunda aplicação, Merge combinou esse objeto com item [João], gerando o novo objeto complexo [João + [amar + Maria]]. No exemplo, as aplicações de Merge acabam por aí, mas é claro que, se fosse o caso, a operação poderia ser aplicada mais vezes. Por exemplo, se houvesse mais itens lexicais na Numeração ou se houvesse mais objetos complexos no espaço derivacional, poderíamos seguir aplicando Merge indefinidamente, de maneira a construir objetos cada vez mais complexos, como as orações coordenadas e subordinadas.

As duas últimas operações do Sistema Computacional são **Move** e **Spell-Out**.

> Move é o termo inglês que significa "mover", "deslocar".

> Spell-Out não é propriamente uma "operação computacional". Trata-se, na verdade, do termo inglês que significa "dividir", "separar". Essa "operação" é o momento em que a derivação é dividida em duas partes: a informação que segue para FF e na informação e a que segue para FL.

Move, conforme aprenderemos em mais detalhes nas próximas unidades, é uma forma especial de aplicação de Merge. A especificidade de Move é que, nessa operação, um objeto complexo já formado no espaço derivacional é deslocado de uma posição para outra dentro da representação que está sendo construída. Muitas vezes, fazemos referência a Move com a expressão *Regra de Movimento*. Falamos em "movimento" porque a essência da operação Move é o deslocamento de um objeto entre diferentes posições sintáticas numa frase, tal como se ele tivesse sido movido.

Em sua forma mais simples, Move consiste em retirar um objeto de sua posição sintática e deslocá-lo para uma posição sintática mais distante. Por exemplo, na frase seguinte, o composto [que livro] encontra-se em sua posição original, como complemento do verbo [ler].

Você leu [que livro]?

Com a aplicação de Move, esse constituinte pode ser deslocado para o início da frase, formando a oração interrogativa típica em português.

[Que livro] você leu [***]?

Como você pode ver no cotejo entre as duas frases, o sintagma [que livro] foi, na segunda, deslocado da posição final para a posição inicial da sentença.

Esse deslocamento é resultado da operação computacional Move. Trata-se de uma operação muito importante, responsável pela elaboração de vários tipos de representação sintática complexa, como voz passiva, oração relativa, topicalização etc., conforme estudaremos em breve.

Por fim, Spell-Out é o momento computacional em que a derivação em curso é retirada do Sistema Computacional e enviada para FF e FL. Essa "operação" é, na verdade, um ponto de bifurcação da derivação, uma espécie de fronteira divisória cuja função é identificar quando uma derivação já se encontra ao ponto de ser enviada para os sistemas que mais diretamente lidam com as interfaces. No Spell-Out, separam-se as informações de π, que serão remetidas à FF, as informações de λ, que seguirão para FL.

Em FF e FL, a derivação de representações linguísticas segue em frente, até que esteja concluída e possa ser finalmente entregue aos sistemas de interface. Vejamos a seguir um pouco mais sobre os componentes FF e FL.

Forma Fonética e Forma Lógica

A Forma Fonética (FF) e a Forma Lógica (FL) são os componentes finais da arquitetura da linguagem humana. Sua característica fundamental é fazer a intermediação entre as representações geradas pelo Sistema Computacional e as interfaces articulatório-perceptual e conceitual-intencional. Isso quer dizer que esses são os componentes da linguagem que mantém contato imediato com outros sistemas cognitivos humanos, entregando-lhes diretamente as representações do par (π, λ).

Enquanto FF é o componente dedicado à organização das informações sobre som (ou sinais, nas línguas de surdos), FL é o componente lógico da arquitetura da linguagem. Para Chomsky, esses dois sistemas em contato com suas interfaces equivalem à descrição moderna, no âmbito das ciências cognitivas, da díade *som* e *significado*, presente nos estudos da linguagem desde a antiguidade.

> Há dois sistemas de interface na linguagem humana: FF em relação ao sistema articulatório-perceptual e FL em relação ao sistema conceitual-intencional. Essa propriedade de "interface dupla" é uma maneira pela qual se expressa a tradição descritiva da linguagem como *som* e *significado*, que remonta a Aristóteles. (Chomsky, 1995: p. 2)

Se FF e FL terminam o trabalho da fábrica da linguagem, o trabalho das outras funções cognitivas humanas está apenas começando. É com base nas representações do par (π, λ) que nossas mentes criarão o discurso, em suas infindáveis maneiras de manifestação comunicativa.

Conclusão

Vimos nesta unidade de que maneira a linguagem está localizada na mente humana ao lado de outros sistemas cognitivos da nossa espécie. Aprendemos que a função da linguagem é gerar representações de som e de significado que possam servir o nosso sistema de pensamento, na tarefa de lidar com conceitos, e o nosso sistema sensório-motor, na tarefa de expressar representações para outras pessoas. Entendemos, ao longo das seções da unidade, que a estrutura da linguagem é o conjunto Léxico, Sistema Computacional, Forma Fonética (e sua interface) Forma Lógica (e sua interface), ao passo que o funcionamento da linguagem são as interações entre esses componentes, as quais criam representações linguísticas por meio de derivações computacionais. Em nossas ilustrações, usamos sempre exemplos do português, mas não se esqueça de que a arquitetura da linguagem, com todos os componentes e operações que apresentamos, é um atributo da espécie humana. Dessa forma, tudo o que dissemos descreve a estrutura e o funcionamento de todas as línguas naturais existentes e possíveis. Tenha sempre em sua mente esta arquitetura cognitiva da linguagem e suas interfaces. Vamos explorá-la muitas vezes ao longo das demais unidades de nosso curso.

Exercícios

1) O que significa dizer que a linguagem humana relaciona sistematicamente uma forma π a um conteúdo λ?

2) O que, no estudo cognitivo da linguagem, devemos compreender por "interfaces"? Quais são as interfaces da linguagem?

3) O que você entende pelo Princípio da Interpretação Plena?

4) Qual é a diferença entre representação e derivação?

5) Quais são os componentes da linguagem humana? Como esses componentes interagem na geração de representações linguísticas?

6) Caracterize o Léxico como componente da linguagem humana.

7) O que se deve entender por Sistema Computacional da linguagem humana?

8) Qual é a função de FF e FL na arquitetura da linguagem?

UNIDADE 7
Léxico e computações lexicais

Desde, pelo menos, as lições de Saussure no início do século xx, o léxico de uma língua vem sendo interpretado pelos linguistas como o repositório das irregularidades e das idiossincrasias da linguagem. Essa interpretação assume que o léxico opõe-se à gramática de uma língua porque, diferentemente dessa, não é um sistema gerativo, ou seja, não é criado ou dedutível por meio de princípios e/ou regras. De fato, como ensinou o mestre de Genebra, os falantes de uma língua natural devem memorizar, sem recurso a qualquer tipo de algoritmo mental, a convenção sociocultural que determina a associação entre dado conjunto de sons e certo significado. Por exemplo, pense num item lexical como "casa". Você e todos os falantes de português sabemos que o som [kaza] deve ser associado ao significado [tipo de moradia] e sabemos disso em função de ser essa uma convenção arbitrária tacitamente assumida entre nós, algo que simplesmente acontece e não pode ser adquirido ou descrito por meio de regras computacionais.

Diante disso, você poderia perguntar: quer dizer, então, que o léxico das línguas é um caos, uma terra de ninguém e sobre ele não se pode fazer estudo científico? Interessantemente, a resposta para essa pergunta é **não**. As informações conceituais e linguísticas que são armazenadas no léxico de uma língua, ainda que sejam arbitrariamente criadas, encontram-se organizadas na mente humana de maneira sistemática e coerente. É essa organização que permite, por um lado, que o léxico seja adquirido pela criança já nos seus primeiros anos de vida e, por outro, permite que ele seja acessado e usado pelos adultos no uso cotidiano da linguagem. Afinal, pense bem, se o léxico fosse o caos, como poderíamos tê-lo aprendido na infância? Como seríamos capazes de usá-lo todos os dias durante nossa vida adulta?

Se o léxico possui uma organização lógica, cabe então à linguística procurar desvendá-la. É exatamente essa estrutura escondida sob as arbitrariedades dos itens lexicais que começaremos agora a lhe apresentar. Aprenderemos de que maneira o léxico das línguas naturais é descrito pelos gerativistas como um componente da cognição humana. Veremos que o Léxico – com "L" maiúsculo – tem o sentido de *léxico mental*. Ele é um componente da língua-I. É o conjunto das informações sobre morfemas, palavras e expressões que se encontram estocadas na mente humana e são acessadas pelo Sistema Computacional durante a derivação de representações linguísticas.

Figura 7.1: Na linguística gerativa, Léxico quer dizer *léxico mental.*

Nesta unidade, analisaremos como se dão, numa língua-I, as relações entre Léxico e Sistema Computacional. Apresentaremos a maneira pela qual a teoria linguística contemporânea vem compreendendo (1) a natureza das informações que são representadas no Léxico, (2) como tais informações se tornam visíveis, são acessadas e processadas pelo Sistema Computacional, e (3) como os linguistas descrevem o conjunto das computações lexicais. Aprenderemos aqui as noções fundamentais sobre traços lexicais e estrutura argumental, bem como estudaremos os conceitos de grade temática e de subcategorias verbais. Ao longo da unidade, manteremos em foco as informações de **natureza lexical** de morfemas, palavras e expressões idiomáticas. A **dimensão funcional e gramatical** do Léxico será abordada somente nas unidades 8 e 9 de nosso curso, quando estudaremos a dinâmica de funcionamento do Sistema Computacional.

> A oposição entre "lexical *versus* funcional/gramatical" é clássica na linguística. As categorias lexicais possuem referência no mundo biossocial, são abertas e numerosas, ao passo que categorias funcionais possuem valor puramente gramatical (e não referencial), são fechadas e pouco numerosas. Substantivos e verbos são exemplos de categorias lexicais, enquanto flexões e artigos são bons exemplos de categorias funcionais. Por "aberta", entendemos a categoria lexical que é passível de criação eventual de novas unidades, por oposição às classes "fechadas", que raramente apresentam criação de itens novos.

Se você já entendeu que passaremos agora a estudar a maneira pela qual o Léxico está organizado em nossas mentes e como dele fazemos uso para construir expressões linguísticas complexas como as frases, então podemos dar início à unidade. Vamos prosseguir com nossa incursão sobre a estrutura e o funcionamento da linguagem na arquitetura cognitiva humana.

Traços do Léxico

Conforme vimos rapidamente na unidade 6 de nosso curso, os valores e as informações que se encontram codificadas no Léxico de uma língua são chamados de **traços** (*features*, em inglês). Dessa forma, dizemos que cada item do léxico é, na verdade, um composto de traços. Relembremos que são três os tipos de traços lexicais: traços semânticos, traços fonológicos e traços formais.

> O termo *traço* refere-se ao conjunto de informações que estão codificadas num item lexical qualquer. Por exemplo, uma palavra como "casa" possui, dentre outros, o traço [feminino] especificando o seu gênero, o traço [3ª pessoa] que especifica sua posição no discurso e o traço [singular] que caracteriza o seu número gramatical. São muitos os traços linguísticos que compõem um item lexical simples – como "casa" ou qualquer outro. Os traços a serem estudados nesta unidade são apenas alguns dos muitos existentes.

Neste curso, já aprendemos que a linguagem humana relaciona-se com os sistemas cognitivos que com ela fazem interface direta: os sistemas de pensamento e sensório-motores. Com base nisso, podemos entender que os *traços semânticos* presentes num item lexical são aqueles que estabelecem relações entre a língua e o sistema conceitual-intencional, já que é a partir deles que as expressões linguísticas se tornam interpretáveis, assumindo certo significado e dado valor referencial no discurso. Por sua vez, os *traços fonológicos* de uma unidade do léxico estabelecem relações entre a língua e o sistema articulatório-perceptual, tornando possível que os itens do léxico sejam manipulados pelo aparato sensório-motor humano e, assim, assumam certa articulação e certa percepção física. Quando dissemos que o som [kaza] veicula, em português, o valor de [tipo de moradia], fazíamos alusão exatamente aos traços do item lexical "casa": seus traços fonológicos e seus traços semânticos, os quais são associados entre si de maneira arbitrária – tal como nos ensinou Saussure.

Por fim, e para além do que aprendemos no *Curso de Linguística Geral*, de Saussure, o léxico é composto também por *traços formais*. Conforme aprendemos com Chomsky (1995, 2007, 2011), traços formais são aqueles que, no funcionamento da cognição linguística humana, codificam informações a serem acessadas e usadas pelo Sistema Computacional da linguagem humana, em sua função de prover as interfaces linguísticas com sintagmas e sentenças.

Os traços formais orientam o Sistema Computacional a respeito das relações sintáticas que um dado item lexical deve estabelecer com outros itens no interior da sentença em que venha a ser inserido. Por exemplo, são os traços formais que instruem o Sistema Computacional a processar três tipos de operação: (1) atribuir uma posição linear na sentença a certo item do léxico, (2) estabelecer um conjunto

138 Curso básico de linguística gerativa

de relações sintáticas e semânticas entre esse item e outros com os quais ele tenha necessariamente de ser vinculado numa expressão linguística e (3) associar marcas morfossintáticas (como gênero, número, tempo, modo, aspecto etc.) aos itens em que tais marcas são forçosamente preenchidas na forma de afixos ou auxiliares existentes na língua em questão.

Essa explicação está parecendo muito formal? Então vamos pensar num exemplo específico. Tomemos um verbo da língua portuguesa como "ver". Além dos traços semânticos que determinam o significado desse verbo e dos traços fonológicos que especificam a sua pronúncia, "ver" possui também traços formais. São esses traços formais que estabelecem os fenômenos sintáticos associados ao item "ver". Por exemplo, como falantes de português, sabemos que "ver" é um *verbo* e, como tal, deve ocupar a posição de núcleo do predicado numa oração. Sabemos também que o verbo "ver" deve ser, numa dada frase, relacionado a um mínimo de duas outras expressões linguísticas ("uma relativa a quem experiencia o "ver" e outra ao tema do "ver"). Por último, sabemos que "ver" deve receber na frase alguma flexão, na qual sejam explicitadas marcas de tempo, modo, aspecto, número e pessoa – o que fará com que "ver" seja pronunciado como "viu", ou "vê", ou "verá", ou "vi", ou "vejo", ou "veremos" etc.

> Lembre-se sempre de que, nos estudos da cognição humana, usamos as expressões "sabemos", "a pessoa sabe" etc. com um significado especial para "saber". Esse "saber" diz respeito ao conhecimento tácito, implícito e inconsciente, comum a todos os falantes de uma dada língua. É esse saber oculto que colocamos em uso a todo o momento no dia a dia da linguagem. Não se trata de um saber metalinguístico consciente, como aquele que os professores de português e gramáticos exibem em suas aulas e em seus livros.

Se você compreendeu o que são os *traços* de um item lexical, então lhe deve ter ficado claro que, quando um indivíduo é falante da língua portuguesa e domina, em sua língua-I, o item lexical "ver", esse indivíduo tacitamente sabe que os traços fonológicos presentes no conjunto de sons [ver] devem ser arbitrariamente associados aos traços semânticos de [perceber pela visão]. Ele sabe também que, numa dada sentença, o item "ver" será o núcleo de um predicado e deverá ser associado a uma *entidade que vê* e outra *que é vista*, bem como deverá figurar numa forma de palavra específica, com uma das flexões disponíveis na língua, tal como acontece no enunciado "João *viu* Maria". Ora, as informações que permitem esse conjunto de conhecimentos estão codificadas nos traços que compõe o item "ver". Naturalmente, o mesmo acontece com os demais itens do léxico: todos possuem traços fonológicos, semânticos e formais.

Vejamos nas seções seguintes quais são os principais traços formais existentes no Léxico de uma língua. Vejamos também de que maneira o Sistema Computacional da linguagem humana acessa e usa essas informações lexicais em sua tarefa de criar sintagmas e frases para servir suas interfaces cognitivas.

Traços formais: categoria

Um traço formal bastante evidente nas unidades lexicais é a sua categoria gramatical. Um item do léxico apresenta necessariamente informações sobre sua classe de palavras, dentre aquelas existentes na língua. Isso quer dizer que, quando conhecemos um item lexical, sabemos se se trata de um verbo, ou de um nome, ou de um pronome etc.

Esse tipo de traço é uma informação cognitiva relevante para o Sistema Computacional porque o traço categorial de um item determina, dentre outras coisas, a sua posição distribucional na frase. Para compreender melhor isso, pense nas duas construções a seguir.

(1) [$_{SUJEITO}$ João [$_{PREDICADO}$ viu Maria]].
(2) *[$_{SUJEITO}$ João [$_{PREDICADO}$ visão Maria]].

Ora, você saberia dizer por que (1) é uma sentença gramatical e (2) não é? A resposta é simples. O Sistema Computacional deve alocar itens lexicais em posições lineares da frase que são compatíveis com o traço categorial desses itens. Assim, o item "ver" presente em (1) informa ao Sistema que ele é um *verbo*, com o traço categorial "V". Isso faz com que o Sistema posicione esse item como núcleo do predicado, entendido como o núcleo de flexão numa frase, posição que só pode ser ocupada por itens que carreiem o traço V. Como o Sistema Computacional observou o traço V do item e, assim, posicionou-o numa posição compatível com esse traço, o resultado é uma construção licenciada (gramatical) pela língua. Já em (2) o que é acontece é o seguinte. O item "visão" está inscrito no léxico com o traço categorial "N", por se tratar de um *nome* (tradicionalmente denominado, também, como *substantivo*). Dessa forma, "visão" não pode ser alocado numa posição disponível somente para itens com o traço V, como a de núcleo do predicado. A agramaticalidade de (2) ocorre justamente porque essa restrição foi violada quando inserimos um item com o traço N onde somente itens da categoria V podem ser alocados.

Você entendeu a razão para diferença do *status* de gramaticalidade entre (1) e (2)? Esperamos que sim, pois esse rápido exemplo bem ilustra que, nos traços formais do léxico, devem ser codificadas as noções linguísticas que conhecemos

140 Curso básico de linguística gerativa

como *classes de palavras*. Na cognição linguística de um falante, cada item lexical deve ser especificado quanto à sua categoria (por exemplo, se um item tem o traço V ou N), de tal forma que o Sistema Computacional da linguagem seja capaz de acessar essa informação para poder usá-la em sua tarefa de construir sintagmas e sentenças. A tabela a seguir serve para ilustrar o que acabamos de aprender.

Tabela 7.1: Traços categoriais do léxico.

Item lexical	Traço formal categorial
ver	Categoria V
visão	Categoria N

Neste momento, é importante você ter em mente que as classes lexicais não são uniformemente as mesmas em todas as línguas do planeta. Certas categorias existem numas línguas, mas não em outras – e essa variabilidade não nos deve surpreender, afinal, como já afirmamos, os traços que figuram no léxico de uma língua não foram parar lá de maneira natural e inevitável, mas são, antes, arbitrários, posto que resultam das contingências de língua-E. Devemos entender, portanto, que existe um núcleo comum entre os traços categoriais existentes nas línguas, mas há também um conjunto limitado de variações entre as classes de palavras que encontramos de uma língua para a outra.

Um bom exemplo de categoriais gramaticais aparentemente universais são os traços V e N. A maior parte dos linguistas do mundo afirma que todas as línguas conhecidas distinguem nomes e ações, na forma de classes de palavras como substantivos e verbos. Por seu turno, a língua portuguesa possui uma distinção entre a classe de palavra que se destina a modificar nomes (denominada *adjetivos* – com o traço "A") e a classe de palavra destinada a modificar verbos (denominada *advérbios*, com o traço "ADV"). Assim, no sintagma "muito dinheiro" devemos identificar "muito" com o traço A – já que se trata de um modificador nominal e, como tal, é passível de flexão de gênero e de número (como acontece, por exemplo, em "muita paciência" e em "muitos problemas"). Por contraste, em "comeu muito" devemos identificar em "muito" o traço ADV, já que se trata de um modificador verbal, que não recebe flexão. Ora, muito embora A e ADV sejam categorias importantes em língua portuguesa, há várias línguas naturais em que elas não são encontradas. Certas línguas possuem A, mas não ADV, ou possuem ADV, mas não A – ou, ainda, não possuem nenhuma dessas duas categorias.

Se você for um estudante curioso, deve estar se perguntando quais são os traços categorias que já foram até agora registrados dentre todas as línguas humanas. Esse é, certamente, um tópico de estudo muito importante e interessante. Infelizmente não teremos tempo para abordá-lo em nosso curso, porém podemos, pelo menos, dizer que tudo aquilo que é comum ou variável na estrutura do Léxico das línguas naturais deve ser, em última instância, fenômeno derivado da cognição humana. Com efeito, o essencial num estudo como o que propomos nesta unidade não é elencar todos os traços categoriais existentes ou possíveis nas línguas naturais, nem tampouco descrever como esses traços são derivados de fenômenos cognitivos superiores. Nosso modesto objetivo é compreender que os traços formais existem, estão visíveis no Léxico e são acessados pelo Sistema Computacional a fim de determinar, dentre outras coisas, a posição distribucional de um item na estrutura da frase.

> Para o estudo dos traços formais existentes no Léxico da língua portuguesa, o número mínimo de categorias que devemos considerar é quatro, a saber: V, N, A e P (respectivamente, *verbo*, *nome*, *adjetivo* e *preposição*). Existem, é claro, outras, como a citada ADV. Se usarmos um sistema binário (com as marcas + ou -) para a classificação dos traços categoriais do léxico, V e N figurariam como os traços básicos, dos quais seriam derivadas as quatro categorias citadas:
> 1°) V = [+V, -N] (exemplo: "ver");
> 2°) N = [-V, +N] (exemplo: "visão");
> 3°) A = [+V, +N] (exemplo: "bonito");
> 4°) P = [-V, -N] (exemplo: "em").
> Se você se interessou pelo assunto e quer saber mais, o livro de Mioto, Silva e Lopes (2013, p. 56-59) pode ser uma boa e sucinta introdução acessível em língua portuguesa.

Se você se interessa por estudos gramaticais e se lembra de suas aulas de português, talvez tenha pensado que algumas palavras podem ser ambíguas ou indeterminadas quanto à sua classe gramatical. Isso é verdade. Alguns itens lexicais podem não ser sempre explícitos quanto ao seu traço categorial, como é o caso do item "alto", que em português é ambíguo quanto ao traço A ou ADV (confronte-se "Ele é um homem muito alto" (alto = A) *versus* "Ele fala muito alto" (alto = ADV)). Isso, no entanto, não deve ser interpretado como um problema para o Sistema Computacional. Na teoria linguística, tais itens ou são considerados dois itens diferentes que, acidentalmente, possuem os mesmos traços fonológicos (homonímia), ou são tratados como o mesmo item inespecificado quanto à sua classe de palavra (polissemia). Nesse último caso, a especificação categorial do item ocorre não no léxico, mas em certo contexto sintático – a Numeração que alimentará a derivação de uma frase.

De qualquer modo, sabemos que um item lexical, ao ser introduzido pelo Sistema Computacional em seu espaço derivacional, terá de informar ao Sistema o seu traço categorial e, nesse momento, é irrelevante que a especificação desse traço tenha ocorrido no Léxico (homonímia) ou na Numeração (polissemia).

Se você já compreendeu a natureza do traço categorial, podemos seguir em frente. Vejamos agora o que é o traço de seleção presente num item lexical.

Traços formais: seleção

Outro traço formal existente no Léxico diz respeito às propriedades de seleção de determinado item. Por tal propriedade, compreende-se a capacidade de certos itens lexicais recrutarem outro(s) item(s) com os quais vão obrigatoriamente compor a estrutura de uma frase. Dizendo de outra forma, devemos compreender que o traço de seleção confere a um item a propriedade de selecionar outros itens que com ele coocorrerão, de maneira compulsória, numa estrutura sintática. Vejamos isso com mais detalhe.

Aos descrevermos os traços de seleção dos itens lexicais, devemos notar que, diferentemente do traço categorial, nem todos os itens do léxico possuem propriedades selecionais – na verdade, grande parte deles não possui. O item "casa", citado no início desta unidade, é um exemplo disso: ele não tem traços de seleção, isto é, não nos fornece nenhuma especificação sobre outros itens que compulsoriamente devem, junto a ele, estruturar uma expressão linguística. Isso que dizer que, quando enviamos para o Sistema Computacional um item lexical como "casa", o sistema não é capaz de fazer nada mais do que identificar sua categoria (N) e alocá-lo numa posição linear adequada na frase.

Se opusermos ao item "casa" um item como "ver", entenderemos com clareza o que é um traço de seleção. Entre as diversas informações codificadas em "ver", encontram-se aquelas que especificam que tal item deve ser associado, na estrutura de uma frase, a dois outros itens (ou conjunto de itens): aquele que experiencia o ato de "ver" e aquele que é o tema/objeto de "ver". Em suma, "ver" *seleciona* duas entidades na composição de uma sentença e, por conseguinte, possui traços de seleção.

Quando um item do Léxico possui traços de seleção, dizemos que ele é um **predicador**. Por seu turno, os itens que são obrigatoriamente selecionados por um predicador são chamados **argumentos**. Assim, um falante do português sabe que, dentre os traços formais do item "casa", não consta a especificação de tratar-se de um predicador, ao passo que, no item "ver", a especificação é clara: trata-se de um predicador que possui dois argumentos.

> Tradicionalmente, a teoria linguística utiliza o termo "predicado" para a noção aqui denominada como "predicador". Acreditamos que seja mais adequado reservar o termo "predicado" para descrever a função sintática que, na sentença, se opõe à função de sujeito, utilizando "predicador" como referência ao item que possui propriedades de seleção especificadas no Léxico. Dessa forma, um predicador é um item lexical capaz de selecionar argumentos na composição de sintagmas ou frases. Argumentos são as expressões linguísticas selecionadas por um dado predicador.

Você deve ter notado que a especificação dos traços de seleção de um item do léxico é fundamental para o funcionamento do Sistema Computacional da linguagem humana. Ao selecionar um item lexical, o Sistema deve acessar os seus traços de seleção, que funcionam como instruções a respeito de como o item deve ser computado na frase. Por exemplo, ao acessar o item "ver", o Sistema Computacional não apenas reconhece o seu traço categorial V, como também reconhece que esse item é um predicador que seleciona dois argumentos. Vejamos uma ilustração de como o Sistema Computacional acessa os traços de seleção de um item como "ver" e computa essa informação associando-lhe seus respectivos argumentos.

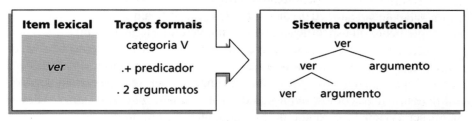

Figura 7.2: Os traços de seleção do item lexical "ver" são acessados pelo Sistema Computacional.

São as informações presentes nos traços de seleção de "ver" que farão com que o Sistema Computacional busque, dentre os elementos presentes na Numeração que alimenta uma derivação, os itens que satisfazem a seleção de dois argumentos requerida por "ver". Ao fim de uma derivação, a legitimidade de uma sentença como "João viu Maria" evidencia que os traços de seleção de "ver" foram **saturados**, afinal "João" é o argumento selecionado como o "experienciador de ver" – isto é, é aquele que tem a experiência da visão – e "Maria" é o argumento selecionado como "tema de ver" – isto é, é aquele ou aquilo que é o objeto da visão.

> Quando o Sistema Computacional satisfaz as exigências de seleção de um dado predicador, dizemos que os argumentos foram saturados, isto é, foram selecionados corretamente.

Se você compreendeu o que é *saturação de argumentos*, pense na seguinte questão. O que acontece se, numa dada frase, os argumentos de um predicador não forem corretamente saturados? Se você pensou em "agramaticalidade", pensou corretamente. A saturação de argumentos nas frases é uma exigência vital dos predicadores. Caso seus argumentos não sejam corretamente representados numa frase, o resultado será uma construção agramatical. Por exemplo, se uma frase como "João viu" é proferida fora de um contexto em que possamos identificar discursivamente qual é o segundo argumento do predicador "ver", teremos como consequência a agramaticalidade. Os traços de seleção de um predicador devem sempre ser satu-

144 Curso básico de linguística gerativa

rados na exata medida que está prevista no Léxico. O Sistema Computacional da linguagem humana jamais deixará faltar (ou sobrar) argumentos para um predicador.

Para avançarmos um pouco mais no assunto, podemos dizer que, de uma maneira abrangente, os traços de seleção especificam um total de cinco informações num item lexical. Destacamos essas informações a seguir.

- Primeiro: os traços de seleção indicam se o item é ou não um predicador.
- Segundo: se o item é um predicador, os traços especificam quantos são os seus argumentos.
- Terceiro: os traços de seleção determinam qual é o *status* do(s) argumento(s) relaivamente ao seu predicador (isto é, especificam se o argumento é complemento ou especificador, conforme veremos logo a seguir).
- Quarto: os traços de seleção estabelecem as restrições semânticas e formais a que os argumentos devem ser submetidos no momento da seleção.
- Quinto: os traços determinam, por fim, que interpretações semânticas (denominadas, como veremos ainda nesta unidade, *papéis temáticos*) devem ser associadas a cada um dos argumentos de um predicador.

Vejamos nas seções a seguir o que se deve entender por cada uma dessas exigências selecionais. Veremos que as especificações presentes entre os itens primeiro e quarto compõem aquilo que, na teoria linguística, se conhece como *estrutura argumental*, ao passo que as especificações do quinto item dizem respeito àquilo que se chama *grade temática*.

Traços interpretáveis e não interpretáveis

Os traços do Léxico são considerados interpretáveis quando possuem alguma informação que deve ser usada por uma ou ambas as interfaces da linguagem (Forma Lógica e Forma Fonética). Por exemplo, o "número" em nomes substantivos distinguem a noção semântica de singular ("menino") e de plural ("meninos"), sendo, portanto, interpretável em FL. Esse mesmo traço, porém, não é interpretável nos verbos, que meramente copiam o traço de número de seu respectivo nome-sujeito: "menino ri" *versus* "meninos riem". Logo, "número" é um traço lexical interpretável em nomes e não interpretável em verbos. Os traços interpretáveis devem ser preservados durante as computações lexicais e sintáticas até que uma frase seja enviada para as interfaces, para respectiva interpretação. Por sua vez, traços não interpretáveis são apenas instruções para o funcionamento do Sistema Computacional e, assim, devem ser eliminados de uma frase antes que ela siga para FL e FF. Traços não interpretáveis são eliminados de uma computação por meio da operação Move, que desencadeia o fenômeno da Concordância (Agree) e torna um traço não interpretável invisível para as interfaces. Veremos mais sobre esse tema na unidade 9.

Estrutura argumental

Neste momento de nosso curso, você já aprendeu que as informações relativas à estrutura argumental de um item do Léxico dizem respeito, primeiramente, ao número de argumentos que um predicador possui. Vimos, como exemplo, que o item do português "ver" possui dois argumentos. O item "visão", cuja categoria é N, é outro exemplo de um predicador. No caso, "visão" possui apenas um argumento, afinal, a "visão", como nome derivado de um verbo, é a visão "de alguma coisa", tal como se verifica na sentença "A visão de sua casa pronta emocionou João".

Ilustramos abaixo como a estrutura argumental desses dois itens está representada no Léxico.

Figura 7.3: Estrutura argumental básica dos itens "ver" e "visão".

Item do léxico	Traços formais
ver	. categoria: V . + predicador estrutura argumental: { __ , __ }
visão	. categoria: N . + predicador estrutura argumental: { __ }

Para você que está interessado em detalhes do léxico da língua portuguesa fica a seguinte informação. No exemplo da figura 7.3, "visão", por ser uma categoria N derivada de V, preserva sua interpretação verbal como [ato de ver alguma coisa], selecionando, assim, um argumento. Não obstante, tal item está naturalmente sujeito ao fenômeno da polissemia e, assim, poderá assumir interpretações puramente nominais. Nesses casos, "visão" não manifestará propriedades de seleção. Isso é o que acontece em frases como "João é um homem de visão", "Eu não tenho problemas de visão" etc., nas quais o item possui valor semântico diferente de [ato de ver alguma coisa] e, por conseguinte, especifica traços formais próprios, como um novo item lexical. Veremos, mais à frente nesta unidade, que cada significado de um item polissêmico assume seus próprios traços de seleção (quando os têm), equivalendo, portanto, a um item lexical independente. O que dissemos sobre "visão" estende-se a todas as categorias N derivadas de V ou de A.

146 Curso básico de linguística gerativa

Você compreendeu que, na figura 7.3, as linhas presentes dentro dos colchetes indicam o número de argumentos que um predicador necessariamente seleciona? Pois é, dois argumentos são selecionados por "ver", enquanto "visão" seleciona somente um. Note que cada um dos inúmeros predicadores presentes no Léxico deve ter uma representação semelhante à que apresentamos nessa figura. Note também que, ao usarmos uma palavra que carreia o traço categorial N para exemplificar a estrutura argumental dos itens lexicais, estamos chamando a sua atenção para o fato de que não são somente os verbos que se caracterizam como predicadores. Com efeito, tanto V, como N, P ou A podem figurar, no Léxico, como predicadores, possuindo, portanto, a capacidade de selecionar argumentos. Vejamos alguns exemplos disso.

Na sentença "Os políticos brasileiros estão conscientes de suas responsabilidades", o predicador é o item "consciente(s)". Trata-se de um predicador com dois argumentos, afinal os falantes do português sabem que o item lexical "consciente" envolve necessariamente "alguém" que tem (ou não) consciência de "algo". É esse adjetivo que, em sua estrutura argumental, seleciona tanto o argumento relativo a "quem experiencia a consciência" ("os políticos"), como o argumento relativo ao "tema sobre o qual se têm consciência" ("de suas responsabilidades").

A percepção de que adjetivos podem ser predicadores não escapou às gramáticas escolares. Lembremos que, na tradicional análise das funções sintáticas da oração, classificaríamos "estão conscientes de suas responsabilidades" como predicado **não verbal** (ou nominal, na nomenclatura oficial das gramáticas brasileiras). Essa classificação captura o fato de que o predicador da sentença não é um verbo, com o traço V, mas sim um adjetivo, com o traço A.

> Um predicado não verbal é aquele que pode apresentar tanto um item A, quanto N ou P como seu respectivo predicador. Já o predicado verbal possui sempre V como predicador. Vemos, dessa forma, que, nas aulas de gramática, seria mais apropriado classificar o predicado das orações como "verbal" ou "não verbal" (ou, ainda, "verbal e não verbal", nos casos em que ambos coocorrem).

É muito importante ressaltar que o verbo "estar" não possui propriedades de seleção, tratando-se de uma partícula funcional (especificamente, um verbo de ligação, na nomenclatura escolar). No Sistema Computacional da linguagem humana, verbos funcionais desempenham a função gramatical de atribuir alguma flexão morfossintática às construções linguísticas, conferindo-lhes, dessa forma, **status** de sentença – abordaremos esse assunto nas próximas unidades de nosso curso. Por ora, devemos entender que, diferentemente de verbos lexicais (como, por exemplo, "ver"), verbos funcionais (como os de ligação e auxiliares) não possuem estrutura argumental.

Agora pensemos: qual é o predicador da frase "A Baía de Guanabara está entre Niterói e o Rio de Janeiro"? A resposta é: a preposição "entre", a categoria P. "Entre" é um item lexical cujos traços semânticos especificam uma relação espacial entre três entidades. Podemos sumarizar o significado de "entre" como se segue: [localização espacial de uma entidade X com relação a outras duas, Y e Z]. Assim, é "entre" que seleciona o argumento "A Baía de Guanabara", ao qual relaciona outros dois argumentos, "Niterói" e "o Rio de Janeiro", sendo, portanto, um predicador com três argumentos. Mais uma vez, o verbo "estar" não é o predicador da sentença, pois não é ele quem determina a espécie de relação espacial veiculada na frase. Também aqui, o verbo "estar" comporta-se como uma partícula funcional, responsável pela flexão da sentença. Trata-se, novamente, de um predicado não verbal.

Ao falarmos de predicadores e argumentos, não poderíamos deixar de analisar os argumentos que são, por assim dizer, "invisíveis" na frase. Esses argumentos são tão importantes (e tão frequentes em línguas [+ sujeito nulo], como o português) que reservaremos para eles uma nova seção em nossa unidade. Vejamos agora como se comportam aqueles argumentos que não possuem pronúncia nas frases, mas que são selecionados por seus predicadores tanto quanto qualquer argumento foneticamente "visível". Tais elementos são chamados de *argumentos nulos*.

Argumentos foneticamente nulos

Nos traços do léxico, o número de argumentos de um dado predicador é sempre fixo e previsível. É essa previsibilidade que torna possível o funcionamento do Sistema Computacional. Como já vimos ao longo da unidade, esse Sistema deve acessar os traços de seleção de um predicador para, com base nessas informações, selecionar os argumentos que lhe saturam a estrutura argumental.

Dizer isso significa assumir que a estrutura argumental de um item não pode mudar de uma hora para a outra. Um item não pode, por exemplo, selecionar dois argumentos numa frase e, noutra, selecionar apenas um ou nenhum. Afinal de contas, pense bem: se os itens do léxico variassem caprichosamente suas propriedades selecionais, como o Sistema Computacional seria capaz de reconhecer esses traços de modo a satisfazê-los? A codificação dos traços lexicais relativos à estrutura argumental de um predicador deve ser, portanto, invariável. Com efeito, violar os traços de seleção de um item provoca necessariamente a agramaticalidade da construção. Senão, vejamos. Consideremos as seguintes frases.

(3) João viu Maria?
(4) João viu quem?
(5) Quem viu Maria?
(6) *João viu?
(7) *Quem João viu Maria?

148 Curso básico de linguística gerativa

Podemos dizer que (3), (4) e (5) são construções licenciadas em português porque a estrutura argumental do predicador "ver" foi corretamente saturada nessas frases. Como você já sabe, "ver" possui dois argumentos. Ambos são visíveis em (3), (4) e (5) – o fato de "quem" ser um pronome interrogativo não modifica sua percepção como o argumento-tema do verbo "ver" em (4) e, em (5), não impede sua interpretação como o experienciador do ato de "ver".

O que dizer a respeito de (6)? Essa é uma construção agramatical devido ao fato de representar somente um argumento quando a estrutura argumental do predicador da sentença determina a ocorrência de dois argumentos. Por sua vez, (7) é agramatical também em função de violar as propriedades de seleção do verbo "ver". No caso, foram representados três argumentos, mas o predicador seleciona somente dois. Em suma, você deve ter compreendido que o verbo "ver" sempre seleciona dois e somente dois argumentos.

Dito isso, podemos pensar no seguinte caso. Como interpretar o número de argumentos presentes na fala do locutor B a seguir?

Locutor A: "Maria, você viu o João?"
Locutor B: "Vi."

Na fala do Locutor A, os dois argumentos do verbo "ver" são visíveis, isto é, possuem substância fonética ("você" e "João"), mas, na fala de B, não há nenhum argumento pronunciado. Inicialmente, poderíamos indagar se esse não seria o caso de, como dizem alguns gramáticos, um uso intransitivo de um verbo que outrora era transitivo. Ora, dizer isso implica assumir que os itens do léxico possuem estrutura argumental variável, o que já consideramos ser incorreto. Na verdade, a estrutura argumental de "ver" na fala do Locutor B é rigorosamente a mesma da fala de A ou de qualquer uso possível desse verbo.

O que há de especial na fala de B é o seguinte. Como estudos importantes, como os de Cyrino (1997, 2001) têm descoberto, o português do Brasil possui diversos tipos de argumentos que podem não assumir uma realização fonética visível na sentença, isto é, eles podem ser foneticamente nulos – ou elípticos, ocultos, implícitos, nos termos ensinados pela gramática escolar. No caso do argumento experienciador do ato de "ver" (o seu sujeito), a morfologia do verbo em português permite a identificação de seus traços de pessoa e número através da chamada desinência número-pessoal. Assim, a expressão "vi" corresponde inequivocamente à forma de um sujeito na primeira pessoa do singular ("eu"). Trata-se do famoso caso do "sujeito oculto", que aprendemos na escola, e do Parâmetro do Sujeito Nulo clássico na literatura gerativista.

É, portanto, incorreto dizer que na sentença do Locutor B não ocorre o argumento-sujeito selecionado pelo verbo. O correto é dizer que, sim, ele ocorre na sentença – do contrário, a estrutura argumental de "ver" seria violada e, por consequência, a construção seria agramatical –, mas é realizado na forma de um pronome foneticamente nulo. Esse tipo de pronome sem substância fonética é representado na teoria linguística pela abreviatura "pro" (lê-se *prozinho*), que é uma das **categorias vazias** existentes no Léxico das línguas naturais. Portanto, numa fala como a do Locutor B, o Sistema Computacional instanciará "pro" como argumento-sujeito do predicador "ver", do que resultará a estrutura sintática "*pro* vi...".

| Uma categoria vazia é um objeto sintático desprovido de traços fonológicos. Trata-se de uma categoria puramente sintática e/ou semântica a serviço da estruturação da frase, sem nenhuma repercussão na pronúncia final da representação linguística. Além de "*pro*" (prozinho) existem outras categorias vazias. Todas serão estudadas em detalhes na unidade 9 deste curso.

Queremos que neste momento você se pergunte: seria possível sustentar que, na frase do Locutor B, também ocorre um argumento foneticamente nulo na posição de objeto do verbo? A resposta é afirmativa. Afinal, se tal argumento não estivesse presente na construção, teríamos a violação das propriedades de seleção do verbo e a consequente agramaticalidade da sentença. Como isso não ocorre, devemos, portanto, assumir que a estrutura argumental do item foi satisfeita com um pronome nulo também na posição do objeto. Temos o caso de um objeto nulo.

Talvez você já esteja entendendo que na frase do Locutor B ocorrem dois "pro": um na posição de sujeito e outra na posição de objeto. Sim. Devemos assumir que o objeto nulo também seja uma categoria vazia (seja *pro* ou outra equivalente), assim como acontece com o sujeito nulo. Nesse caso, as diferenças entre a frase do Locutor A, em que os argumentos são foneticamente plenos, e a frase do Locutor B, em que os argumentos são nulos, devem ser representadas conforme se vê na figura 7.4.

Figura 7.4: Em (A), argumentos foneticamente plenos e, em (B), argumentos foneticamente nulos do predicador "ver".

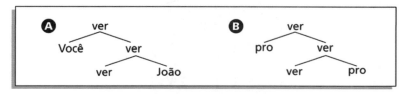

Outra questão que não podemos deixar de abordar ao falarmos da estabilidade e previsibilidade da estrutura argumental de um predicador é o fenômeno da homonímia e da polissemia.

É correto afirmarmos que a especificação da estrutura argumental de itens homônimos é completamente independente para cada um desses itens, tanto quanto o é no caso de uma dupla ou um conjunto de palavras tomadas aleatoriamente no Léxico. Isto é, quando as pessoas dominam os traços lexicais de uma língua, elas conhecem um grande número de itens individuais, e o conhecimento dos traços de cada um desses itens é particularizado e idiossincrático. Itens homônimos não são exceção. Para cada um deles, existem propriedades selecionais específicas. O mesmo é válido para os casos de polissemia. Cada um dos significados de um item polissêmico especifica seus próprios traços de seleção, comportando-se à semelhança de um item isolado do Léxico. Você entenderá facilmente isso com os exemplos a seguir.

Podemos interpretar que a segunda fala do Locutor A, no diálogo a seguir, é normal e coerente. Imagine que o contexto das falas é uma festa realizada num clube.

O mesmo não pode ser dito do diálogo que se segue, no qual a segunda fala do Locutor A deve ser considerada anômala e incoerente.

Ora, por que a anomalia ocorre aqui? No caso, o item "beber" na fala do Locutor B deve ser interpretado com traços semânticos equivalentes a [consumo de bebida alcoólica]. Nessa acepção, "beber" possui somente um argumento: o ser que pratica o ato de "beber" (sujeito). É exatamente em função desse significado que o Locutor A, no primeiro diálogo, oferece a seu interlocutor uma alternativa, isto é, uma bebida não alcoólica. No segundo diálogo, o estranhamento acontece porque o Locutor A oferece um segundo tipo de bebida alcoólica a alguém que acabou de afirmar que não consome álcool.

Vejamos agora o que se passa nesse terceiro diálogo.

Nesse caso, a réplica do Locutor A é normal e coerente. Isso acontece porque, agora, o item "beber" assume os traços semânticos [ingerir líquido específico]. Logo, nessa acepção, "beber" é um predicador com dois argumentos: aquele que pratica o ato de "beber" e o tipo de líquido que é ingerido. É por isso que o Locutor A pode oferecer ao Locutor B outro tipo de bebida alcoólica, diferentemente do que sucede no diálogo anterior.

Com esses exemplos, vemos que "beber" é um item polissêmico que comporta, pelo menos, dois significados. Cada um deles possui sua própria estrutura argumental, que é codificada nos traços do léxico de maneira independente, como se se tratasse de dois itens isolados.

Se você compreendeu bem como um predicador inscreve, no Léxico, suas propriedades selecionais, podemos seguir para a próxima seção. Suponhamos que um dado predicador selecione dois argumentos. De que maneira o Sistema Computacional seria capaz de distinguir um argumento do outro, posicionando-os, por exemplos, nos lugares corretos da frase? Essa distinção será possível pelos traços que distinguem o argumento externo (especificador) do argumento interno (complemento), conforme aprenderemos na seção seguinte.

Argumento interno
e argumento externo

Quando fizemos a representação das relações entre um dado predicador e seus argumentos (plenos ou nulos), conforme a figura 7.4, indicamos visualmente que há assimetrias na maneira pela qual os diferentes argumentos relacionam-se sintaticamente com o seu predicador. Vejamos isso com um pouco mais de detalhe.

Os predicadores das línguas humanas possuem severas limitações quanto ao número de argumentos que, individualmente, podem vir a selecionar. O número mínimo de argumentos que um predicador seleciona é, obviamente, um (não selecionar qualquer argumento implicaria não se tratar de predicador). O número máximo é três. O número intermediário é dois. Seja qual for a quantidade de argumentos selecionados, há somente duas maneiras por meio das quais o Sistema Computacional pode estabelecer elo sintático entre um predicador e seu(s) argumento(s). São elas: [predicador → complemento] e [especificador ← predicador]. Ilustramos a seguir tais relações, considerando um caso de um predicador com dois argumentos.

Figura 7.5: O predicador, seu complemento e seu especificador relacionados sintaticamente no interior do Sistema Computacional.

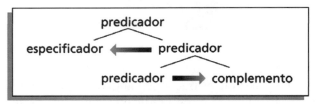

Um argumento sempre assume, portanto, um *status* em relação a seu predicador: *complemento* ou *especificador*.

O complemento é aquele selecionado imediatamente pelo predicador e corresponde à primeira vinculação sintática (a operação Merge, que estudamos na unidade anterior) estabelecida pelo Sistema Computacional. Em termos semânticos, o complemento de um predicador é tipicamente seu tema/objeto, o item sobre o qual incide o evento descrito pelo item lexical que é o predicador.

Já o especificador é aquele selecionado pelo predicador de maneira menos imediata, após a seleção do complemento (se houver algum), na segunda aplicação de Merge. Semanticamente, o especificador de um predicador é tipicamente seu agente/sujeito, o item que desencadeia ou experiencia o evento descrito pelo predicador. Se prosseguirmos com análise do verbo "ver", identificaremos facilmente que, em "João viu Maria", "Maria" é o complemento, e "João" é o especificador do predicador.

Na literatura linguística, o complemento de um predicador é também referido como **argumento interno**, enquanto seu especificador pode ser denominado **argumento externo**. Essa nomenclatura reflete a maior imediaticidade (relação interna) do elo sintático entre predicador e argumento, por contraste à menor imediaticidade (relação externa) estabelecida entre especificador e predicador. No exemplo anterior, compreendemos que "Maria" é o argumento interno de "ver", ao passo que seu argumento externo é "João".

> Um complemento é também chamado de argumento interno porque se posiciona internamente (à direita) no sintagma do seu predicador. Os especificadores são também chamados de argumentos externos porque se posicionam externamente (à esquerda) do domínio imediato do seu predicador.

Com essa diferença em mente, você poderá compreender que, para saturar a estrutura argumental de um predicador, o Sistema Computacional precisa ser instruído quanto ao *status* de seus argumentos, ou seja, ele precisa acessar a informação "interno" *versus* "externo" dos argumentos de modo a associá-los corretamente como complemento ou especificador do núcleo predicador. Isso quer dizer que, nos traços de seleção do Léxico, um predicador deve deixar visíveis as especificações do *status* de seu(s) argumento(s). Vejamos como isso acontece no caso de um predicador com três argumentos.

Suponhamos que o predicador "colocar" seja trazido ao espaço derivacional. Nesse momento, o Sistema Computacional da linguagem humana imediatamente acessará os traços formais desse item. No caso, o Sistema processará que se trata de um item V, que possui três argumentos: dois argumentos internos e um externo. Com essas informações, o Sistema irá, então, saturar as seleções de "colocar", buscando na Numeração seus respectivos argumentos.

Suponhamos que o primeiro argumento interno seja "o livro", teremos então a saturação desse argumento quando o Sistema compuser (via Merge) "colocar o livro". Suponhamos, agora, que o segundo argumento interno seja "na estante". Esse será saturado quando o sistema construir "colocar o livro na estante". Por fim, suponhamos que o especificador seja "o aluno", argumento externo cuja saturação gerará o composto "o aluno colocar o livro na estante".

Com esse conjunto de operações, o Sistema Computacional terá saturado a estrutura argumental do verbo, permitindo que a derivação prossiga até o ponto em que será levada às interfaces como um objeto legível. Na figura 7.6, apresentamos uma ilustração de como o Sistema deve acessar e computar os traços de seleção do predicador "colocar".

Figura 7.6: Saturação da estrutura argumental do predicador "colocar".

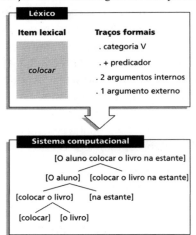

Você compreendeu corretamente como os argumentos internos se distinguem dos argumentos externos? Se sim, como você explicaria a diferença entre os argumentos do predicador "estacionar", se a frase em questão fosse "O manobrista estacionou o carro na vaga"? Bem, nesse caso o assunto torna-se um pouco mais complexo, pois teremos de apresentar a você a distinção entre argumentos e adjuntos. Esse é o tópico da próxima seção.

Argumentos *versus* adjuntos

A essa altura, você certamente já aprendeu que "argumentos" são entidades sintáticas cuja ocorrência na sentença se encontra prevista nos traços formais que fazem de certo item lexical um predicador. Conforme explicamos, uma construção que deixe de realizar sintaticamente um ou mais argumentos selecionados por um predicador redundará em agramaticalidade. O mesmo ocorre com construções que realizem mais argumentos do que aqueles selecionados pelo predicador – essas também resultarão agramaticais. O número de argumentos inscritos na estrutura argumental de um predicador deve ser representado, numa dada frase, exatamente da maneira como se encontra previsto nos traços do Léxico, nada a mais e nada a menos. Esses conceitos serão o suficiente para que você faça a distinção entre os argumentos de um predicador e adjuntos de um predicador, de um sintagma ou de uma frase.

Diferentemente dos argumentos, os adjuntos sintáticos não são previsíveis a partir dos traços formais de dado predicador. Enquanto a ocorrência de argumentos numa sentença é inteiramente determinada pela seleção de certo item lexical, a ocorrência de adjuntos em nada está relacionada aos traços do Léxico. Os adjuntos de uma sentença são selecionados de acordo com o planejamento de fala dos indivíduos, fenômeno cognitivo independente do Sistema Computacional, que determina, de maneira idiossincrática, os itens que devem compor uma Numeração. Nesse sentido, é possível que uma frase simplesmente não tenha nenhum adjunto, se assim for o plano de fala de um indivíduo particular. Inversamente, é da mesma forma plausível que numa frase ocorra um número indeterminado, às vezes muito grande, de adjuntos. Isso quer dizer que a presença ou a ausência de adjuntos não tem relação com a gramaticalidade da sentença. Analisemos isso nos seguintes exemplos.

(8) João viu Maria.
(9) João viu Maria na festa, no sábado, às 19 horas, quando saiu do trabalho.
(10) *João viu na festa, no sábado, às 19 horas, quando saiu do trabalho.
(11) *viu Maria na festa, no sábado, às 19 horas, quando saiu do trabalho.

A gramaticalidade de (8), oposta à agramaticalidade de (10) e (11), indica que "João" e "Maria" são argumentos. Como vimos, se a presença de um item garante a legitimidade da construção, e a sua ausência provoca agramaticalidade, então esse item é um argumento. Se isso não ocorre, ou seja, se a presença ou a ausência de um item é indiferente para a gramaticalidade da sentença, então esse item é um adjunto. Ora, é isso o que se nota no cotejo entre (8) e (9). Em (9), os sintagmas "na festa", "no sábado", "às 19 horas" e a oração "quando saiu do trabalho" ocorrem, e a frase é gramatical, mas eles não ocorrem em (8), e a gramaticalidade da sentença permanece inalterada. Trata-se, portanto, de quatro adjuntos.

A constatação empírica da diferença entre o comportamento de argumentos e adjuntos, tal como demonstrada, é útil para evitarmos certos equívocos na descrição dos traços de um item lexical. Por exemplo, nas gramáticas tradicionais e nos dicionários do português, verbos que descrevem movimentos no espaço são, muitas vezes, interpretados como monoargumentais, selecionando somente o argumento externo (sujeito). Os elementos circunstanciadores que sucedem esses verbos são normalmente analisados como adjuntos. No entanto, verificaremos que essa descrição é incorreta se analisarmos sentenças como as que se seguem.

(12) João foi ao Maracanã.
(13) *João foi.

Considerando que não há um referente no discurso que licencie a elipse "pro" do [lugar para onde se foi] em (13), a ausência dessa informação provoca a agramaticalidade da sentença, fato que nos demonstra que tal informação é sele-

156 Curso básico de linguística gerativa

cionada pelo verbo "ir", sendo, assim, seu argumento interno – e não seu adjunto. "Ir" inscreve-se no Léxico, portanto, como um predicador com dois argumentos.

(14) O manobrista colocou o carro na vaga.
(15) *O manobrista colocou o carro.
(16) O manobrista estacionou o carro na vaga.
(17) O manobrista estacionou o carro.

Notamos que o valor discursivo e informacional de (14) e (16) é muito semelhante, porém o **status** do constituinte "na vaga" é diferente nas duas sentenças. Em (14), ele é argumento interno do predicador "colocar", enquanto, em (16), é adjunto de "estacionar o carro". Evidência disso é a agramaticalidade provocada pela ausência do constituinte em (15), oposta à indiferença de sua incoerência em (17). O cotejo entre essas quatro sentenças mantém o foco de nossa análise no Léxico: a diferença entre argumentos e adjuntos sintáticos é dedutível pelos traços de um item tal como estão inscritos no Léxico e independe das propriedades de uma sentença em particular.

Dito isso, acreditamos que você será a partir de agora capaz de resolver aqueles velhos probleminhas escolares que tanto nos aborrecem na hora de distinguir um complemento (argumento) nominal de um adjunto adnominal, ou um objeto indireto (argumento) de um adjunto adverbial. Nesses casos, a distinção diz respeito à oposição cognitiva argumento **versus** adjunto, léxico **versus** discurso.

Voltemos, agora, à análise das relações formais entre predicadores e seus respectivos argumentos.

S-seleção e c-seleção

Não é qualquer tipo de palavra ou expressão que pode figurar nas frases como argumentos de um predicador. Além de selecionar argumentos e determiná-los como complementos ou especificadores, os predicadores também lhes impõem restrições semânticas e categoriais. Para começarmos a compreender isso em detalhes, comparemos a legibilidade das seguintes sentenças.

(18) O menino tossiu.
(19)*A observação tossiu.

Os traços de seleção de "tossir" parecem estar satisfeitos nas duas construções: trata-se de predicador com um argumento externo, o qual é visível em ambos os casos. Ora, se, nas duas sentenças, o argumento externo foi selecionado, por que (19) não é legível nas interfaces?

A resposta é a seguinte. Apenas selecionar argumentos, sejam eles de qualquer natureza, não é o suficiente para satisfazer os traços selecionais de um item. Os predicadores também impõem restrições ao tipo semântico de seus argumentos. No exemplo, o verbo "tossir" não apenas seleciona um argumento externo, mas também especifica que tal argumento deve carrear o traço semântico [+ animado], isto é, deve ser uma entidade compatível com os traços semânticos de "tossir", algo que possa expulsar o ar subitamente pela boca. Ora, o constituinte "o menino" apresenta traços compatíveis com tal restrição semântica e, dessa forma, pode ser selecionado com o argumento desse predicador. Já "a observação" viola a restrição, porque não possui traços semânticos compatíveis, fato que provoca a agramaticalidade de (19).

As restrições semânticas que os predicadores impõem a seus argumentos são denominadas traços de seleção semântica ou s-seleção (em que o "S" inicial refere-se ao termo "semântica").

A s-seleção é um traço lexical e, por conseguinte, integra a competência linguística de um falante de uma língua natural. Esse falante é capaz não somente de satisfazer esse tipo de traço quando fala, bem como é capaz de reconhecer a satisfação ou a violação do traço no uso da linguagem que fazem os seus interlocutores. Mais do que isso, o falante é também capaz de modificar e perceber a modificação dos traços semânticos de certos itens que licencia a linguagem metafórica. Isto é, quando um falante ouve ou lê uma frase como (20), ele certamente perceberá que se trata de uma construção gramatical.

(20) A solução do problema estava tossindo na minha frente.

No caso dessa frase específica, o predicador "tossir" seleciona "a solução do problema" como seu argumento externo e, na interface conceitual da linguagem, o traço [+ animado] é conferida a esse item, de modo a licenciar seu uso metafórico (a frase quer dizer que a solução do problema era óbvia e evidente a ponto de chamar a atenção). Com efeito, a metáfora consiste exatamente na transferência de propriedades semânticas entre itens e domínios. Trata-se de uma fantástica habilidade cognitiva humana com forte impacto sobre a natureza e o funcionamento da linguagem. (Caso queria conhecer mais sobre esse tema, indicamos-lhe o livro *Introdução à linguística cognitiva*, da professora Lilian Ferrari.)

Não obstante, as transferências metafóricas dizem respeito à interface entre a linguagem e o sistema conceitual-intencional, sendo irrelevantes para o funcionamento do Sistema Computacional em sua natureza puramente sintática. De fato, a atribuição de, por exemplo, características animadas a entidades não animadas não é algo visível para o Sistema, tampouco parece ser algo codificado no Léxico. Dessa forma, a violação da s-seleção em (19) e a sua satisfação denotacional em (18) e metafórica em (20) são um fenômeno que tem lugar na interface concei-

158 Curso básico de linguística gerativa

tual da linguagem – e não nas relações entre Léxico e Sistema Computacional. É, a propósito, plausível que haja condições discursivas em que (19) possa ser licenciado com algum valor de metáfora.

Diferentemente da s-seleção, a seleção categorial, ou c-seleção (em que "C" refere-se ao termo "categoria"), é visível e computável pelo Sistema.

A c-seleção diz respeito à categoria sintática do argumento, isto é, ela especifica se o argumento deve ser selecionado como um sintagma nominal (SN), um sintagma adjetivo (SA), um sintagma preposicionado (SP), uma pequena oração (PO) ou uma oração (SC/ST – aprenderemos nas próximas unidades sobre Sintagma Complementador (SC) e Sintagma Temporal (ST, também referido na literatura gerativista como Sintagma Flexional, SF), que correspondem à nossa compreensão intuitiva do termo oração). Por exemplo, no caso do verbo "ver", sabemos que tanto seu argumento interno quanto seu argumento externo são sintagmas nominais. É isso o que vemos nessa representação em colchete etiquetados: $[_{SN}$ João $[_{SV}$ ver $[_{SN}$ Maria]]]. Com relação ao predicador "colocar", vimos que seu argumento externo é um SN, seu primeiro argumento interno é também um SN, enquanto seu segundo argumento interno é um SP. Visualizamos isso na seguinte representação em colchetes: $[_{SN}$ O aluno $[_{SV}$ colocar $[_{SN}$ o livro $[_{SP}$ na estante]]]].

Um *sintagma* é o resultado da combinação entre dois elementos. Os elementos combinados num sintagma podem ser palavras, outros sintagmas ou orações. O interessante é que, nas relações binárias que formam um sintagma, um dos dois elementos constituintes é sempre o núcleo da composição. É justamente o núcleo dessa combinação que dá nome ao tipo de sintagma. Assim, se o núcleo da combinação é V, então o sintagma será SV. Se o núcleo é N, o sintagma será SN. Sendo o núcleo A, o sintagma será do tipo SA. Já SP é o sintagma cujo núcleo é P. Esses são os quatro sintagmas lexicais fundamentais nas línguas naturais. Os citados SC e ST/SF são sintagmas funcionais, cujos núcleos são, respectivamente, o complementador C e a flexão T/F. Nas próximas unidades do curso estudaremos em detalhes os sintagmas lexicais e funcionais.

Uma *pequena oração* (PO) – *small clause,* no inglês – é, por assim dizer, uma "oração sem verbo", tal como ocorre em "Eu acho João muito inteligente", em que a PO "João muito inteligente" é pequena estrutura de predicação, na qual está ausente apenas a flexão verbal.

Você já pode deduzir que não satisfazer a c-seleção de um item provoca a agramaticalidade da construção, conforme se vê a seguir.

(21) *João viu de Maria.

(22) *O aluno colocou o livro a estante.

Essas sentenças são ilegíveis nas interfaces porque, nelas, a c-seleção dos respectivos predicadores foi violada. Perceba que o argumento interno de "ver" foi selecionado como SP e o segundo argumento interno de colocar, como SN. Ora, como falantes naturais do português, sabemos que não são esses os traços de c-seleção inscritos em tais predicadores. Os traços selecionais corretos de "ver" e "colocar" estão indicados na figura seguinte.

Figura 7.7: Estrutura argumental dos itens "ver" e "colocar".

Item do léxico	Traços formais
ver	. categoria: V . + predicador estrutura argumental: {SN; SN}
colocar	. categoria: V . + predicador . estrutura argumental: {SN; SN, SP}

Um predicador define, portanto, a categoria exata de seus argumentos. Não deixemos de perceber, porém, que os predicadores também podem selecionar orações inteiras como argumentos. Tal possibilidade é uma consequência da propriedade da recursividade. Uma vez constituída pelo Sistema Computacional, uma oração pode ser selecionada como argumento de um predicador. É o que ocorre na sentença (23).

(23) João viu que o quadro estava torto na parede.

Aqui, o argumento interno de "ver" é toda a oração "que o quadro estava torto na parede". Logo, na especificação lexical da c-seleção de "ver", deve constar como argumento interno também a seleção de SC/ST, ao lado de SN.

A especificação da categoria do(s) argumento(s) de um dado predicador é idiossincrática, isto é, é arbitrária e imprevisível de item a item. Isto quer dizer que os falantes de uma língua conhecem os traços de c-seleção dos itens lexicais tomados individualmente. Por exemplo, vimos que um indivíduo precisa especificar no seu léxico mental que o item "ver" seleciona SN/SC como argumento interno, mas ele precisa de outra especificação separada para o item "beijar". "Beijar" seleciona somente SN como complemento.

160 Curso básico de linguística gerativa

(24) João beijou Maria.
(25) *João beijou que Maria estava em casa.

Vemos, então, que a recursividade da linguagem torna possível que orações inteiras sejam selecionadas como argumento (interno e/ou externo) de certos predicadores. Isso é verdade também para a adjunção. Os adjuntos podem figurar ora como sintagmas simples, ora como orações. O que diferencia argumentos ou adjuntos em forma de orações de argumentos ou adjuntos em forma de sintagmas simples é, tão somente, a complexidade da constituição interna desses elementos. Essa é a diferença entre os chamados *período simples* e *período composto* da gramática escolar. No período simples, argumentos e adjuntos são sintagmas não oracionais (SN, SA, SP). No período composto, argumentos e/ou adjuntos são orações (SC/ST). Não se preocupe com a estrutura sintática do período por enquanto, pois a estudaremos em detalhes na unidade 8 de nosso curso.

É a possibilidade de combinação recursiva entre sintagmas e orações, como argumentos e adjuntos, que faz emergir o uso produtivo da linguagem em nossos discursos cotidianos. Compomos mentalmente os sintagmas e as frases que sustentam o discurso tendo em vista, por um lado, as restrições que os itens lexicais impõem e, por outro, as nossas intenções comunicativas.

Para complementarmos a descrição das exigências de seleção que um predicador impõe a seus argumentos, resta-nos analisar as funções semânticas (ou papéis temáticos) que os argumentos recebem de seus respectivos predicadores. Na verdade, isso já deixa de ser um assunto estritamente relacionado às relações entre o Sistema Computacional e o Léxico e refere-se muito mais aos traços semânticos dos predicadores e suas interpretações nos sistemas de pensamento. Na seção seguinte, exploraremos esse assunto em detalhes.

Papéis temáticos

Uma propriedade notável dos predicadores é a sua capacidade de atribuir valores semânticos a seus argumentos. Quando ouvimos uma sentença como "João viu Maria", temos a habilidade de interpretar que, nessa frase, "João" é a entidade que experiencia a visão, enquanto "Maria" é o tema visto, o objeto da visão. Esses significados atribuídos aos argumentos são denominados papéis temáticos, às vezes referidos como papéis θ, com a letra grega "theta".

Você deve notar que a interpretação de experienciador não é imanente ao nome "João", bem como "Maria" não carreia em si necessariamente a interpretação de tema. Tais significados são associados a esses argumentos por intermédio de seu predicador, levando-se em conta o *status* do argumento como interno ou externo.

Caso o item "Maria" seja selecionado como argumento externo, então seu papel temático será experienciador (e não tema). Caso "João" seja selecionado como argumento interno, então seu papel temático será tema (e não experienciador).

Os papéis temáticos são traços inscritos nas propriedades de seleção de um item lexical predicador. Tais traços são relevantes para a interface conceitual da linguagem humana. Na figura 7.8, apontamos como as informações relativas ao papel temático de seus argumentos estão codificadas nos traços do item lexical "ver". Na teoria linguística, a expressão *grade temática* refere-se justamente ao conjunto de especificações dos papéis temáticos dos argumentos de um dado predicador.

Figura 7.8: Estrutura argumental e grade temática do item "ver".

Item do léxico	Traços formais
ver	. categoria: V . + predicador . estrutura argumental: {SN; SN} . grade temática: {SN= experienciador; SN = tema}

Uma característica interessante dos papéis temáticos é que eles são marcados nos argumentos de maneira *composicional*, isto é, de acordo com a sequência das operações sintáticas que unem, via Merge, o predicador e seus argumentos.

Como já dissemos, predicador e argumento interno estabelecem relação sintática imediata. É nesse Merge que o papel temático de tal argumento é definido, conforme preveem as informações do Léxico. A partir desse momento, o predicador não fará sozinho o Merge com o seu segundo argumento interno ou com o seu argumento externo. Antes, o novo Merge será feito entre o composto do [predicador + argumento interno] e o segundo argumento do predicador, seja ele interno ou externo. Nesse sentido, os traços semânticos do argumento interno são concatenados aos traços semânticos do predicador, e ambos, juntos, associam um papel temático ao argumento externo – ou ao segundo argumento interno, se houver.

É essa composicionalidade que explica a diferença de interpretação temática do argumento externo nas seguintes sentenças (assumindo-se que o predicador é o mesmo nos dois casos).

(26) João tem muitos filhos.
(27) João tem muitas dores.

No caso, "João" pode ser considerado *experienciador* na frase (27), afinal é ele quem tem a experiência de sofrer com as dores, mas o seu papel θ em (26) parece ser outro, talvez o de possuidor. Você concorda?

162 Curso básico de linguística gerativa

> Em expressões como "João cortou a árvore" *versus* "João cortou o cabelo", vemos que o papel temático de João na primeira frase é "agente" enquanto, na segunda, é "paciente". Isso acontece porque a segunda frase encontra-se na voz verbal média, na qual o sujeito é paciente (como na voz passiva do verbo), apesar da estrutura sintática de voz ativa da frase. Tal fenômeno é derivado da grade temática dos respectivos predicadores e da tipologia sintática da língua portuguesa, mas não resulta imediatamente das informações presentes nos traços lexicais, de modo que não podem ser descritos somente com base no acesso aos traços do Léxico pelo Sistema Computacional.

Nesse momento, com sua curiosidade linguística, você talvez esteja se perguntando: quais são os papéis que podem ser atribuídos aos argumentos na interface conceitual-intencional da linguagem humana? Na verdade, há um grande número deles. Isso, afinal de contas, não é surpreendente, pois tais papéis refletem os diversos tipos de relações semânticas que podem ser estabelecidas entre unidades conceituais. Vejamos a seguir uma lista com alguns papéis temáticos bastante recursivos entre as línguas naturais. Entenda, porém, que essa lista não é exaustiva. Há muitos debates na linguística sobre o total de papéis θ possíveis e sobre a fronteira entre eles.

Tabela 7.2: Lista de alguns papéis temáticos.

Agente	Entidade que causa um evento. [**João**] chutou a bola.
Experienciador	Entidade que experiencia um evento. [**João**] ouviu um barulho.
Tema	Entidade objeto de um evento. João viu [**Maria**].
Paciente	Entidade que sofre um evento. [**O marido**] apanhou da mulher.
Benefactivo	Entidade beneficiada por um evento. João deu um presente para [**Maria**].
Locativo	Entidade em que se situa um evento. O aluno colocou o livro na [**estante**].
Alvo	Entidade em cuja direção ocorre um evento. João jogou as chaves para [**Maria**].
Origem	Entidade da qual parte um evento. João veio de [**casa**].
Instrumento	Entidade com a qual se realiza um evento. João abriu a porta com a [**chave**].

Hierarquia temática

Na linguística, uma generalização descritiva importante, já bastante explorada pelos estudiosos, diz respeito à frequência de distribuição entre o papel temático dos argumentos e o *status* desses como complemento ou especificador de um predicador. Tal generalização é conhecida como *hierarquia temática*.

O conceito de hierarquia temática captura o fato de que, nas línguas naturais, argumentos externos são tipicamente interpretados como agentes ou experienciadores, enquanto o primeiro argumento interno de um predicador é normalmente tema ou paciente do evento descrito na frase. Nos predicadores que possuem três argumentos, o segundo argumento interno recebe tipicamente o valor semântico de benefactivo ou locativo.

A hierarquia temática indica-nos, portanto, o fato empírico de que há uma forte correlação entre a posição sintática de um argumento e o seu respectivo papel temático.

Figura 7.9: A hierarquia temática.

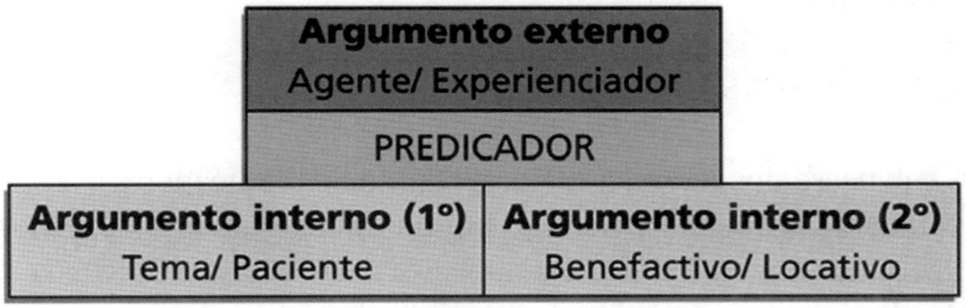

Argumento externo
Agente/ Experienciador
PREDICADOR

Argumento interno (1º)	Argumento interno (2º)
Tema/ Paciente	Benefactivo/ Locativo

Tal correlação não deve ser tomada como causação. A depender da natureza semântica de um predicador, a hierarquia temática pode não ser aplicada. A hierarquia não se aplica, por exemplo, quando um verbo em particular seleciona apenas um argumento externo e, em razão de seu significado específico, tal argumento venha a ser interpretado como "tema". Nesse caso, teremos esse papel temático sendo atribuído a um especificador, algo que "violaria a hierarquia". Para ilustrar o que acabamos de dizer, imagine o verbo "perder", na frase "O flamengo perdeu". Nesse caso, o argumento externo do verbo recebe o papel temático de "tema" (mas não de agente ou experienciador), ao contrário do que prevê a hierarquia. A generalização descreve, por conseguinte, uma regularidade e, assim, não deve ser interpretada como um princípio ou uma lei, afinal, estamos descrevendo aspectos conceituais relacionados ao léxico, que já sabemos ser arbitrário.

Tenha essa generalização viva em sua mente, pois ela nos será útil quando começarmos a estudar as diferentes subcategorias verbais – assunto que exploraremos já na próxima seção.

164 Curso básico de linguística gerativa

Subcategorias de V

Neste momento, convidamos você a deixar de lado, por um momento, a descrição dos traços do léxico conforme assumimos que estejam representados na mente dos seres humanos. Vamos, nesta seção, focalizar uma questão descritiva e metalinguística. Apresentaremos agora como é possível utilizar os conhecimentos que acumulamos em nossos estudos sobre Léxico para compreender e descrever as diferentes subcategorias dos predicadores verbais. Esse tema lhe deve ser familiar pela sua experiência na escola básica, em que ele é tratado muito superficialmente sob o rótulo "transitividade verbal".

Uma subcategoria é uma categoria dentro de outra categoria. Assim, considerando que V é uma categoria gramatical, as subcategorias de V dizem respeito às diferentes subclasses de verbos lexicais que existem nas línguas naturais. Subcategorias de V (e "transitividade verbal") são, dessa forma, o estudo das tipologias verbais conforme o tipo de seleção de argumentos feita pelos predicadores verbais.

Elementos predicadores que possuem a categoria V podem ser agrupados, para efeitos descritivos, em três subcategorias: verbos transitivos, verbos inergativos e verbos inacusativos.

SUBCATEGORIAS DE V:

1. A subclasse dos *transitivos* compreende os predicadores verbais que selecionam argumento externo e um ou dois argumentos internos: { __ V __ } ou { __ V __ __ }.
2. Os *inergativos* são a subcategoria de verbos que selecionam apenas argumento externo: { __ V }.
3. Os *inacusativos* são a subtipo de verbo que seleciona apenas argumento interno: { V __ }.

Os verbos transitivos caracterizam-se como predicadores multiargumentais, já que selecionam um número mínimo de dois e máximo de três argumentos. O clássico termo "transitivo" é motivado pela interpretação semântica de que, tipicamente, o evento descrito pelos verbos dessa subcategoria trespassa do sujeito ao objeto e, também, pela propriedade de o argumento-tema desses verbos transitar entre a função de objeto e de sujeito conforme a voz verbal (ativa ou passiva) configurada numa frase. Vejamos, a seguir, exemplos de verbos transitivos.

(28) $[_{SN}$ João] viu $[_{SN}$ Maria].
(29) $[_{SC}$ Correr pela manhã] espanta $[_{SN}$ a preguiça].
(30) $[_{SN}$ João] viu $[_{SC}$ que o quadro estava torto na parede].
(31) $[_{SN}$ João] precisa $[_{SP}$ de Maria].

(32) [$_{SN}$ João] precisa de [$_{SC}$ que lhe deem atenção].
(33) [$_{SN}$ O aluno] colocou [$_{SN}$ o livro] [$_{SP}$ na estante].
(34) [$_{SN}$ João] considera [$_{PO}$ Maria inteligente].

Em (28), o item "ver" seleciona um argumento externo SN e um argumento interno também SN. Na nomenclatura escolar clássica, verbos dessa subcategoria recebem o nome *transitivo direto*. Os transitivos diretos podem selecionar também orações como argumento externo ou interno, como demonstram respectivamente as frases (29) e (30). Quando os transitivos selecionam SP como argumento interno, conforme se dá em (31), são denominados *transitivos indiretos*, inclusive quando a esse SP segue-se uma oração, como em (32). O exemplo (33) ilustra verbos transitivos que selecionam dois argumentos internos, um SN e um SP. Um item como o da subclasse de "colocar" chama-se *bitransitivo*, ou *ditransitivo* ou, ainda, *transitivos direto e indireto*. Por fim, a seleção de uma pequena oração como argumento interno em (34) inscreve o verbo transitivo dentre os denominados *transobjetivos*.

Os verbos inergativos e inacusativos assemelham-se entre si no fato de selecionarem somente um argumento, sendo, portanto, predicadores monoargumentais. A diferença entre eles é, como já descrevemos, que os inergativos selecionam argumento externo, ao passo que os inacusativos selecionam argumento interno. Entenderemos essa distinção analisando o seguinte par de sentenças.

(35) [$_{SN}$ João] sorriu.
(36) [$_{SN}$ João] chegou.

Percebemos que ambos os verbos selecionam somente um argumento SN. Tal semelhança, aliada ao fato de que o argumento precede linearmente o predicador nos dois casos, pode induzir ao erro de compreender tais verbos como pertencentes a uma mesma tipologia. Tal erro é comum e há, a propósito, um nome para ele: intransitividade. É muito comum que verbos inergativos e inacusativos sejam equivocadamente classificados, na descrição linguística, como um tipo único de verbo, o verbo intransitivo. Como evitar esse erro? Uma boa resposta é: aprimorar nossa adequação observacional, isto é, melhorar nossa qualidade de observação dos dados linguísticos manifestados nas diferentes línguas humanas.

Façamos isso. Observemos mais adequadamente algumas ocorrências desses verbos. Essas observações vão indicar-nos o quão simplista e insatisfatória é a classificação "intransitiva" para as subclasses de verbos.

(37) [$_{AGENTE}$ João] sorriu.
(38) [$_{TEMA}$ João] chegou.
(39) *Sorrido o João, a festa começou.
(40) Chegado o João, a festa começou.

166 Curso básico de linguística gerativa

Notamos aqui que o papel temático atribuído ao SN em (37) é o de "agente". Esse, de acordo com a hierarquia temática, é prototipicamente o papel dos argumentos externos. Já em (38), o papel do SN é "tema", que é a interpretação semântica normal dos argumentos internos. Além disso, reduzidas de particípio do tipo "feito isso", "começada a aula", "lido o capítulo" etc. só são licenciadas se o predicador participial for concatenado, via Merge, com o seu argumento interno, e nunca com o seu argumento externo. Percebemos isso na análise dos seguintes pares: "João fez isso": [feito isso] **versus** [*feito João]; "João começou a aula": [começada a aula] **versus** [*começado o João]; "João leu o capítulo": [lido o capítulo] **versus** [*lido o João]. Isso explica a agramaticalidade de (39), oposta ao licenciamento de (40). Em (39), "João" é argumento externo, portanto a reduzida de particípio não pode ser formada. Já em (40), "João" é argumento interno e, assim, a reduzida pode ocorrer normalmente.

Ora, esses fatos empíricos indicam que o argumento de um predicador como "chegar" assume o **status** de complemento (argumento interno), levando o verbo a ser caracterizado como inacusativo. Por contraste, o comportamento do argumento do predicador "sorrir" assume as propriedades de especificador (argumento externo), fazendo que o item seja interpretado como inergativo.

Acreditamos que você já tenha compreendido a natureza das três subcategorias verbais existentes nas línguas. Há os verbos transitivos, que possuem dois (ou três) argumentos, e há os verbos inergativos e inacusativos, que possuem um e somente um argumento. Enquanto os inergativos possuem apenas argumento externo, os inacusativos possuem tão somente argumento interno.

No entanto, imaginamos que neste momento uma dúvida ainda paire em sua cabeça: o que os termos "inergativo" e "inacusativo" querem dizer? Afinal, o que é inergatividade? E o que é inacusatividade? Para explicarmos isso, você deverá aprender que as línguas humanas possuem essencialmente duas tipologias na marcação de **Caso**: línguas nominativas/acusativas e línguas ergativas/absolutivas.

Caso será nosso objeto de estudo detalhado durante a unidade 9 deste curso. Por ora, basta você saber que essa é uma propriedade morfológica presente em muitas línguas naturais. Tal propriedade permite que uma determinada palavra tenha sua função sintática na frase determinada por algum afixo presente em sua morfologia (e não pela posição sintática que a palavra ocupa). O latim clássico é um bom exemplo de língua com Caso. Nessa língua, a frase "Puer puellam amat" (O menino ama a menina) marca o argumento interno do verbo "amat" com o Caso acusativo, expresso pelo morfema "-am" (Puell-am). Enquanto isso, o argumento externo do verbo "amat" é marcado com o Caso nominativo, expresso pelo morfema zero (Puer-ø). Dessa forma, sabemos, por exemplo, que "Puellam" é o argumento interno do verbo independente de sua posição na frase, isso é, a frase poderia ser "Puellam puer amat" ou ter qualquer combinação entre essas três palavras que, ainda assim, significaria que "O menino ama a menina". Línguas como o português não possuem Caso morfológico. Em línguas como a nossa, dizemos que a marcação de Caso é abstrata, ou seja, é determinada pela ordem das palavras ou pelo contexto discursivo.

Na tipologia nominativo/acusativo, temos línguas como o latim e, de forma muitíssimo reduzida, o português. Nessas línguas, o sujeito recebe uma marca, a de *nominativo*, que se opõe à marca do objeto, o *acusativo*. Notamos isso na língua portuguesa quando usamos certos pronomes.

(41) [$_{NOMINATIVO}$ Eu] [$_{ACUSATIVO}$ os] encontrei na festa.
(42) [$_{NOMINATIVO}$ Eles] [$_{ACUSATIVO}$ me] encontraram na festa.

Em (41), o pronome da primeira pessoa do singular se realiza como "eu" na função do sujeito (argumento externo), e tal é a sua forma "nominativa". Entretanto, note que, em (42), o mesmo pronome de primeira pessoa do singular assume, na função de objeto (argumento interno), a forma "me", que é a expressão do Caso "acusativo". (Talvez aqui você se lembre da nomenclatura escolar, que estranhamente denomina o Caso nominativo como "caso reto" e chama o Caso acusativo de "caso oblíquo", numa espécie de metáfora geométrica).

Essa mesma análise dá conta da diferença entre os pronomes "os" e "eles". Na frase (41), o pronome de terceira pessoa do plural é argumento interno do verbo "encontrar" e, assim, recebe Caso "acusativo", assumindo a forma "os". Já em (42), esse mesmo pronome é o argumento externo do verbo, fato que leva a sua marcação com o Caso "nominativo", do que resulta a forma "eles".

É muito importante você notar que, em português, a marcação do sujeito (argumento externo) como "nominativo" não depende do fato de o seu respectivo predicador selecionar ou não algum complemento (argumento interno). Você pode confirmar isso fazendo o cotejo entre o exemplo (43), em que o predicador é transitivo, com a frase (44), em que o verbo é monoargumental. "Eu" é a forma pronominal do sujeito tanto quando o seu predicador tem complemento quanto quando não tem.

(43) Eu vi João
(44) Eu sorri.

Você entendeu bem a questão? Não é difícil. Em línguas como o português, identifica-se a tipologia nominativo/acusativo. Um fato curioso dessa tipologia é que o Caso nominativo é atribuído ao argumento externo de um predicador verbal independentemente da subcategoria de V. Se o verbo tem dois argumentos, marca-se o argumento externo com o nominativo. E se o verbo só tem um e somente um argumento externo, marca-se esse argumento externo também com o nominativo.

A esse respeito, o comportamento de línguas com o sistema ergativo/absolutivo é diferente. Nelas, estabelecem-se um Caso específico para o argumento externo de um predicador transitivo e outro Caso para o argumento externo de um predicador monoargumental. O basco é um exemplo de língua da tipologia ergativa/absolutiva.

168 Curso básico de linguística gerativa

(45) [ABSOLUTIVO Gizona] etorri da.
(O homem chegou)

(46) [ERGATIVO Gizonak] mutila ikusi du.
(O homem viu o menino)

Em basco, o SN "Gizona" (o homem) recebe, em (45), o Caso absolutivo (com morfema zero) em virtude de ser o argumento externo do predicador monoargumental "etorri" (chegou). Já em (46), o SN "Gizonak" recebe o Caso ergativo (com o morfema "k") em razão de ser argumento externo do predicador transitivo "mutila" (viu).

Como você pode ver, o basco possui um Caso específico para o argumento externo de verbos que possuem complemento e outro Caso específico para o argumento externo de verbos que não possuem complemento. Se o sujeito (argumento externo) é selecionado por um predicador transitivo, então o seu caso será absolutivo, conforme vemos em (46). Mas se o sujeito (argumento externo) é selecionado por um predicador monoargumental, então o seu caso será ergativo, tal como se vê em (45). É esse comportamento que caracteriza o basco como uma língua da tipologia ergativo/absolutivo.

Agora será mais fácil entendermos o que significa "inergativo" ou "inergatividade". Ora, dizemos que um verbo é inergativo quando ele não é capaz de marcar o Caso ergativo. Isto é, se um verbo não faz diferença entre o Caso do argumento externo de um predicador transitivo e o Caso do argumento externo de um predicador monoargumental, dizemos então que ele pertence à categoria dos inergativos. Você pode verificar isso nos exemplos (43) e (44), que repetimos logo a seguir.

(43) Eu vi João
(44) Eu sorri.

"Eu" assume a forma do Caso nominativo tanto quando é argumento externo de "ver" (um verbo transitivo) como quando é argumento externo de "sorrir" (um verbo monoargumental). Dessa forma, devemos dizer que a subcategoria de "ver" é transitiva, pois esse verbo possui dois argumentos, enquanto a subcategoria de "sorrir" é inergativa, pois ele possui um e somente um argumento externo, o qual recebe o mesmo Caso (nominativo) atribuído aos sujeitos de verbos transitivos.

Se você compreendeu corretamente a nossa explicação, neste momento deve estar se perguntando o seguinte: Ok! Verbos que selecionam apenas argumento externo denominam-se inergativos porque não conseguem fazer a marcação do Caso ergativo em seu único argumento. Mas por que os verbos que selecionam apenas argumento interno são denominados inacusativos?

A resposta é a seguinte: um verbo é denominado "inacusativo" quando ele não é capaz de marcar o Caso acusativo em seu argumento interno. Vejamos isso num exemplo.

(45) Ele chegou.
(46) *O chegou.

"Chegar" é um verbo monoargumental que seleciona somente um argumento interno. Você pode confirmar isso ao verificar qual é o papel temático do argumento na frase "A encomenda chegou". "A encomenda" deve ser interpretado como tema de "chegar" (e não como agente ou experienciador). Ora, ao lembrar-se da hierarquia temática, você concluirá que "a encomenda" deve ser o argumento interno do verbo, pois é esse o tipo de argumento que normalmente recebe tema como papel θ. Você pode até usar o teste da reduzida participial e verificar que ele funciona com essa frase.

O interessante é que, em português, somos obrigados a usar um pronome na forma do Caso nominativo para licenciar o argumento de um verbo como "chegar". Em (45), "ele" é pronome com o Caso nominativo e, consequentemente, a frase é gramatical. Já em (46), usamos um pronome com o Caso acusativo e o resultado é uma agramaticalidade. Ora, isso quer dizer que o verbo "chegar" possui somente um argumento interno, mas não é capaz de marcá-lo com o acusativo. É isso que faz com que esse tipo de verbo seja incluído na subcategoria dos inacusativos.

Preste atenção, pois estamos aqui diante de uma generalização descritiva bastante interessante. Se um verbo possui argumento externo e argumento interno, então ele é capaz de atribuir nominativo ao argumento externo e acusativo ao argumento interno. Entretanto, se o verbo não possui argumento externo, então ele não será capaz de marcar o acusativo em seu argumento interno. Essa é uma observação muito importante na linguística descritiva. Ela é conhecida como *generalização de Burzio*, em homenagem ao linguista que a formulou.

Generalização de Burzio

Todos (e somente) os verbos que podem atribuir papel temático a seu argumento externo são capazes de marcar seu argumento interno com o Caso acusativo (Burzio, 1986: 178).

A inacusatividade verifica-se mesmo em verbos transitivos, somente quando figuram na voz passiva. Lembre-se de que na chamada voz passiva analítica, como se diz nos estudos tradicionais, o argumento interno do verbo é realizado como sujeito. Podemos ver isso no seguinte exemplo.

170 Curso básico de linguística gerativa

(47) Voz ativa: O aluno leu os livros.
(48) Voz ativa com pronomes: [NOMINATIVO Ele] [ACUSATIVO os] leu.
(49) Voz passiva: Os livros foram lidos (pelos alunos).
(50) Voz passiva com pronomes:

[NOMINATIVO Eles] foram lidos. *versus* *[ACUSATIVO Os] foram lidos.

Como você pode verificar, quando formamos uma voz ativa, o argumento interno recebe o Caso acusativo, tal como ocorre com o pronome "os" em (48). Todavia, quando transformamos uma estrutura ativa em voz passiva, o argumento interno do verbo (objeto) deve ser realizado como sujeito. Agora, mesmo se tratando de um argumento interno, o Caso acusativo não pode ser dado ao sujeito da voz passiva, sob pena de agramaticalidade, conforme vemos em (50). Dizemos que os verbos transitivos se tornam inacusativos quando são submetidos à voz passiva.

Esperamos que esta seção tenha despertado sua curiosidade para a importância da correção de nossa descrição linguística. É claro que certas ferramentas descritivas demandam certo tempo de familiaridade até nos acostumemos com elas. Essas ferramentas são, na linguística, nossas nomenclaturas e demais expedientes metalinguísticos. Como vimos, esses instrumentos são úteis em nossa busca por compreensão e descrição da estrutura e do funcionamento da linguagem no conjunto arquitetônico da cognição humana. Quando falamos das subcategorias de V, na forma dos verbos transitivos, inergativos e inacusativos, não estamos apenas praticando um exercício acadêmico. Na verdade, estamos descrevendo como nossas mentes lidam com certas categorias gramaticais, distinguindo classes de verbos de acordo com o seu comportamento em relação a seus argumentos.

Para finalizar a unidade, gostaríamos de fazer com você algumas reflexões mais teóricas e gerais sobre a função do Léxico no estudo cognitivo da linguagem humana. Afinal, qual é a relação do que aqui estudamos sobre o Léxico com tudo o que até então vínhamos dizendo sobre a arquitetura da linguagem humana?

O Léxico no estudo cognitivo da linguagem

O objetivo desta unidade foi apresentar a você como o Léxico interage com o Sistema Computacional na dinâmica do funcionamento de uma língua-I. Analisamos tanto os principais tipos de informações que são codificadas no Léxico quanto a maneira pela qual o Sistema Computacional acessa e computa essas informações no curso da derivação de sintagmas e frases.

Neste momento, é muito importante explicitarmos para você o que o estudo do Léxico tem a ver com pesquisa sobre a cognição humana. Afina de contas, por que razão falar em predicadores, argumentos e adjuntos, estrutura argumental, s-seleção e c-seleção, papéis temáticos e subcategorias de V é falar do funcionamento de nossas mentes?

Em primeiro lugar, é um fato indiscutível que o Léxico corresponde a uma grande fração da cognição linguística humana. Essa grandeza diz respeito não só ao complexo de informações que são carreadas pelos itens lexicais, mas também às relações que o Léxico estabelece com os demais componentes da linguagem e com o restante da cognição humana.

O Léxico possui instâncias de interface com a memória de longo prazo, com os sistemas conceitual-intencional e articulatório-perceptual e com o Sistema Computacional. Dessas interfaces, as relações com o sistema conceitual-intencional são as menos exploradas nas ciências da cognição, em geral, e na linguística, em particular. Superar nossa ignorância nesse respeito é, sem dúvidas, um dos principais compromissos para as próximas décadas.

Se somos hoje relativamente bem informados a respeito de noções como estrutura argumental e grade temática, muitas vezes não estamos plenamente conscientes de que essas categorias são, na verdade, **epifenomenais**. Elas derivam do sistema conceitual-intencional. Se você se desenvolver como um pesquisador na área da linguagem e cognição, certamente se perguntará: Por que tais categorias existem? Como elas refletem a natureza da cognição humana? Essas são questões muito importantes e profundas, que convidam os linguistas a ir além da adequação explanatória, no sentido de Chomsky (2004), isto é, convidam-nos a compreender não apenas "como" a linguagem é, mas "por que" ela é assim.

Um **epifenômeno** é um subproduto ocasional de um fenômeno maior, sobre o qual não exerce influência e do qual é dependente.

> **Morfologia distribuída**
>
> Desde o final dos anos 1990, o modelo conhecido como *Morfologia distribuída* vem ganhando prestígio entre importantes gerativistas. É importante você saber que, nesse modelo, o Léxico das línguas naturais é interpretado de uma maneira muito diferente daquela que apresentamos neste curso. Podemos dizer que tal modelo prescinde da noção de Léxico como um conjunto de informações organizadas tal como aqui estudamos. Na morfologia distribuída, o Léxico insere-se nas operações do componente morfológico da linguagem, o qual, por sua vez, encontra-se espalhado em diversos momentos da derivação de uma estrutura sintática. Na figura a seguir, retirada da tese de doutoramento do prof. Alessandro Medeiros (UFRJ, 2008), vemos que o Léxico encontra-se distribuído nas três listas que caracterizam o modelo de Halle e Marantz (1993), precursores da *Morfologia distribuída*:
>
>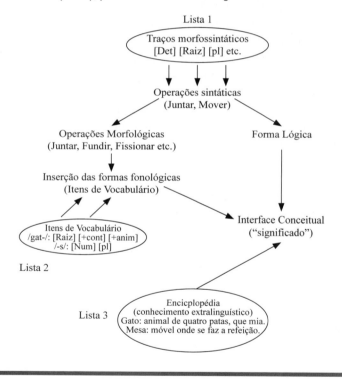

Em segundo lugar, o Léxico é um domínio da cognição a serviço de diversos senhores. É no Léxico que a língua-I, os demais sistemas cognitivos e as contingências da língua-E entrecruzam-se. Os estudos lexicais atuais reconhecem que a competência sobre o Léxico (1) existe na cognição de um indivíduo particular, (2) reflete complexas relações entre valores conceituais e codificação morfossintática e (3) deriva de convenções socioculturais e históricas que elegem tais e quais codificações como relevantes e regulares. Uma compreensão integrada do Léxico no contexto da cognição humana demanda, portanto, a articulação de estudos de língua-I, de cognição não linguística e de língua-E.

Por fim, os linguistas hoje compreendem que as variações existentes entre as línguas humanas e, mesmo, no interior de uma língua específica são completamente instanciadas no Léxico. Assumimos isso ao conceber, tal como aprendemos em unidades anteriores, que todas as línguas comportam um núcleo comum de fenômenos, denominados Princípios, aos quais se complementa uma gama de variações que, ainda que muito numerosas, são limitadas – os Parâmetros. Para a linguística contemporânea, tais Parâmetros não dizem respeito apenas à óbvia arbitrariedade da união entre os traços fonológicos e os traços semânticos de um dado item lexical. Antes, o conceito de Parâmetro faz referência à variabilidade na codificação de certos conceitos nos traços do Léxico e à consequência dessa codificação nas operações do Sistema Computacional. É nesse sentido que o estudo das variações paramétricas nas línguas do mundo é essencialmente o estudo sobre os traços do Léxico. Vejamos o porquê.

Figura 7.10: No Léxico da linguagem humana, língua-I, língua-E e cognição não linguística entrecruzam-se.

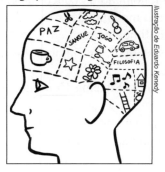

Não há dúvidas de que a existência, numa dada língua, de um conjunto particular de morfemas, palavras e expressões idiomáticas é um acidente histórico. É certo que esses elementos linguísticos codificam dados valores conceituais, mas, numa língua específica, nunca codificam todos os valores cognitivamente possíveis. Isso quer dizer que um dado conjunto de conceitos pode ser eleito como relevante para um determinado grupo de falantes – como, por exemplo, a distinção entre masculino, feminino e neutro, entre animado e não animado, entre singular e plural etc. –, entretanto muitos outros valores podem não ser considerados relevantes ou sequer são aventados numa dada língua.

174 Curso básico de linguística gerativa

É natural que os valores conceituais assumidos como relevantes numa língua sejam codificados no Léxico de seus falantes, enquanto os demais se restrinjam a usos eventuais do discurso ou sejam simplesmente ignorados. Por exemplo, algumas línguas ameríndias possuem traços específicos para nomes que se referem a coisas da natureza. Nessas línguas, produtos criados pela mão do homem possuem traços lexicais diferentes dos produtos "naturais". Outras línguas possuem traços específicos para nomes que se referem a coisas que podem ser contadas, opostos aos traços de coisas que não são contáveis. Quase nenhum desses traços existe no léxico do português. Mais do que isso, se fôssemos comparar os traços lexicais do português com os das línguas nórdicas, africanas ou asiáticas, ficaríamos assombrados com as diferenças que encontraríamos.

Nesta unidade, vimos que diferentes informações nos traços formais do Léxico disparam diferentes operações no Sistema Computacional da linguagem humana. Dessa forma, você já pode prever que uma língua que inscreva no Léxico traços relativos à expressão do Caso morfológico apresentará comportamento sintático diferente do de línguas em cujo Léxico não existam tais especificações. Compare, por exemplo, o latim e o inglês. Uma língua que inscreva no Léxico traços formais relativos à expressão do número, do gênero, da pessoa etc. apresentará fenômenos de concordância que línguas sem essas especificações desconhecem. Compare, por exemplo, o fenômeno da concordância no português e no inglês, ou no português padrão e nas modalidades não padrão de nossa língua. As comparações podem seguir indefinidamente: certos traços do Léxico desencadeiam certos fenômenos morfossintáticos, de língua a língua, de dialeto a dialeto, de modalidade a modalidade.

Ora, se entendermos que o Sistema Computacional funciona a partir dos traços lexicais e se compreendemos que esses traços codificam arbitrariamente certos valores conceituais, poderemos apontar onde se encontram os parâmetros da variação da linguagem humana: no Léxico.

Conclusão

Aprendemos nesta unidade que o Léxico de uma língua natural comporta boa parte das informações que são representadas nos sintagmas e nas frases que estruturam os nossos discursos cotidianos. Nossa criatividade linguística diária decorre justamente de nossas escolhas lexicais, de nossas decisões sobre com quais expressões vamos satisfazer os traços dos predicadores lexicais que escolhemos e de nossas motivações para incluir nas frases os adjuntos que desejamos. Interessantemente, toda essa complexa cascata de escolhas sobre escolhas ocorre silenciosamente, no interior de nossas mentes. Não temos consciência delas, pois estamos concentrados no que queremos dizer, no que queremos provocar no mundo com o que dizemos. O papel da linguística é exatamente revelar os segredos ocultos na estrutura e no funcionamento de nossa cognição linguística. Aprendemos a identificar os traços fonológicos, semânticos e formais (sintáticos) de um item lexical. Especialmente com os traços formais, aprendemos a identificar os traços de seleção, configurando uma intrincada rede de relações sintático-semânticas, como a estrutura argumental e a grade temática. Sabemos agora distinguir argumentos internos e argumentos externos, além de identificar corretamente as subcategorias de V. Com esses conhecimentos, podemos agora analisar o funcionamento do Sistema Computacional da linguagem humana.

Exercícios

1) O que e quais são os traços inscritos nos itens lexicais?

2) O que são traços formais de "categoria" e de "seleção" dos itens lexicais?

3) Quais são as principais categorias lexicais do português?

4) Qual é a relação existente entre argumento(s) e predicador?

5) Explique a razão por que a construção *"Paulo pegou", proferida fora de contexto discursivo, está condenada à agramaticalidade.

6) Qual é a estrutura argumental dos itens "correr", "invasão" e "favorável"?

7) Analise o seguinte diálogo.
   Locutor A: Onde você deixou as chaves?
   Locutor B: Deixei sobre a mesa ontem.
   Responda: Qual é predicador das frases de A e de B? Quantos argumentos possuem esses predicadores? Na frase B, é correto dizer que "ontem" é um argumento? Justifique.

8) Qual é a estrutura argumental do item "chegar"?

9) Descreva a grade temática dos itens "colocar" e "consciente".

10) Identifique as subcategorias dos seguintes predicadores "acabar", "ouvir" e "morrer". Justifique sua resposta.

UNIDADE 8
Sintaxe e computações sintáticas

Ao ouvir falar em "sintaxe", talvez você se recorde das aulas de língua portuguesa nos tempos de sua Educação Básica. Nas escolas brasileiras, "sintaxe" é quase sempre sinônimo de "análise sintática" – aquela tarefa de identificar e classificar a função sintática dos termos da oração e do período (funções como "sujeito", "objeto direto", "oração subordinada substantiva completiva nominal" etc.), que, às vezes, tanto inquieta os estudantes. Esperamos que esse tipo de conteúdo gramatical explícito seja familiar para você, mas, caso não seja, não há grande problema. Na verdade, a noção de sintaxe que vamos apresentar e detalhar nesta e na próxima unidade de nosso curso é muito diferente de tudo aquilo que tradicionalmente se ensina na escola. Vamos aprender a identificar na sintaxe o Sistema Computacional da linguagem humana, isto é, pensaremos a sintaxe como o conjunto das operações cognitivas que geram representações sintáticas complexas, como sintagmas e frases. Particularmente, acreditamos que os conteúdos desta unidade ajudarão você a compreender melhor os fundamentos da análise sintática escolar.

Já aprendemos, neste curso, que uma grande porção do conhecimento linguístico humano diz respeito ao Léxico e às computações lexicais. Com efeito, quando somos capazes de produzir e compreender a linguagem, sabemos, dentre outras coisas, evocar e reconhecer palavras, identificar o significado associado a um determinado significante num dado item lexical, sabemos prever certos itens que, numa frase, deverão ser associados a outros e, por fim, conhecemos uma longa e complexa rede de relações semântico-sintáticas entre predicadores e argumentos. Não obstante, todo esse vasto conhecimento é apenas uma fração de tudo o que sabemos sobre a língua natural que adquirimos em tenra infância. O grande conjunto da competência linguística humana engloba também a fonologia, a morfologia, a sintaxe, a semântica, a pragmática e o discurso.

O componente da linguagem que mais vem ocupando a atenção da linguística gerativa nos últimos 50 anos é indubitavelmente a *sintaxe*. Essa preferência não é aleatória. Ela justifica-se, de acordo com Chomsky, pelo fato de a sintaxe funcionar como o componente central da cognição linguística humana. Na interpretação gerativista, a sintaxe cumpre a função de alimentar os sistemas fonológico e semântico com representações linguísticas que, por seu turno, são construídas com base em informações retiradas do léxico e da morfologia. Isso quer dizer que, na visão chomskiana, a sintaxe funciona com uma espécie de "logística central", a qual estabelece conexões entre todos os demais submódulos da linguagem.

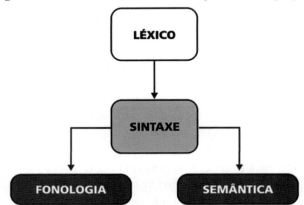

Figura 8.1: A centralidade da sintaxe na arquitetura da linguagem.

A centralidade da sintaxe na cognição linguística torna-se evidente para um principiante nos estudos da linguagem quando ele se dá conta de que os humanos raramente se comunicam por meio de palavras soltas, isto é, itens lexicais isolados e não combinados em expressões complexas como sintagmas e frases. Tipicamente, a interação linguística acontece por meio de discursos complexos, que, por sua vez, se estruturam em frases complexas. Do ponto de vista de quem fala ou escreve, os discursos que compõem a atividade linguística humana cotidiana são construídos serialmente, passo a passo, por meio das frases que codificam e expressam nossos pensamentos. Para quem ouve ou lê, os discursos também são construídos de fração em fração, à medida que o sinal linguístico é decodificado nas frases e integrado nos discursos que permitem a troca de estados mentais entre as pessoas.

Ao longo de todo o caminho entre a palavra e o discurso está a sintaxe. "Sintaxe" é, portanto, a fração de nossa cognição linguística que lida com sintagmas e frases. É a nossa habilidade de combinar unidades do léxico para formar e identificar representações complexas de maneira recursiva, gerando as orações e os períodos que compõem os discursos. Descobrir *como é* a natureza da sintaxe no interior de nossas mentes é um dos principais empreendimentos da linguística gerativa.

Com efeito, antes de iniciarmos propriamente o estudo da sintaxe na mente, investigando em mais detalhes o funcionamento do Sistema Computacional da linguagem humana, há uma série de princípios analíticos e notações terminológicas que precisamos dominar. A presente unidade do curso cumpre justamente o papel de apresentar a você os conceitos e as ferramentas de análise que são fundamentais para o estudo da sintaxe. Prepare-se para uma unidade repleta de tecnicalidades, as quais representam os primeiros passos no ensino da metalinguagem necessária ao trabalho do **sintaticista** de orientação gerativista.

> Sintaticista é o tipo de linguista que se especializa no estudo da sintaxe das línguas naturais.

É hora de você aguçar sua curiosidade intelectual e manter sua atenção em capacidade máxima, pois estamos começando nossa incursão por uma das regiões mais importantes e mais interessantes do conhecimento linguístico humano: nossa competência sintática.

Sintaxe: o Sistema Computacional

Já dissemos que o termo "sintaxe" possui um valor bem específico para os gerativistas. Ele se refere à nossa capacidade de construir representações linguísticas complexas, como sintagmas e frases. Nessa acepção, sintaxe possui pouca relação com o estudo das funções sintáticas, das regras de concordância e de colocação de termos na frase que fazemos nas aulas tradicionais de língua portuguesa. Sendo assim, a primeira coisa que precisamos estabelecer nesta unidade é que o termo "sintaxe" está aqui sendo usado como sinônimo de Sistema Computacional da linguagem humana.

> *Sintaxe* é uma palavra tradicional que, nas ciências cognitivas, assume o valor de Sistema Computacional da linguagem humana. Trata-se do conjunto das computações cognitivas que geram representações linguísticas complexas, como sintagmas e frases.

Para o gerativismo, a sintaxe é, portanto, um atributo da língua-I presente na cognição de cada indivíduo particular. Note que, ao falarmos de "sintaxe" como uma propriedade da mente humana, podemos ter a ilusão de que os fenômenos sintáticos são sempre os mesmos em todas as línguas naturais. Na verdade, em termos de universalidade e de particularidade, a sintaxe não é diferente do restante de nossa cognição: certos fenômenos sintáticos são universais e outros são variáveis. Por exemplo, lembre-se da unidade deste curso em que tratamos da

Teoria de Princípios e Parâmetros. Você certamente se recorda de que na sintaxe de todas as línguas naturais existem relações computacionais que se estabelecem entre um determinado núcleo lexical e seu respectivo complemento (argumento interno). A seleção de complemento por um dado núcleo é uma boa ilustração de uma propriedade sintática universal. Por outro lado, a posição linear que um núcleo ocupa em relação a seu complemento ilustra bem uma propriedade variável entre as línguas. Há línguas em que o núcleo antecede o seu respectivo complemento – como é o caso do português –, e há línguas em que o núcleo sucede o seu complemento – como acontece no japonês. Isso quer dizer que, como sintaticistas, temos a função de observar, descrever e explicar os fenômenos sintáticos que são específicos de uma língua ou de um conjunto de línguas e os fenômenos sintáticos que são universais, invariantes no Sistema Computacional.

> Os diferentes fenômenos sintáticos que observamos nas línguas naturais são o resultado da interação entre o Léxico e o Sistema Computacional. O Léxico, como já sabemos, é intensamente variável de uma comunidade linguística para a outra, mas o Sistema Computacional é, na verdade, invariável dentre os indivíduos humanos. Isso significa que a variabilidade dos fenômenos sintáticos resulta das informações lexicais que o Sistema Computacional usa para criar representações linguísticas. Ou seja, o Sistema Computacional é sempre o mesmo em todos os indivíduos, enquanto os fenômenos sintáticos são variáveis entre as línguas.

Na condição de Sistema Computacional, a unidade linguística mínima que importa à sintaxe é a *palavra*. Naturalmente, existem muitos tipos de informação linguística inferiores à palavra (tais como o fone, o fonema, a sílaba, o morfe, o morfema), mas eles não são acessados pelo Sistema Computacional. Isso quer dizer que a entidade mínima capaz de desencadear operações sintáticas é a palavra, o item lexical que carreia um conjunto de traços.

Neste momento, você pode interrogar-se: se o item lexical é a unidade mínima das computações sintáticas, qual deve ser então a sua unidade máxima? A resposta para isso é "a frase". A sintaxe cumpre, na dinâmica da linguagem humana, a função de combinar unidades até o limite da frase. As computações linguísticas em nível superior à frase já não são executadas pela sintaxe, mas, sim, pelo discurso, numa complexa rede de relações semânticas e pragmáticas inacessível ao Sistema Computacional. Dito isso, você pode facilmente compreender que o trabalho da sintaxe, no interior de nossa cognição, começa com as palavras e termina com a frase – mas não se esqueça de que há um vasto oceano de computações linguísticas aquém da palavra e além da frase.

Pois bem, se a unidade mínima das operações sintáticas é o item lexical e se sua unidade máxima é a frase, qual deve ser, então, a *unidade intermediária* da sintaxe? Para respondermos a essa pergunta, apresentaremos na seção a seguir o conceito de *sintagma*. É certo que já vínhamos utilizando o termo ao longo deste curso, mas o fizemos de uma maneira um tanto informal. Até aqui, entendíamos sintagma como um conjunto de palavras. Sejamos agora um pouco mais rigorosos e pensemos: o que são os sintagmas e como eles são relevantes para as computações sintáticas? Vejamos isso em detalhes.

A noção de sintagma

A noção de sintagma é derivada da noção matemática de *conjunto*. Um conjunto é tipicamente uma coleção de unidades que formam um todo, uma unidade complexa. Da mesma forma, um sintagma é tipicamente um conjunto de elementos, uma unidade complexa.

Dizemos que o sintagma é uma *unidade* porque computacionalmente ele se comporta como tal. Um sintagma, ainda que seja constituído internamente por diversos elementos, é manipulado pelo Sistema Computacional como se fosse uma peça única. Nos exemplos a seguir, vemos que, ao deslocar o argumento interno (que aparece destacado entre colchetes) de um verbo para o início da frase, deslocamos na verdade o conjunto de elementos que constituem esse argumento, independente de quantas palavras sejam.

(1) a. João viu [Maria] na festa.
     b. [Maria], João viu na festa.
(2) a. João comprou [aquele livro] no shopping.
     b. [Aquele livro], João comprou no shopping.
(3) a. O meu primo fez [aqueles complexos exercícios que a professora passou] em menos de uma hora.
     b. [Aqueles complexos exercícios que a professora passou], o meu primo fez em menos de uma hora.

No exemplo (1), o argumento interno do verbo "ver" é constituído por uma única palavra. Essa palavra é computada como uma unidade pelo Sistema Computacional e, assim, é deslocada para o início da frase em (1b). Trata-se, portanto, de um sintagma que, no caso, possui apenas um constituinte interno. Já nos exemplos (2) e (3), o argumento interno dos verbos "comprar" e "fazer" é complexo. Ele possui mais de um constituinte. Em (2), o sintagma "aquele livro" é constituído por duas palavras e, em (3), o sintagma "aqueles complexos exercícios que a professora passou" constitui-se por meio da relação entre diversos elementos: o sintagma "aqueles complexos exercícios" e a oração "que a professora passou". Nesse último caso, vemos que um sintagma pode inclusive constituir-se de outros sintagmas. O interessante é que o deslocamento de tais sintagmas para o início da sentença, em (2b) e (3b), ocorre tal como o deslocamento de (1b). O Sistema Computacional realizou a operação de deslocamento sobre esses elementos independentemente da constituição interna de cada um deles, como se todos fossem somente uma única unidade, um bloco a ser deslocado na frase: um *sintagma*. Isso significa que um sintagma constitui-se como tal se o Sistema Computacional puder manipulá-lo como uma única unidade, a despeito de sua complexidade interior.

Um sintagma é tipicamente um conjunto de unidades (seja um conjunto de palavras ou de outros sintagmas). Entretanto, um sintagma pode também ser constituído por somente uma palavra ou mesmo por nenhum elemento foneticamente realizado na frase. Para entender isso, lembre-se de que o conceito de sintagma é derivado do conceito de conjunto. Você deve lembrar-se da existência do *conjunto unitário* e do *conjunto vazio*. Para a sintaxe, o conjunto unitário é o sintagma formado por uma única palavra, enquanto o conjunto vazio é formado por um elemento sem matriz fonética. Por exemplo, na pergunta "Você conhece Paulo?", o argumento interno "Paulo" é um conjunto unitário, um sintagma com um único constituinte. Já se a resposta a essa pergunta fosse "Sim, eu conheço", veríamos que argumento interno (no caso, o objeto direto) do verbo "conhecer" não possui agora qualquer conteúdo fonético, comportando-se como um conjunto vazio ou, como se diz no gerativismo, uma categoria vazia ("pro").

Como fazemos para identificar sintagmas numa dada frase? Essa é uma pergunta importante. Com efeito, existem alguns testes de identificação de constituintes que permitem a localização dos sintagmas na sequência de palavras de um enunciado qualquer. Os mais básicos desses testes são *interrogação*, *pronominalização*, *topicalização* e *elipse*.

O teste da *interrogação* é útil para identificarmos sintagmas porque, quando usamos um pronome interrogativo como "quem", "o que", "como", "onde" etc., tal pronome substituirá um sintagma completo. Ele nunca substituirá apenas parte do sintagma, tampouco transbordará sobre outros sintagmas. Por exemplo, nas frases em (b) a seguir, o pronome interrogativo substituiu o sintagma destacado em colchetes nas frases em (a).

(4) a. O aluno leu [muitos livros].
     b. O aluno leu [o quê]?

(5) a. [Jorge] leu muitos livros.
     b. [Quem] leu muitos livros?
(6) a. O rapaz saiu de casa [sem roupas adequadas para o frio].
     b. O rapaz saiu de casa [como]?
(7) a. Todos os meus amigos foram para [alguma praia deserta] a fim de surfar.
     b. Todos os meus amigos foram para [onde] a fim de surfar?

Com esses exemplos, podemos ver que um pronome interrogativo é um sintagma equivalente a outro sintagma qualquer, independente de sua extensão. Em (4), o interrogativo "o quê", substitui um sintagma que também é constituído por dois elementos: "muitos livros". Essa coincidência de número de constituintes repete-se no exemplo (5), já que o interrogativo "quem" e o argumento externo "Jorge" são sintagmas unitários, mas se perde em (6) e (7), exemplos em que o sintagma substituído pelo interrogativo é formado por diversos elementos.

Você compreendeu o que é o teste da interrogação? Se sim, então vamos aplicá-lo agora recursivamente sobre os grandes sintagmas destacados em (6a). Perceba que eles são complexos, isto é, são formados por sintagmas dentro de sintagmas. Como podemos identificá-los recursivamente por meio do teste da interrogação? Vejamos.

Note que, ao usarmos colchetes para isolar os sintagmas, temos de ter atenção para abri-los e fechá-los corretamente. Para cada colchete aberto, deve haver outro que o feche. Abrimos e fechamos colchetes nas posições sintagmáticas que desejamos destacar. Assim, em [sem [roupas [adequadas [para [o frio]]]]], indicamos a existência de cinco sintagmas, que começam na posição em que o colchete é aberto (virado para a direita). Como desejamos indicar que esses sintagmas estão localizados uns dentro dos outros, deixamos para fechar o colchete de cada sintagma somente ao fim do grande sintagma em que todos estão incluídos. É por isso que, somente ao seu fim, encontramos os cinco colchetes finais juntos (virados para a esquerda).

Em (6a), podemos interrogar [sem [o quê]]? No caso, "o quê" substituiria o sintagma [roupas adequadas para o frio]. Uma vez identificado esse longo sintagma, poderíamos seguir adiante e perguntar: [sem [o quê] adequadas para o frio]? Isso nos levaria a identificar [roupas] como um sintagma independente. Por fim, a interrogação [sem roupas adequadas [para [o quê?]]] nos permitira a identificação de [o frio] como outro sintagma. Recomendamos que você faça um rápido exercício de sintaxe e use o teste da interrogação para identificar os sintagmas existentes em (7a).

O teste da *pronominalização* é idêntico ao teste da interrogação. Ele consiste em usar um pronome pessoal ou demonstrativo em substituição a um sintagma

184 Curso básico de linguística gerativa

completo. Por exemplo, os sintagmas destacados em colchetes nos exemplos em (a) a seguir são substituídos por um pronome em (b).

(8) a. [O filho da Maria] passou no vestibular.
     b. [Ele] passou no vestibular.
(9) a. O guarda fez [um gesto efusivo com as mãos].
     b. O guardo fez [isso].

No exemplo (8), vemos que o pronome "ele" substitui todo o sintagma [o filho da Maria]. Aliás, com esse exemplo, você pode constatar que a definição escolar segundo a qual "o pronome é uma palavra que substitui um nome" está apenas parcialmente correta. Na verdade, o pronome substitui um sintagma, e não um nome como palavra isolada. Já no exemplo (9), o demonstrativo "isso" substitui todo o sintagma [um gesto efusivo com as mãos]. Note que todos os sintagmas destacados em (a) são complexos. Portanto, você fará um ótimo exercício ao identificar a estrutura interna completa desses sintagmas, utilizando para tanto os testes da interrogação e da pronominalização.

O teste da *topicalização* consiste em deslocar um constituinte para a periferia à esquerda da frase, ou seja, para o início da frase. "Topicalizar" é transformar em tópico (colocar no início), e "tópico" é sempre a coisa sobre a qual se fala com destaque na frase. É isso o que acontece com os sintagmas destacados em (b) e (c) a seguir.

(10) a. O rapaz abriu essa porta com uma moeda.
     b. [Com uma moeda], o rapaz abriu essa porta.
     c. [Essa porta], o rapaz abriu com uma moeda.

Se compararmos (10b) com (10c), veremos que [com uma moeda] e [essa porta] são dois constituintes independentes, isto é, são dois sintagmas separados. Conforme analisamos em (10b), é possível topicalizar [com uma moeda] e deixar *in situ* (isto é, no lugar de origem) o constituinte [essa porta]. Isso quer dizer que [com uma moeda] é um sintagma por si próprio, já que ele pode sofrer uma topicalização. Por sua vez, [essa porta] também é um sintagma em si mesmo, e sabemos disso porque, como vemos ilustrado em (10c), esse constituinte pode ser topicalizado, deixando *in situ* o sintagma [com uma moeda]. A conclusão é que a topicalização é mais um teste útil para identificarmos o limite entre sintagmas: se um conjunto de palavras pode ser deslocado para o início da frase, então esse conjunto é um sintagma. Caso contrário, então não se trata de um sintagma.

Por fim, o teste da *elipse* é também útil para identificarmos sintagmas. Ele consiste em omitir um constituinte numa estrutura coordenada, fazendo com que

Sintaxe e computações sintáticas **185**

tal constituinte tenha de ser inferido pela pessoa com quem falamos. Quando isso acontece, o constituinte elidido é um sintagma. Vejamos um exemplo.

(11) a. Paulo [leu o livro] na varanda e João, na sala.
b. João [faltou à aula hoje] e José também.

Em (11a), [leu o livro] é omitido, isto é, sofre elipse, logo depois da palavra "João". Isso quer dizer que esse constituinte é um sintagma. O mesmo acontece em (11b), em que o sintagma [faltou à aula hoje] é elidido logo depois do advérbio "também". O interessante desses testes é que pelo menos um deles funcionará quando você precisar identificar os limites entre os sintagmas numa determinada frase. Por exemplo, se você tivesse de analisar sintagmaticamente uma frase ambígua como (12a), poderia usar o teste da pronominalização (ou outro cabível). Nesse caso, tal teste indicará que há duas estruturas sintagmáticas possíveis, conforme veremos.

(12) a. O juiz julgou o réu inocente.
b. O juiz julgou-o inocente.
c. O juiz julgou-o.

A ambiguidade em (12a) acontece porque não sabemos se um "réu inocente" foi julgado ou se um dado "réu" foi julgado e o veredito desse julgamento foi "inocente". Em (12b), a pronominalização do sintagma [o réu] indica que [inocente] é um sintagma independente e, portanto, trata-se do julgamento do juiz – não de uma propriedade do réu. Já em (12c), o fato de pronominalizarmos todo o constituinte [o réu inocente] indica que esse é um único sintagma e, assim, "inocente" é uma característica do "réu" – e não sabemos como o juiz o julgou.

A essa altura, você já deve ter aprendido que, embora possa ser também unitário ou vazio, um sintagma é tipicamente o resultado da combinação (1) de uma palavra com outra, (2) de uma palavra com outro sintagma ou (3) de um sintagma com outro. Isso significa duas coisas muito importantes. Vejamos quais.

Em primeiro lugar, a formação de um sintagma sempre acontece através da combinação entre dois constituintes imediatos (por exemplo, [*uma palavra*] + [*outra palavra*] ou [*uma palavra*] + [*um sintagma*] ou [*um sintagma*] + [*outro sintagma*]). Combinações sintagmáticas são, portanto, binárias. Isso quer dizer que elas não acontecem entre três, quatro, cinco itens etc. combinados todos de uma só vez. Note que as combinações sintagmáticas podem ser diversas e gerar sintagmas extensos e complexos, mas elas sempre acontecem passo a passo com dois itens por vez.

Em segundo lugar, as combinações sintagmáticas podem ser recursivas. Isso significa que o resultado de uma combinação (um sintagma) pode ser usado como um novo constituinte inserido numa nova combinação (formando um novo

186 Curso básico de linguística gerativa

sintagma) – e assim sucessivamente. Por exemplo, podemos formar um sintagma com as palavras [o] + [livro]: [o livro]. Depois disso, podemos formar um novo sintagma, combinando [o livro] + [didático], obtendo como resultado [o livro [didático]]. Por sua vez, poderíamos fazer a combinação [o livro [didático]] + [vermelho] e ter como resultado o novo sintagma [o livro [didático [vermelho]]]. Esse último sintagma poderia ser usado numa nova combinação, para gerar uma estrutura ainda mais complexa – e assim por diante.

> Embora essa natureza binária da formação de sintagmas pareça ser apenas um recurso descritivo e didático, a combinação binária da sintaxe é, na verdade, uma realidade na percepção e na produção linguística humana. Podemos combinar um número muito grande de constituintes numa frase, mas não fazemos isso combinando-os todos de uma única vez. Pelo contrário, as combinações seguem uma estrutura hierárquica que é constituída na união de cada dois constituintes por vez. Ainda não se sabe por que razão cognitiva isso acontece, mas, ao que indicam os estudos mais recentes da linguística, combinações binárias são o recurso computacional mínimo, básico e necessário para a criação de estruturas sintáticas recursivas.

Se você já compreendeu o quão complexos podem ser os sintagmas que formamos recursivamente por meio de computações binárias, talvez lhe reste uma pergunta interessante: qual é o limite das combinações sintagmáticas? Isto é, qual seria o limite de extensão de um sintagma?

Na verdade, teoricamente não há limites. É a princípio possível fazer combinações sintagmáticas ao infinito (com um computador que durasse para sempre e ficasse construindo um sintagma gigantesco até o dia do juízo final). No mundo real, entretanto, os sintagmas encontram limitações impostas pela natureza da cognição humana e pelas motivações comunicativas do uso da linguagem. Nossa memória nos impõe que os sintagmas tenham uma certa limitação, de acordo com o que podemos reter e manipular em nossas mentes. Nossas intenções comunicativas impõem que os sintagmas façam referência a algo no mundo real ou imaginário, sobre o qual desejamos falar. Dessa forma, os sintagmas geralmente possuem uma extensão limitada. A extensão máxima de um sintagma é justamente a *frase*. Dito isso, você deverá indagar-se: qual seria a distinção entre sintagma e frase? Esse é justamente o assunto da próxima seção.

A noção de sentença

Caso se lembre de suas aulas de sintaxe durante os anos da escola básica, talvez se recorde das noções de *frase*, *oração* e *período*. Numa definição bem tradicional, dizemos que uma frase é um enunciado linguístico completo, isto é, uma unidade linguística de significação comunicativa por si mesma. Note que uma frase pode ser algo muito simples, como um mero "Oi", ou algo muito mais complexo, como toda extensão do que estamos dizendo agora desde a palavra "note". Na linguística, a noção intuitiva de *frase* é capturada pelo conceito de *enunciado*.

Com efeito, não é qualquer enunciado (qualquer frase) que interessa ao sintaticista. A ele só importam as frases que são constituídas a partir de algum predicador verbal. Ora, frases com predicador verbal são aquilo que, na escola, aprendemos a chamar de *orações*. Na linguística, a noção de oração é referida pelo conceito de *cláusula*.

Por fim, o conjunto das orações que compõem uma frase é chamado de *período* nas aulas de língua portuguesa. O sintaticista usa o termo *sentença* para representar o conceito tradicional de período. Quando o período é formado por somente uma oração, chamamo-lo de *período simples* – pois temos na sentença somente uma cláusula. Já quando encontramos no período duas ou mais orações, nomeamo-lo *período composto* – ou sentença complexa, composta por mais de uma cláusula.

É importante que você domine esses termos, pois às vezes podemos encontrar livros ou artigos em que uma palavra é usada pela outra e isso pode deixar-nos confusos. Então, vejamos.

Questões de nomenclatura importantes

Frase = enunciado. Qualquer expressão comunicativa, independente de sua estrutura.

Oração = cláusula. Enunciado constituído em torno de um predicador verbal.

Período = sentença. O conjunto de orações existentes na frase.

A questão que devemos analisar neste momento do curso é: qual é a distinção entre [sintagma *versus* sentença] e [sintagma *versus* oração]? Na verdade, essa distinção a rigor não existe. Orações e sentenças são também sintagmas, pois são igualmente unidades construídas pela combinação de elementos. Não obstante, a especialização dos termos *oração* e *sentença* (ou período, ou frase) justifica-se pela necessidade de indicarmos a grandeza do sintagma que estamos analisando. Senão, vejamos.

(13) João saiu cedo.

Em (13) temos um enunciado (frase). Tal enunciado é constituído pela combinação imediata de dois sintagmas (os quais são internamente complexos, note bem): [João] e [saiu cedo]. Percebemos que esse enunciado é constituído por uma predicação verbal (com o verbo "sair"), o que nos indica que temos aqui uma

188 Curso básico de linguística gerativa

oração – e não um enunciado qualquer. Tal oração é a única em todo o enunciado, isso faz com que, nesse exemplo, a oração coincida com a sentença. (13) é, portanto, uma oração e, ao mesmo tempo, é uma sentença.

Imagine agora que a frase seja a seguinte.

(14) Disseram que João saiu cedo.

Nesse caso, [João saiu cedo] comporta-se como uma oração, isto é, um sintagma com uma predicação verbal, a qual é combinada com [que], gerando o sintagma [que [João saiu cedo]]. Esse sintagma é finalmente concatenado com [disseram] para que a sentença em (14) seja formada. Você deve notar que [disseram] é uma predicação verbal e, assim, encerra outra oração no período. Isso significa que a sentença em (14) é formada a partir da combinação entre dois constituintes unidos pela conjunção "que": a oração [disseram] e a outra oração [João saiu cedo].

Com esses dois exemplos, entendemos que decidir se [João saiu cedo] é um sintagma, uma oração ou uma sentença depende do momento em que nos encontramos durante a computação da frase. Se [João saiu cedo] é o resultado da última computação num enunciado linguístico, teremos então uma sentença (que, no caso, coincide com a oração). É isso o que ocorre em (13). Entretanto, se houver ainda mais computações a serem executadas até o final da frase, então [João saiu cedo] deverá ser analisado como uma oração, passível de combinação com outras na estrutura do período, tal como acontece em (14).

Em resumo, *sentenças* são o total de sintagmas e orações existentes numa frase, enquanto *oração* é um sintagma específico que apresente predicação verbal. Sentenças e orações são também sintagmas, mas reservamos esse último termo para fazermos referência a unidades menores do que a oração. Talvez você queira discutir mais sobre esse assunto. Saiba que voltaremos a ele mais à frente em nossa unidade, quando estabelecermos as diferenças sintáticas entre sentenças simples e compostas. Por ora, precisamos aprender que os sintagmas devem ser classificados pelo tipo de item lexical que ocupa o seu núcleo. A tipologia dos sintagmas lexicais das línguas naturais é o tema de nossa próxima seção.

Sintagmas lexicais

Os manuais de sintaxe são unânimes em descrever os sintagmas como unidades *endocêntricas*. Com essa palavra, quer-se dizer que os sintagmas são organizados hierarquicamente em torno de seu núcleo. Já sabemos que construímos sintagmas através de combinações binárias recursivas, o que vamos aprender agora é que, dentre as duas unidades que fazem a computação sintática que gera sintagmas, uma delas é dominante em relação à outra. Essa unidade dominante é o que chamamos de núcleo.

Um núcleo sintagmático lexical é essencialmente uma unidade do léxico, quer se trate de um predicador ou não. Você deve se lembrar do que aprendemos na unidade anterior, acerca dos traços que compõem os itens lexicais. Vimos que as unidades lexicais básicas são nome (N), verbo (V), adjetivo (A) e preposição (P). Pois bem, esses são os tipos de núcleo que **projetam** os sintagmas lexicais existentes nas línguas naturais.

> Chamamos de *projeção* a propriedade de um núcleo lexical expandir-se para o *status* de um sintagma, seja pela combinação com outros elementos, seja pela projeção de si mesmo num sintagma unitário.

Um núcleo é, portanto, uma palavra. É em torno dessa palavra que o sintagma irá estruturar-se. Todavia, nem todas as palavras da língua são núcleos capazes de projetar sintagmas lexicais. Somente núcleos lexicais podem fazê-lo – como o próprio termo "lexical" já anuncia.

Como já dissemos, os núcleos lexicais constituem um pequeno subgrupo das classes gramaticais da língua: N, V, A e P. Sendo assim, podemos prever que um núcleo nominal N sempre projetará um sintagma nominal (SN). Por exemplo, o sintagma [ida [ao teatro]] é um SN, já que se trata da projeção de um núcleo N, no caso o item [ida]. Essa projeção contém não apenas o núcleo [ida], mas também o sintagma [ao teatro]. É a combinação do núcleo N [ida] com o sintagma [ao teatro] que projeta o SN representado a seguir.

(15) [$_{SN}$ ida [ao teatro]]

Pensemos agora no sintagma [fiz [dois cursos de linguística]]. No caso, [fiz] é o núcleo verbal V que seleciona o sintagma [dois cursos de linguística] como complemento. Trata-se, portanto, de um sintagma verbal (SV).

(16) [$_{SV}$ fiz [dois cursos de linguística]]

Como você vê, esse é um sintagma relativamente grande, mas, tal como qualquer outro sintagma complexo, ele é formado pela concatenação entre dois elementos: o núcleo V [fiz] e um outro sintagma [dois cursos de linguística]. (Se você está atento aos exemplos, percebeu que [dois cursos de linguística] é também um sintagma complexo, formado por um núcleo e outros sintagmas – trataremos dele mais adiante nesta seção).

190 Curso básico de linguística gerativa

Já em [viciado [em estudar]], [viciado] é o adjetivo A que tem o sintagma [em estudar] como seu complemento. É o núcleo A que projeta o sintagma adjetivo (SA) representado a seguir.

(17) [$_{SA}$ viciado [em estudar]]

Você pode notar, por mais uma vez, que esse sintagma também é formado pela concatenação entre duas unidades. No caso, tais unidades são o núcleo A e a unidade complexa [em estudar].

Por fim, no sintagma [sem [muito tempo]], o núcleo lexical é a preposição P, que, junto do seu complemento, projeta o sintagma preposicional (SP) que vemos a seguir.

(18) [$_{SP}$ sem [muito tempo]]

Trata-se da união binária entre, de um lado, a preposição [sem] e, de outro, o sintagma [muito tempo]. Essa concatenação projeta o SP que você pode examinar no exemplo (18).

Você deve ter percebido que os núcleos lexicais normalmente projetam o seu sintagma mediante a combinação com outros constituintes – os quais, por sua vez, podem ser sintagmas projetados por outros núcleos. Ou seja, a partir dos exemplos citados você pôde notar que, quando um núcleo lexical se expande para o **status** de um sintagma, é comum que o faça junto de outro sintagma, embora também possa fazê-lo sozinho, como um sintagma unitário. Por exemplo, o sintagma [fiz [dois cursos de linguística]] é um SV porque seu núcleo [fiz] é um verbo V. O interessante é que esse sintagma se compõe, além de V, de um outro sintagma: o SN [dois cursos de linguística]. Vemos, a seguir, que esse SV projeta-se a partir da concatenação entre V e SN.

(19) [$_{SV}$ fiz [$_{SN}$ dois cursos de linguística]]

Ora, se um sintagma pode ter dentro de si um outro sintagma, podemos então deduzir que o SN em (19), que já se encontra dentro de um SV, possa ele mesmo conter dentro de si algum outro sintagma. No caso, é justamente isso o que acontece, conforme veremos a seguir.

(20) [$_{SV}$ fiz [$_{SN}$ dois cursos [$_{SP}$ de [$_{SN}$ linguística]]]]

Vemos em (20) que o SV é constituído imediatamente pelo seu núcleo [fiz] e pelo SN [dois cursos de linguística]. Por sua vez, esse SN é constituído pelo seu núcleo [cursos], pelo modificador [dois] e pelo SP [de linguística]. Nesse SP, encontramos o núcleo [de], que é uma categoria P combinada com um novo SN, o qual no caso é um sintagma unitário, formado unicamente pelo núcleo N [linguística].

Se esta é a primeira vez que você faz uma análise sintagmática, a identificação de sintagmas dentro de sintagmas pode parecer-lhe um pouco complicada. Nesse caso, as aparências enganam. Com a prática e o treinamento do seu "olho de sintaticista", rapidamente você será capaz de identificar os núcleos lexicais (N, V, A e P) e as categorias linguísticas que, junto deles, projetam sintagmas. Nessa tarefa de "treinar o olho do sintaticista", existe um recurso didático muito útil e produtivo entre os gerativistas. Trata-se das representações arbóreas. Tais representações são um recurso visual que podemos usar no lugar da indicação dos colchetes, que vínhamos utilizando até agora. Veremos, na seção a seguir, como é que podemos lançar mão desse recurso descritivo para aprimorar nossa capacidade de identificar e descrever as estruturas sintagmáticas de uma língua natural.

Representações arbóreas

Um diagrama arbóreo – que podemos também chamar simplesmente de *árvore* ou *árvore sintática* – é a representação visual da estrutura de um sintagma ou de uma frase. Numa árvore, as projeções de um núcleo sintagmático são representadas como nódulos (ramos) e também por linhas (galhos) que indicam os elementos que são concatenados entre si para formar uma projeção. Para exemplificar, pense num sintagma unitário, que é a estrutura sintagmática mais simples possível. Esse tipo de sintagma é formado pela projeção somente de seu próprio núcleo, como ilustrado a seguir.

Figura 8.2: Um SN simples, formado apenas pela projeção de seu núcleo N.

Analisando esta árvore de baixo para cima, podemos notar que sobre o item [ida] há um galho que indica a ramificação do nódulo N. Esse N é a representação do tipo de núcleo lexical que temos no sintagma – no caso, o núcleo é N porque [ida] é uma categoria nominal. Como no sintagma não há mais nenhum constituinte além do próprio núcleo, então N projeta imediatamente o seu sintagma SN. Sabemos isso porque, sobre N, há um galho que indica a ramificação do SN, a projeção máxima do núcleo [ida].

Analisemos agora um sintagma mais complexo. E se o sintagma a descrever fosse [ida para Niterói], como seria a sua representação arbórea? Antes de fazermos a descrição desse SN, preste atenção à seguinte orientação. Quando começamos a descrever a estrutura de sintagmas complexos usando representações arbóreas, é muito importante começar nossa análise da direita para a esquerda, desenhando a árvore de baixo para cima. Isto é, ao representar sintagmas numa árvore sintática, devemos começar da última palavra do sintagma e seguir, de trás para frente, até a primeira palavra. Além disso, começamos sempre dos nódulos mais baixos na estrutura da árvore (os núcleos) e depois subimos os galhos para as representações mais altas, com as projeções dos núcleos. Esse procedimento não é obrigatório, mas pode ser de bastante valia quando estamos desenhando nossas primeiras árvores sintáticas.

Começamos a representação do sintagma [ida para Niterói] com a projeção do núcleo nominal [Niterói]. Nesse caso, coincidentemente, temos uma estrutura sintagmática idêntica à da representada na figura 8.2., pois mais uma vez encontramos um sintagma unitário, cujo núcleo é o seu único constituinte.

Figura 8.3: Um SN simples que, no caso, é o início da representação de um sintagma complexo.

Na estrutura de [ida para Niterói], o SN representado na figura 8.3 é selecionado como complemento (ou seja, argumento interno) do núcleo preposicional [para]. Com base nessa seleção, teremos uma combinação binária: o núcleo P será concatenado ao SN. É justamente dessa combinação binária que resulta o SP [para Niterói]. Trata-se de um SP porque o núcleo desse sintagma é a preposição [para], uma categoria P, tal como podemos ver na figura que se segue.

Figura 8.4: A concatenação entre P e SN projeta o SP [para Niterói].

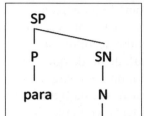

Ao analisarmos essa árvore, podemos rapidamente ver que o SN é projetado diretamente pelo núcleo N, já que não há mais nenhum outro constituinte dentro de seu **domínio**. Por sua vez, vemos também que o SP é formado pela combinação entre dois constituintes: P e SN.

> Em sintaxe, usamos o termo *domínio* para fazer referência a todos os constituintes que estão dentro da estrutura de um dado sintagma. Por exemplo, vemos que, na figura 8.4, o SN está no domínio do SP, mas o SP não está no domínio do SN, ou seja, o SN é desenhado dentro do SP, mas o SP está desenhado fora do SN.

Se você entendeu de que maneira o SP [para Niterói] é formado, então será fácil deduzir qual será a representação do sintagma [ida para Niterói]. Sim, como já sabemos o que é *recursividade*, podemos prever que o processo a formar esse sintagma será idêntico ao destacado na figura 8.4. No caso, o núcleo nominal [ida] será combinado com o SP [para Niterói] e, dessa concatenação, resultará o SN complexo [ida para Niterói].

Figura 8.5: A concatenação entre N e SP projeta o SN [ida para Niterói].

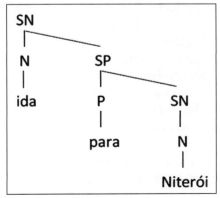

194 Curso básico de linguística gerativa

Recapitulando: ao analisar essa figura, você pode perceber que, na representação final do sintagma tomado para exemplo, o N [Niterói] projeta sozinho o SN mais baixo na árvore sintática. Uma vez formado, tal SN é combinado com o núcleo P [para] e, dessa combinação, resulta o SP [para Niterói]. Por fim, esse SP é concatenado com o N [ida], de modo que o SN [ida para Niterói] é projetado. Após essa última computação, nosso sintagma lexical está completo, conforme representamos visualmente na árvore da figura 8.5.

Acreditamos que você já tenha compreendido quais são os fundamentos das representações arbóreas tão usadas pelos sintaticistas: a combinação binária entre elementos, sendo um deles um núcleo. Todavia, antes de apresentarmos uma descrição mais geral e abstrata sobre como representamos qualquer sintagma numa árvore, façamos mais uma análise de um sintagma específico. Dessa vez, vamos analisar um sintagma um pouco mais complexo: [fiz cursos de linguística]. Descreveremos a seguir, passo a passo, como é que esse sintagma é representado numa árvore sintática. Você deve seguir essas orientações e ir desenhado a árvore sintática conforme o que se diz.

- *Primeiro passo.* O primeiro item a representar é o núcleo [linguística]. Trata-se de um núcleo nominal que, portanto, desencadeia o galho que leva à ramificação N. Tal N não é concatenado com nenhum outro constituinte. Isso quer dizer que ele projetará diretamente o SN, que será um sintagma unitário.
- *Segundo passo.* Uma vez projetado o SN [linguística], o próximo elemento que encontramos é a preposição [de]. Ela deve projetar o nódulo P. Esse P tomará como complemento o SN [linguística] formado no primeiro passo. Faremos, portanto, uma combinação binária entre P e SN. É dessa concatenação que deverão subir dois galhos em direção à projeção do SP, um sobre P e outro sobre SN. Note que o sintagma projetado é um SP em função de seu núcleo ser P.
- *Terceiro passo.* Já formamos o sintagma [de linguística]. Agora, seguindo para esquerda, encontramos o item [cursos]. Trata-se de um núcleo nominal. Portanto, ele projeta N. Esse N será concatenado ao SP [de linguística] formado no segundo passo. Tal concatenação binária faz surgir a projeção do SN e, assim, chegamos à estrutura [cursos de linguística].
- *Quarto passo.* Finalmente, encontramos o verbo [fiz], que projeto a categoria V. Esse V será combinado com o SN [cursos de linguística], formado tal como descrevemos no terceiro passo. A combinação entre V e SN deve ser indicada pela junção de dois galhos, ligados sobre esses dois sintagmas. É dessa concatenação que se projeta o SV [fiz cursos de linguística].

Se você seguiu corretamente essas instruções, então sua árvore sintática deve ter ficado igual à que representamos na figura 8.6.

Figura 8.6: Representação de um SV complexo.

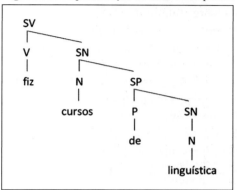

As árvores sintáticas são uma ferramenta descritiva bastante útil não apenas para sintaticistas, mas também para gerativistas em geral, psicolinguistas e neurolinguistas. Se você continuar seus estudos numa dessas áreas da linguística, então saber fazer e interpretar árvores lhe será muito importante. Pratique!

> Note bem: árvores sintáticas são apenas um recurso descritivo, uma representação visual útil e didática. Elas não devem ser interpretadas literalmente como o tipo de representação mental que os humanos fazem em tempo real, quando produzem ou compreendem a linguagem.

Teoria X-barra

A lógica das representações arbóreas foi primeiramente formulada por Chomsky, em 1970, e depois foi aperfeiçoada pelo importante linguista Ray Jackendoff, em 1977. Tal lógica é conhecida como *teoria X-barra*. Desde então, as famosas árvores gerativistas vêm sendo vastamente utilizadas como recurso visual para a representação de estruturas sintáticas (e também morfológicas e fonológicas, com adaptações).

Você deve ter percebido que todas as relações entre os constituintes dos sintagmas que até aqui apresentamos como exemplo estabelecem-se entre um dado núcleo lexical e seu respectivo argumento interno. Contudo, sabemos que nem todas as estruturas sintáticas são estabelecidas entre núcleo e complemento. Existem também as relações que se estabelecem entre núcleo e especificador (argumento externo) e, além disso, há ainda aquelas que se dão diretamente entre sintagmas, como é o caso dos adjuntos. Como esses outros tipos de relação estruturais são representados numa árvore sintática?

A teoria X-barra é interessante e útil justamente porque ela nos oferece um modelo de representação arbórea capaz de dar conta de todos os tipos de relação sintática, seja a de núcleo e complemento, ou a de especificador e núcleo ou ainda a adjunção entre sintagmas. Vejamos.

Quando o núcleo lexical concatena-se apenas com seu argumento interno ou apenas com o seu argumento externo, a representação sintática que fazemos numa árvore sintática é a seguinte (ver figura 8.7). Note que, na teoria X-barra, usamos a letra X para representar qualquer tipo de núcleo (e o valor de X pode ser qualquer categoria, como N, V, A ou P).

Figura 8.7: Um núcleo qualquer (X) e sua seleção ora de argumento interno (complemento) ora de argumento externo (especificador).

Vemos aqui que um núcleo qualquer (X) será concatenado com um constituinte à direita se este for o seu argumento interno, ou será concatenado com um constituinte à esquerda se este for o seu argumento externo. Ora, o que deve acontecer quando a relação de um núcleo for complexa e, por conseguinte, ele relacionar-se com dois argumentos, um interno e outro externo? Isto é, como devemos representar as duas relações de um núcleo que possui tanto argumento interno (representado à direita) quanto argumento externo (representado à esquerda)? Nesse caso, duplicaremos a representação do núcleo lexical numa nova projeção, que chamaremos de projeção intermediária. Essa projeção intermediária é indicada pela replicação da categoria do núcleo (N, V, A ou P) e pela utilização de uma barra logo ao lado do núcleo: N', V', A' ou P' – deve-se ler N-barra, V-barra, A-barra e P-barra. É por isso que esse tipo de representação denomina-se X-barra ou X'.

Figura 8.8: Um núcleo qualquer (X) e sua seleção de argumento interno (complemento) e de argumento externo (especificador). X' é a projeção intermediária do núcleo X, e SX é o sintagma do núcleo X, a sua projeção máxima.

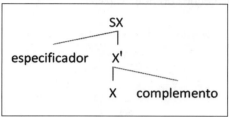

A figura 8.8 informa-nos que o núcleo X estabelece duas relações sintáticas. A projeção intermediária X' indica-nos a relação do núcleo com seu argumento interno (complemento) e a projeção máxima SX indica-nos a relação do núcleo com seu argumento externo (especificador). Podemos exemplificar mais concretamente as relações dessa figura com o seguinte sintagma: [Paulo leu livros]. No caso, o predicador [ler] seleciona argumento interno ("livros") e argumento externo ("Paulo"). A representação arbórea desse sintagma deverá ser a que se segue.

Figura 8.9: O predicador [ler], seu argumento interno e seu argumento externo

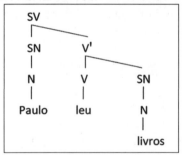

Nessa representação, vemos que o núcleo V possui duas relações sintáticas. É em função dessa dupla relação que utilizamos um nível barra (V'). Primeiramente, o núcleo V seleciona seu argumento interno SN ("livros") e com ele projeta o nível V'. Dada essa projeção, o composto do núcleo mais o argumento interno é concatenado ao argumento externo SN ("Paulo"). É dessa concatenação que se projeta o SV, a projeção máxima do núcleo V.

A duplicação da projeção de X, com o nível X', também acontece no caso dos predicadores que possuem dois argumentos internos, como os chamados verbos bitransitivos. Nesses casos, o núcleo verbal V selecionará, imediatamente, o seu primeiro argumento interno, projetando assim o nível V'. Logo após essa projeção, o nível V' será então concatenado ao segundo argumento interno. É isso o que vemos ilustrado na figura a seguir, em que o SV [deu livros para alguém] é composto por duas projeções do núcleo [dar].

Figura 8.10: O nível barra projeto com predicadores que selecionam dois argumentos internos.

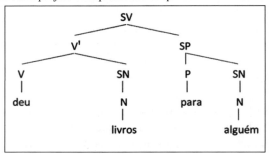

Há mais uma coisa importante a reter sobre a projeção de um nível barra: ela pode acontecer mais de uma vez na estrutura de um sintagma. Por exemplo, imagine que o SV representado na figura 8.10 tivesse ainda mais uma operação computacional, a qual concatenasse o argumento externo do verbo [dar] à estrutura [deu livros para alguém]. Nesse caso, um argumento externo como "João" seria combinado com uma segunda projeção V' para finalmente dar à luz a projeção máxima de V, conforme vemos a seguir.

Figura 8.11: O nível barra pode ser projetado mais de uma vez numa estrutura sintagmática.

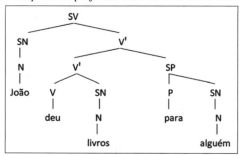

Dessa representação, você pode concluir que o núcleo [dar] concatena-se ao SN [livros], projetando assim o primeiro nível V'. Essa projeção é então combinada com o SP [para alguém], que dá origem ao segundo V'. Finalmente, esse segundo V' concatena-se ao argumento externo, o SN [João], e dessa combinação resulta a projeção máxima SV.

Pois bem, já sabemos como um núcleo pode estabelecer uma relação simples, concatenando-se apenas com seu argumento interno ou apenas com seu argumento externo, e sabemos também como um núcleo pode estabelecer relações complexas, concatenando-se com ambos argumentos interno e externo. Agora vejamos como a concatenação acontece não entre um núcleo e seu(s) argumento(s), mas sim entre sintagmas. Esse tipo de combinação acontece quando temos o fenômeno sintático da adjunção.

Ao analisarmos um sintagma qualquer que se adjunge a outro, devemos ter em conta que as relações estruturais internas a cada um desses sintagmas são estabelecidas normalmente, conforme tudo o que já estudamos até aqui. Isso quer dizer que se adjungirmos, por exemplo, um sintagma como [em casa] a outro sintagma como [Paulo leu livros], a estrutura interna de cada um desses dois sintagmas é dada conforme o que prevê a teoria X-barra. A novidade é a forma pela qual representamos um sintagma como adjunto de outro sintagma. Note que [em casa] é um SP, pois seu núcleo é a preposição [em]. Tal sintagma não pertence à estrutura argumental do predicador [ler]. Trata-se, portanto, de um adjunto.

Na teoria X-barra, adjuntos devem ser representados fora do domínio do sintagma em que se dão as relações entre um núcleo e seus respectivos argumentos. Isso acontece porque a adjunção é uma relação sintática que se estabelece entre duas projeções máximas. É justamente isso o que está representado a seguir.

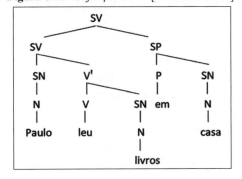

Figura 8.12: Adjunção do SV [Paulo leu livros].

Nessa árvore, podemos visualizar as concatenações internas do SV [Paulo leu livros], que já descrevemos na figura 8.9, bem como vemos as concatenações internas do SP [em casa]. A adjunção acontece por meio da simples combinação entre esses dois sintagmas: [Paulo leu livros] + [em casa]. Note que dessa adjunção resulta um novo SV. Isso significa que o sintagma que recebe a adjunção e, dessa forma, projeta-se novamente na estrutura sintática é o sintagma verbal. Por sua vez, o SP é o sintagma que se adjunge ao SV.

Se você já dominou a lógica das representações arbóreas, podemos seguir para a próxima seção de nossa unidade. Nela veremos que, na estruturação das frases

200 Curso básico de linguística gerativa

de uma língua natural, outros tipos de sintagma são combinados com os sintagmas lexicais. Trata-se dos sintagmas funcionais, muitas vezes também chamados de sintagmas gramaticais.

Sintagmas funcionais

Já sabemos que SN, SV, SA e SP são sintagmas lexicais, uma vez que se caracterizam como projeções máximas dos núcleos lexicais N, V, A e P, respectivamente. Vejamos agora os sintagmas que são nucleados por categorias funcionais, isto é, palavras que possuem valor puramente gramatical.

A distinção entre categorias lexicais e categorias funcionais é clássica na linguística. Ela foi primeiramente formulada por estruturalistas, com o objetivo de diferenciar, de um lado, palavras de conteúdo lexical, que possuem valor referencial (isto é, remetem-se a algo no mundo biossocial, como "casa", "amor", "correr", "feio", "alto"), e, de outro lado, palavras de conteúdo gramatical, que possuem valor funcional (isto é, dão conta do funcionamento do sistema linguístico, como artigos, conjunções, numerais, certos pronomes, flexões). Na linguística gerativa, a distinção entre itens lexicais e itens funcionais se estabelece, também, em virtude de suas propriedades selecionais.

Uma categoria é dita *lexical* se possui a capacidade de selecionar semanticamente argumentos (s-seleção). Já se tal categoria seleciona argumentos apenas categorialmente (c-seleção), então se trata de categoria *funcional*. Vejamos isso em exemplos.

Uma categoria funcional existente nas línguas naturais é o *complementador* (também chamado de *complementizador*). Trata-se da categoria C que projetará um sintagma complementador (SC). É esse sintagma que marca a força ilocucionária de uma sentença, determinando se se trata de uma frase declarativa ou interrogativa. Além disso, é esse sintagma que estabelece a relação entre orações numa dada sentença. Por exemplo, quando temos numa frase uma oração subordinada e uma oração principal, é o SC que estabelece a relação entre uma oração e a outra, tal como ilustrado a seguir.

(21) [Paula disse [$_{SC}$ que [João está feliz]]].

Note que a oração subordinada [João está feliz] é integrada à oração principal [Paula disse] por intermédio do complementador [que]. Tal complementador, por ser uma categoria C, dá origem à projeção máxima SC. Esse tipo de sintagma não impõe nenhum tipo de restrição semântica aos constituintes que podem ser selecionados como seus argumentos – ou seja, orações com qualquer tipo de conteúdo semântico podem ser introduzidas por um SC. Tal fato nos leva a caracterizar esse sintagma como uma categoria funcional.

Outro sintagma funcional existente nas línguas humanas é o ST, sigla para o sintagma *temporal* (às vezes denominado também de sintagma *flexional*, SF – conforme vimos na unidade 7). Esse sintagma é particularmente interessante porque é ele que atribui a um SV com argumentos saturados o *status* de sentença, conferindo-lhe uma flexão, isto é, uma forma finita (com expressão de tempo, modo, aspecto, número e pessoa em português).

O ST é um sintagma funcional porque ele sempre seleciona um SV como seu complemento, independentemente dos traços semânticos desse SV. De fato, o ST é uma espécie de camada superior à camada lexical de um SV. Vejamos o que isso significa.

Um verbo como [ler] possui a capacidade de selecionar argumentos e atribuir-lhes papel temático, mas não possui em si mesmo a capacidade de marcar a expressão do tempo (ou modo, aspecto, número e pessoa gramaticais). Quem faz esse tipo de marcação gramatical é o ST, que atribui ao verbo um morfema flexional. Isso quer dizer que uma forma de palavra como "lemos", ou qualquer forma do verbo [ler] ou de qualquer outro verbo, é, na verdade, o resultado da combinação das categorias: a categoria lexical V (a raiz do verbo) e a categoria funcional T (a flexão verbal). Vemos isso representado muito simplificadamente a seguir. Somente na próxima unidade veremos a natureza do ST em detalhes.

(22) [Paulo disse [$_{SC}$ que [$_{ST}$ vai [$_{SV}$ ler um livro]]]].

Nessa representação, vemos que o SC estabelece a complementação entre a oração subordinada e a oração principal. Logo após esse sintagma, podemos localizar o ST, com a flexão "vai", que marca o tempo futuro do presente, modo indicativo, na terceira pessoal do singular no SV [ler [um livro]].

Por fim, o último sintagma flexional que devemos considerar é o *determinante*. Um sintagma determinante (SD) é a camada funcional do sintagma lexical SN. É nesse sintagma que se localizam artigos, pronomes, numerais e demais categorias que delimitam informações gramaticais acerca de um nome, tais como definitude (isto é, se trata de um expressão definida ou indefinida), gênero, número, quantidade etc. Por exemplo, nas representações que se seguem, vemos SNs que são, cada qual, determinados de uma maneira diferente por um núcleo D, que projetará um SD.

(23) a. [$_{SD}$ um [$_{SN}$ livro]]
 b. [$_{SD}$ o [$_{SN}$ livro]]
 c. [$_{SD}$ dois [$_{SN}$ livros]]
 d. [$_{SD}$ este [$_{SN}$ livro]]

É importante atentar para a semelhança na função gramatical de ST e de SD. Ambos selecionam um sintagma lexical como complemento, delimitando nele

202 Curso básico de linguística gerativa

informações linguísticas (tais como tempo, flexão, definitude, gênero). Tal seleção possui uma natureza puramente gramatical, isto é, não há restrições ao tipo semântico do argumento selecionado – logo, as categorias em questão (T e D) são funcionais.

O complemento de um ST é sempre um SV, enquanto o complemento de um SD é sempre um SN. É em função dessa relação entre sintagmas funcionais e sintagmas lexicais que, normalmente, os SVs são realizados nas línguas naturais em alguma forma verbal específica (num dado tempo, com algum modo e aspecto, em alguma pessoa e número gramaticais) e os SNs realizam-se por meio de uma referência concreta (são definidos ou indefinidos, apresentam uma quantidade específica, pertencem ao masculino ou feminino, estão no singular ou plural).

Ao descrevemos os sintagmas lexicais e funcionais, utilizamos aqui a sigla em língua portuguesa da respectiva abreviatura do sintagma: SN, SV, SA, SP, SC, ST (ou SF) e SD. Ao consultar bibliografia relevante sobre sintaxe gerativa, pode ser que você encontre essas abreviaturas conforme o original em inglês. É o que acontece com o importante livro *Novo manual de sintaxe* (Mioto; Silva e Lopes, 2013). Nesse caso, você deve ter em mente que, em inglês, o termo "sintagma" é traduzido com a palavra *phrase*. Sendo assim, as traduções equivalentes serão as seguintes.

SN = NP (*noun phrase*)
SV = VP (*verb phrase*)
SA = AP (*adjectival phrase*)
SP = PP (*prepositional phrase*)
SC = CP (*complementizer phrase*)
ST = TP (*temporal phrase*)
SF = IP (*inflectional phrase*)
SD = DP (*determiner phrase*)

Note que, em inglês, a abreviatura dos sintagmas sempre termina na letra "P", de *phrase* (tradução de sintagma, e não frase – não confunda!). É por essa razão que, jocosamente, as tecnicalidades dos sintaticistas de orientação gerativista são chamadas de "língua do pê".

Na verdade, existem outros sintagmas funcionais importantes nas línguas naturais. Contudo, o estudo mais aprofundado das categorias gramaticais deve acontecer noutro momento, num estágio mais avançado da sua formação acadêmica. Por ora, você deve ter em mente que SC, ST e SD são os principais sintagmas funcionais computados pela linguagem humana. Quando, na próxima unidade, analisarmos as computações sintáticas que realizam a derivação de representações linguísticas, veremos que existem muitas relações estruturais entre categorias lexicais e funcionais. Portanto, fixe esses sintagmas em sua memória e em seu conhecimento.

Para finalizarmos esta unidade, resta-nos descrever rapidamente os argumentos e os adjuntos que se apresentam numa estrutura sintagmática de tal maneira complexa que se caracterizam como orações: os argumentos e adjuntos oracionais. Trata-se, na verdade, de mais uma instância de nosso conhecido fenômeno da recursividade, a qual recebe bastante destaque nas aulas de língua portuguesa sob o nome de *orações subordinadas*. Este é o tópico da próxima seção.

A cisão dos sintagmas

Na literatura gerativista, desde o trabalho seminal de Pollock (1989), os sintagmas SC, ST e SV vem sendo reanalisados e descritos por meio de outros sintagmas mais específicos que os constituem. Assim, por exemplo, o SC pode ser dividido num "sintagma de tópico' (STop) e um "sintagma de foco" (SFoc). O ST pode ser reinterpretado como um sintagma de concordância para o sujeito (AgrS) e um sintagma de concordância para o objeto (AgrO) – note que *Agree* é o termo inglês que significa *concordância*. Também o SV vem sendo redescrito como a articulação entre um verbo leve ("v" – lido como *vezinho*), que dá origem ao Sv, que domina o SV. Na figura abaixo, você pode conferir a estrutura de uma sentença com o ST (TP) cindidos num sintagma de negação (NegP) e num sintagma de concordância (AgrP).

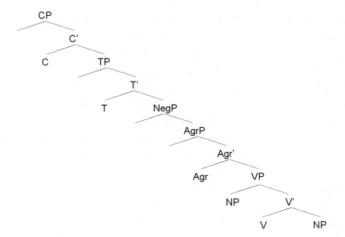

Exemplo de um sintagma cindido de acordo com Pollock (1989).

A motivação para a cisão de sintagmas depende do objetivo específico do sintaticista, em sua tarefa de explicar um determinado fenômeno. Pollock, por exemplo, teve a intenção de indicar que o sintagma de tempo comportava, na verdade, mais do que somente a expressão do tempo verbal. Ele dava conta também da negação, da concordância, do aspecto, dentre outras noções funcionais.

Argumentos e adjuntos oracionais

Conforme nos ensinam as melhores gramáticas tradicionais: "Quando a estrutura sintática de um período compreende uma única oração, dizemos que esse é um *período simples* e sua única oração é uma *oração absoluta*. Já quando ocorrem no período duas ou mais orações, dizemos que esse é um *período composto*". Essas são definições bem abstratas e tradicionais, mas depois de tudo o que até aqui já estudamos, será fácil compreender o que querem dizer. Senão, vejamos.

Em (24) a seguir, temos uma frase do português, já que se trata de um enunciado linguístico comunicativo nessa língua natural.

(24) João fez uma bobagem na frente de todos.

Tal frase possui uma característica específica: ela possui uma estrutura verbal, identificada pela ocorrência do predicador "dizer". Possuir um verbo predicador faz com que essa frase alcance o *status* de período. Isso quer dizer que o exemplo (24) não é apenas uma frase qualquer, mas sim uma *frase verbal*.

Mas o que acontece quando uma frase não possui predicação verbal? A reposta é a seguinte: na ausência de predicadores verbais, um enunciado linguístico é apenas uma *frase nominal*, tal como "Silêncio", "Olá", "Boa tarde", "Socorro", uma pequena oração ou qualquer outra expressão simples. Sobre esses tipos de frase, há muito pouco a se dizer no estudo da sintaxe. Logo, como já sabemos, o interesse do sintaticista recai especialmente sobre frases verbais, ou seja, sobre períodos.

Depois de entendermos o que é um período e conseguirmos identificá-lo numa frase, devemos seguir em frente com nossa análise linguística e descrever a sua estrutura interna. Devemos, portanto, identificar os predicadores verbais que, no interior do período, selecionam argumentos e recebem adjuntos. Voltando ao exemplo (24), percebemos que nele há somente um predicador verbal: o item "fazer", que seleciona seu argumento externo ("João"), seu argumento interno ("uma bobagem") e recebe um adjunto ("na frente de todos"). Já aprendemos que cada conjunto de relações entre um predicador verbal, seus argumentos e seus eventuais adjuntos é aquilo que tradicionalmente denominamos orações. Isso significa que, no período em (24), possuímos uma e somente uma oração.

Ora, quando isso acontece, isto é, quando encontramos períodos que são organizados em torno de uma e somente uma oração, dizemos tratar-se de um período simples, com uma oração absoluta (uma oração única na frase, tal como (24)). Em contrapartida, quando encontramos duas ou mais orações na estrutura de um período, dizemos se tratar de um período composto. Em (25), notamos a ocorrência de dois predicadores verbais, razão pela qual esse período deve ser identificado como composto, às vezes também denominado como *período complexo*.

(25) Paulo disse que João fez uma bobagem na frente de todos.

Nessa frase, verificamos a ocorrência do predicador verbal "fazer", que seleciona dois argumentos e recebe um adjunto, conforme já descrevemos acerca de (24). Encontramos também o predicador verbal "dizer", que seleciona "Paulo" como seu argumento externo e, como argumento interno, seleciona toda a oração "João fez uma bobagem na frente de todos".

O interessante a respeito dos períodos compostos é que eles são a expressão máxima da recursividade das línguas naturais. Com eles, nos damos conta de que uma oração, depois de constituída por meio das complexas combinações de sintagmas que estudamos nesta unidade, poderá ser selecionada como constituinte de uma outra oração, seja como argumento ou como adjunto. Analise bem os exemplos (24) e (25) e você entenderá o que estamos dizendo. Note que a oração em (24) é um dos constituintes do período complexo apresentado em (25).

Ora, a diferença fundamental entre período simples e período composto é que, no período simples, os argumentos e os adjuntos associados a um dado predicador apresentam-se na forma de sintagmas (e não de orações), ao passo que, no período composto, argumentos e adjuntos apresentam-se na forma de orações (e não de sintagmas simples).

Talvez você se pergunte como diferenciamos as orações selecionadas como argumento das selecionadas como adjunto. Saiba que não há nada de novo ou especial nesse tipo de distinção. Argumentos e adjuntos distinguem-se sempre pelo fato de serem ou não selecionados pela estrutura argumental de um predicador, seja no período simples ou no composto. Dessa maneira, se uma oração ou um sintagma simples é selecionado por um predicador, então será seu argumento. Já se uma oração ou sintagma simples não é selecionado por um predicador, mas meramente a ele é adjungido, então se trata de um adjunto.

As orações que são selecionadas como argumento de algum predicador são tradicionalmente denominadas *orações substantivas*. Por exemplo, toda a oração "João fez uma bobagem na frente de todos" é selecionada como argumento interno do predicador "dizer" em (25). Sendo assim, essa é uma oração substantiva – isto é, uma *oração argumento*. Quando, numa nomenclatura por vezes excessiva e redundante, encontramos nos livros e nas aulas de português referências às orações subordinadas substantivas com suas diversas funções sintáticas, o que estão tentando nos dizer é que essas orações são o argumento de algum predicador.

206 Curso básico de linguística gerativa

Para facilitar a sua memória em relação às funções sintáticas do período, que tanto estudamos em escolas tradicionais, elaboramos a tabela a seguir. Note que a classificação oficial de uma dada função quando o respectivo constituinte se encontra em forma de oração é desnecessariamente grande. Por exemplo, poderíamos dizer que um "sujeito" em forma de oração é simplesmente um "sujeito oracional", em vez de dizermos "oração subordinada substantiva (O. S. S.) subjetiva".

Estrutura sintagmática	Função sintática	Quando oracional
Argumento externo	Sujeito	O. S. S. subjetiva
Sintagma verbal	Predicado	- - -
Argumento interno V, quando SN	Objeto direto	O. S. S. objetiva direta
Argumento interno de V, quando SP	Objeto indireto	O. S. S. objetiva indireta
Argumento interno de N ou A	Complemento Nominal	O. S. S. completiva nominal
Predicador nominal	Predicativo	O. S. S. predicativa
SP agentivo em voz passiva	Agente da passiva	O. S. S. agentiva
SP adjungido a SV	Adjunto adverbial	O. S. Adverbial
SP ou SA adjungido a SN	Adjunto adnominal	O. S. Adjetiva

A função a seguir não aparece na nomenclatura escolar oficial, mas é bastante útil para diferenciarmos o argumento interno de verbos como [ir] do de verbos como [precisar].

Argumento interno de V (verbo de movimento espacial)	Complemento circunstancial

Se uma oração é apenas adjungida a algum sintagma, mas não é selecionada pela estrutura argumental de um predicador, então temos um adjunto oracional. Um adjunto em forma de oração – ou uma *oração adjunto* – pode ser classificado como oração adjetiva ou oração adverbial. A distinção decorre do tipo de sintagma que recebe a oração adjunto. Se o sintagma que recebe o adjunto é um SN, como vemos em (26), então dizemos que a oração é adjetiva, também chamada de *oração relativa* (note que, a seguir, usaremos dois colchetes contíguos para representar a ocorrência de uma adjunto sintático. Quando o constituinte representado é um complemento, usamos apenas um colchete simples).

(26) O [$_{SN}$ livro [[$_{SC}$ que [$_{ST}$ todo mundo leu]]]] é muito bom.

Note que a oração [que todo mundo leu] é inserida na frase como um adjunto do nome [livro]. Modificadores nominais são chamados de adjetivos e, como esse adjetivo específico encontra-se em forma de oração, chamamo-lo de oração adjetiva ou adjunto adnominal oracional.

Por sua vez, as orações adverbiais são modificadores do verbo. Elas são inseridas na frase, portanto, como adjuntos de um sv, conforme vemos a seguir.

(27) Paulo [$_{SV}$ chegou em casa [[$_{SC}$ quando [$_{ST}$ começou a chuva]]]]

Você deve notar que a oração [quando começou a chuva] insere-se na estrutura do período como modificador do sv [chegou em casa]. Como o próprio nome nos indica, "advérbios" são modificadores de verbos ou sintagmas verbais. No caso, o advérbio encontra-se na forma de uma oração inteira – e é por isso que o denominamos oração adverbial, ou adjunto adverbial oracional.

Como você pode ver, não há nada de excepcional no estudo do período composto. Ele é, como dissemos, apenas uma instância do fenômeno da recursividade, tão natural às línguas humanas. A razão para esse assunto receber tanta atenção em nossa formação escolar reside no fato de argumentos e adjuntos oracionais serem estruturas bastante complexas quando comparadas a argumentos e adjuntos não oracionais.

Uma vez que tenhamos consciência da recursividade das combinações sintáticas, já podemos esperar que orações possam ser combinadas com outras orações, tanto quanto sabemos que sintagmas podem se combinar com sintagmas, palavras podem se combinar com palavras, morfemas podem se combinar com morfemas, sílabas podem se combinar com sílabas, fonemas pode se combinar com fonemas... Essa é a natureza combinatória recursiva que faz das línguas naturais um instrumento de comunicação e expressão tão poderoso e tão belo.

O tipo mais simples de recursividade existente numa língua natural é a mera justaposição de estruturas, isto é, a colocação lado a lado de elementos linguísticos. Por exemplo, se temos o nome "João", podemos combiná-lo com outro nome, coordenando-os por meio de uma conjunção como "e": [João e Paulo]. Dessa forma, as orações coordenadas que estudamos na escola devem ser interpretadas como uma expressão simples da recursividade das línguas. Quando coordenamos orações, simplesmente justapomos uma oração ao lado da outra, num dado período, usando ou não conectivos explícitos. É isso o que acontece em [[João saiu], [eu fiquei em casa]] e [[Paulo gosta de rock], [mas eu gosto mesmo de MPB]].

Conclusão

Nesta unidade, exploramos o arsenal analítico básico necessário ao estudo do funcionamento do Sistema Computacional da linguagem humana. Vimos que a noção fundamental da sintaxe é o sintagma. Este é entendido como o resultado da combinação binária entre dois constituintes. Se juntarmos a simplicidade da

208 Curso básico de linguística gerativa

computação binária que constrói um sintagma com a propriedade fundamental da recursividade, chegaremos à construção de estruturas tão intrincadas como a oração e o período composto. Dominar a noção de sintagma, diferenciar sintagmas lexicais e funcionais, identificar a fronteira entre orações etc. são apenas instrumentos metalinguísticos úteis e imprescindíveis para compreendermos como é que a nossa cognição produz e compreende frases no nosso uso cotidiano da linguagem. Esperemos que você tenha já o domínio dessas ferramentas. Você fará uso corrente delas na próxima unidade e durante toda a sua vida acadêmica como estudioso da sintaxe, caso deseje prosseguir com seus estudos.

Exercícios

1) O que se deve entender por "sintaxe" nos estudos de linguística gerativa?

2) Quais são as unidades mínimas e máximas da análise sintática?

3) O que se deve entender pela noção de sintagma?

4) Use os testes de identificação de sintagma para descrever a ambiguidade estrutural presente na seguinte frase.
"Recebi uma fotografia de Petrópolis."

5) O que os sintaticistas querem dizer quando afirmam que a constituição de sintagmas é sempre binária e pode ser recursiva? Dê um exemplo.

6) Identifique os sintagmas presentes nas estruturas que se seguem.
a) Lemos muitos textos.
b) Lemos muitos textos de linguística.
c) Lemos muitos textos de linguística gerativa.

7) Represente os seguintes sintagmas em árvores sintáticas.
a) Vi televisão.
b) João gosta de doces.
c) Paulo dormiu por horas.

8) Descreva os três sintagmas funcionais apresentados nesta unidade. Dê um exemplo de cada.

9) Como você compreendeu a diferença entre períodos simples e períodos compostos a partir desta unidade? O que essa diferença tem a ver com o fenômeno da recursividade?

UNIDADE 9
O Sistema Computacional

Na unidade anterior, aprendemos os fundamentos da análise sintática gerativista. Estudamos os diferentes tipos de sintagma existentes nas línguas naturais e aprendemos a desenhar suas relações estruturais por meio dos diagramas arbóreos – as árvores sintáticas. Todo esse instrumental técnico que acabamos de estudar possui uma função bem clara no empreendimento da linguística gerativa: trata-se de ferramentas que nos ajudam a compreender e representar o conhecimento sintático que inconscientemente dominamos quando falamos uma dada língua. Isso quer dizer que precisamos saber identificar sintagmas, desenhar árvores e delimitar orações num dado período porque essa é uma habilidade muito útil, indispensável ao sintaticista que assume a tarefa de desvendar os mecanismos cognitivos por meio dos quais os humanos são capazes de produzir e compreender frases.

É correto dizer que tudo o que aprendemos na unidade 8 foi descrever formalmente as estruturas sintáticas da linguagem humana. Pois bem, na presente unidade, passaremos da descrição linguística **formal** para a descrição computacional das operações sintáticas subjacentes ao nosso uso da linguagem. Chegamos, portanto, ao momento do curso em que faremos uso do que já aprendemos sobre léxico e sintaxe para começar a analisar o Sistema Computacional da linguagem humana.

> Dizemos que a sintaxe gerativa é uma abordagem *formal* acerca da linguagem humana porque se ocupa fundamentalmente das "formas" que estruturam fonemas, morfemas, palavras, e frases – independentemente das diversas *funções* que essas formas podem assumir no uso da língua. Os manuais de linguística normalmente opõem à abordagem "formal" as abordagens "funcionais" que, em vez da "forma", privilegiam as "funções" comunicativas da linguagem.

Como já sabemos, o Sistema Computacional é somente um dentre os diversos componentes da linguagem humana. Léxico, Forma Fonética (FF), Forma Lógica (FL) e sistemas de interface (conceitual-intencional e articulatório-perceptual) são outros elementos no complexo edifício de nosso conhecimento linguístico. Cada

210 Curso básico de linguística gerativa

um deles é responsável por uma determinada fração no conjunto de habilidades que compõem a nossa cognição linguística. Ocorre que, para o gerativismo, o Sistema Computacional ocupa uma posição privilegiada na arquitetura da linguagem. Conforme já estudamos, o modelo de língua-I formulado por Chomsky assume que a sintaxe seja o componente central na estrutura e no funcionamento de qualquer língua natural. Essa hipótese é de tal maneira importante e forte para os gerativistas que, no ano de 2002, Chomsky elaborou uma nova dicotomia para destacar a proeminência do Sistema Computacional (e em especial a recursividade) em relação aos demais sistemas linguísticos: a distinção entre faculdade da linguagem *lato sensu* e faculdade da linguagem *stricto sensu*.

De acordo com Chomsky, todos os sistemas cognitivos envolvidos direta ou indiretamente no conhecimento linguístico humano compõem um vasto campo de nossa cognição denominado "faculdade da linguagem em sentido amplo" (*lato sensu*). Assim, Léxico, Sistema Computacional, FF, FL e Interfaces comporiam o grande conjunto da linguagem humana em seu *sentido amplo*: a FLA. Porém, um desses componentes é de tal forma importante para o funcionamento das línguas naturais que se torna necessário denominá-lo de maneira especial. Esse componente é o Sistema Computacional (e a recursividade de suas operações). Chomsky (2002) propôs que tal Sistema seja referido como "faculdade da linguagem em sentido restrito" (*stricto sensu*), a FLR.

Figura 9.1: Faculdade da linguagem em sentido amplo (FLA)
e Faculdade da linguagem em sentido restrito (FLR).

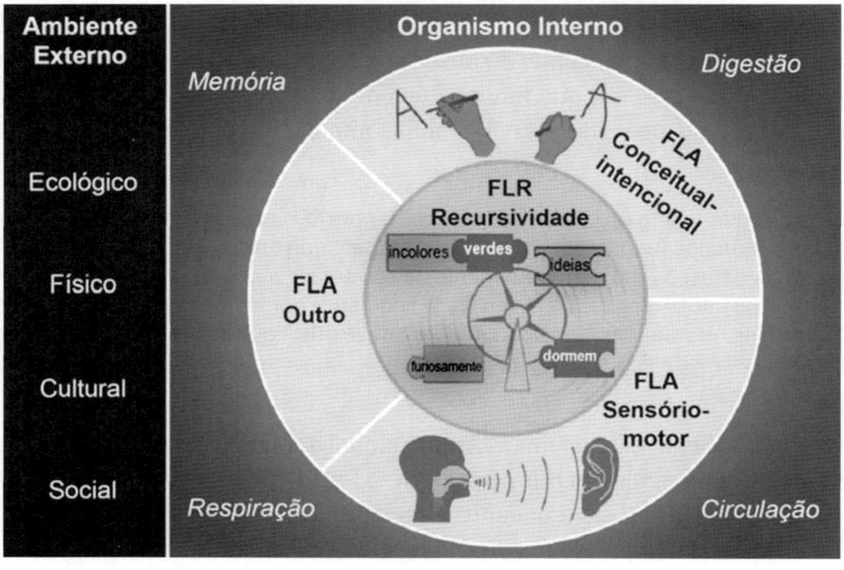

Fonte: Chomsky, Hauser e Fitch, 2002, p. 1570. (adaptado)

FLR, isto é, o Sistema Computacional com as suas operações recursivas, é o componente linguístico dedicado à criação de estruturas sintáticas como sintagmas e sentenças. Na dinâmica de funcionamento da linguagem, esse Sistema recebe do Léxico as unidades operacionais mínimas (palavras) com as quais é capaz de criar representações complexas. Tais representações, por sua vez, são enviadas pelo Sistema para as interfaces cognitivas responsáveis pela articulação fonológica das frases e pela integração discursiva de nossas elocuções. Isso quer dizer que o Sistema Computacional é uma espécie de máquina (ou software, usando uma metáfora da informática) capaz de gerar informação sintática a partir de informações lexicais, criando representações linguísticas que podem ser usadas pelos sistemas fonético-fonológicos e semântico-discursivos. Esse Sistema é, por conseguinte, o elemento que integra todos os diferentes componentes da arquitetura da linguagem.

"Ideias verdes incolores dormem furiosamente"

Em seu texto inaugural da linguística gerativa (1957), Chomsky apresentou essa frase estranha como argumentação em favor da relativa independência entre sintaxe e semântica. A frase, como vemos, é perfeita do ponto de vista sintático, mas anômala semanticamente – afinal, "ideias" não têm cores, e "verdes" não podem ser incolores, além disso "ideias" não dormem e não se pode "dormir furiosamente". A única maneira de conferir algum significado a essa estrutura sintática é imaginar conotações metafóricas ou contextos imaginativos livres, que, portanto, ultrapassarão o valor semântico básico de cada palavra e serão licenciadas em FL.

Diante dessa breve descrição acerca da FLR, você talvez esteja se perguntado: mas de que maneira, afinal, o Sistema Computacional gera sintagmas e frases? Quais são as operações desse Sistema e como ele se relaciona com as suas interfaces? Pois bem, é isso o que veremos em detalhes ao longo desta unidade. Com efeito, muitos dos conceitos e termos técnicos que serão aqui estudados com vagar já foram introduzidos brevemente ao longo do curso. Teremos agora a oportunidade de retomar os temas e as figuras já apresentados para integrá-los e desenvolvê-los com mais detalhes e aprofundamento.

Representação e derivação

Para começarmos o nosso estudo sobre o Sistema Computacional da linguagem humana, é importante distinguirmos, de um lado, os produtos criados por esse Sistema e, de outro lado, os processos por meio dos quais tais produtos são gerados. Como podemos fazer essa distinção?

Na verdade, nós já apresentamos rapidamente esse assunto em nossa unidade 6. Para relembrarmos o tema, pensemos no seguinte. Quando ouvimos ou lemos sintagmas ou frases, deparamo-nos na verdade com certos *produtos* criados pelas operações do Sistema Computacional. Isso quer dizer que sintagmas e frases são, na verdade, o *resultado* do conjunto das operações computacionais que combinam elementos sintáticos na estrutura de uma sentença. Talvez uma alegoria nos ajude a ilustrar o que estamos dizendo. Imagine que você esteja chegando a um bairro novo de sua cidade e aviste uma casa já construída e bem-acabada, prontinha para morar. Essa casa é o produto final do processo de sua produção. Na linguística, o *produto* das operações computacionais recebe o nome de **representação**. Nesse caso, ao ver a casa pronta você estaria diante de sua representação. Agora imagine que você aviste num bairro uma casa ainda no processo de sua construção. Dessa vez, o que você verá são as operações que, passo a passo, vão levando a construção da casa adiante, até a conclusão da obra. Na linguística, o *processo* por meio do qual representações sintáticas são criadas denomina-se **derivação**. Sendo assim, ao assistir à construção de uma casa você estaria diante de sua derivação.

> Entende-se por *representação* a estrutura sintática criada pelo Sistema Computacional, a qual deverá ser enviada para processamento nos sistemas de interface. Por seu turno, entende-se por *derivação* o conjunto das operações computacionais que geram representações sintáticas.

Você entenderá a relevância da distinção linguística entre representação *versus* derivação (ou produto *versus* processo) ao analisar o exemplo seguinte. Tomemos a frase "João ama Maria". Tal frase ilustra bem o que vem a ser uma representação sintática. Trata-se de uma estrutura completa, plenamente constituída pelo Sistema Computacional, que pode ser enviada para os sistemas de interface (para ser pronunciada e assumir algum significado referencial e contextual). Pensemos agora na sequência de computações sintáticas que deram à luz essa representação.

O Sistema Computacional **213**

Resumidamente, podemos dizer que, para gerar essa estrutura, o Sistema Computacional deverá, como primeiro passo, retirar do Léxico as três palavras que serão usadas na frase, introduzindo-as no seu espaço computacional. Logo em seguida, o Sistema começará a fazer combinações entre esses três elementos, até que uma representação esteja finalmente construída. Sendo assim, num segundo passo, o Sistema combinará o verbo [ama] com SN [Maria] para, dessa forma, obter o SV [ama [Maria]]. Por fim, no terceiro passo da criação da frase, o Sistema combinará o SV [ama [Maria]] com o SN [João] e chegará à frase [João [ama [Maria]]]. Pois bem, se a frase "João ama Maria" é uma representação (um produto), o conjunto de operações que, passo a passo, geram esse produto é justamente a sua derivação (um processo).

No empreendimento da linguística gerativa, os sintaticistas estão interessados tanto em representações sintáticas quanto em derivações computacionais. Contudo, é muito importante para um gerativista determinar o quanto de representação e o quanto de derivação estão presentes na cognição linguística humana durante a produção e a compreensão de frases. Nas propostas teóricas mais recentemente formuladas por Chomsky (desde 1995 até o presente), o conhecimento sintático humano é interpretado como eminentemente derivacional e pouco representacional.

Com efeito, o Programa Minimalista chomskiano, na fase atual da Teoria de Princípios e Parâmetros gerativista, sustenta só existirem dois tipos de representação linguística: (π), que é a representação a ser enviada à FF e (λ), que é a representação a ser processada em FL. No entanto, outras abordagens gerativistas podem assumir uma feição mais representacional e menos derivacional para a faculdade da linguagem. Esse representacionalismo mais forte era defendido, por exemplo, pelo próprio Chomsky nos primeiros anos da linguística gerativa (nos anos 60, 70 e 80), quando representações como "estrutura profunda" e "estrutura superficial" eram consideradas fundamentais na caracterização da competência sintática humana.

> **Estrutura profunda *versus* estrutura superficial**
>
> Nos modelos gerativistas anteriores ao minimalismo, Chomsky defendia a existência de dois outros níveis de representação linguística, além de π e λ. Eram eles: estrutura profunda e estrutura superficial. A estrutura profunda era descrita como aquela em que as informações semânticas básicas do Léxico seriam representadas, tais como a saturação de argumentos e a atribuição de papéis temáticos. Sobre essa estrutura, o Sistema Computacional, então chamado simplesmente de "sintaxe", aplicaria diversas operações, tais como apagamento, substituição e deslocamento, as quais produziriam uma nova representação, a estrutura superficial. Essa estrutura superficial seria então enviada para FF e FL, a fim de sofrer novas modificações antes da pronúncia e da interpretação final. Para saber mais sobre esse momento na história do gerativismo, veja Mioto, Silva e Lopes (2013).

Assumindo que o conhecimento sintático existente em nossas mentes seja eminentemente derivacional, precisamos então caracterizar quais são as operações utilizadas pelo Sistema Computacional durante a derivação de sintagmas e sentenças. Da mesma forma, precisamos descrever em que momento, no curso de uma derivação, essas operações computacionais podem ou devem ser ativadas. É precisamente isso o que começaremos a estudar na seção seguinte.

Operações computacionais

Pelo que você já aprendeu ao longo deste curso, é possível compreender que o Sistema Computacional constrói representações sintáticas derivacionalmente, a partir de unidades retiradas do Léxico. O Léxico é, por assim dizer, a fonte de alimentação do Sistema Computacional. É de lá que esse Sistema retira todas as informações necessárias para disparar suas operações computacionais.

Figura 9.2: A arquitetura da linguagem.

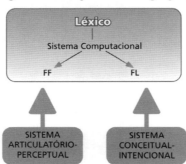

Entretanto, o acesso do Sistema Computacional aos itens do Léxico que devem compor uma dada representação linguística é bastante restrito e ordenado. Ora, o Sistema não poderia acessar todo o Léxico de uma só vez, em suas centenas de milhares de unidades, para selecionar apenas as seis ou sete, dez ou mesmo vinte palavras que devem compor uma sentença específica. Imagine, por exemplo, como seria dispendioso se você quisesse criar uma frase em sua língua materna e, para isso, tivesse de vasculhar um volumoso dicionário da língua portuguesa, inspecionando uma a uma todas as palavras ali presentes até que encontrasse as que desejasse usar. Seria uma atividade muito demorada, tediosa ou mesmo inútil, não? Com essa alegoria, o que queremos dizer é que, na cognição linguística humana, deve existir uma instância intermediária entre o Léxico e o Sistema Computacional. Essa instância deve conter apenas o pequeno conjunto das informações lexicais necessárias para alimentar uma derivação sintática específica. Tal instância é denominada Numeração.

Conforme aprendemos na unidade 6, a Numeração é, fundamentalmente, o conjunto de referência que contém as informações linguísticas que orientarão o Sistema Computacional durante a derivação de uma estrutura sintática particular. Para entender melhor isso, lembre-se de um assunto muito importante que estudamos na unidade 7: a noção de "traço" linguístico. São os traços formais de um dado item lexical (como estrutura argumental e grade temática, dentre outros) que dispararão as operações do Sistema. Ora, os traços de um item lexical se tornam visíveis para o Sistema Computacional justamente quando estão inseridos numa Numeração e são de lá introduzidos no espaço derivacional da sintaxe. Podemos compreender a Numeração como a compilação do conjunto de instruções que o Sistema Computacional deve seguir no curso de uma derivação. Mas note bem: a Numeração não é em si mesma uma operação computacional, tampouco uma representação sintática. Ela é somente uma instância intermediária entre o Léxico e o Sistema Computacional. Do ponto de vista psicológico, a Numeração é uma entidade abstrata que corresponde aproximadamente ao nosso planejamento de fala – aqueles milésimos de segundo inconscientes em que os itens que vamos usar numa frase são selecionados.

Figura 9.3: Numeração, uma instância entre o Léxico e o Sistema Computacional.

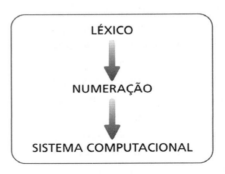

Os sintaticistas representam uma Numeração pela letra "N", à qual se seguem, entre chaves, os itens a serem usados na derivação. Por exemplo, sabemos que, na representação "João ama Maria", os itens lexicais manipulados pelo Sistema Computacional são "João", "ama" e "Maria". Sendo assim, a Numeração que dá origem a essa representação é inicialmente descrita como se segue.

(1) N = {João, ama, Maria}

O que falta para que essa Numeração possa ser considerada completa é indicarmos o número de vezes que cada um desses itens lexicais deverá ser retirado da Numeração e inserido no espaço derivacional. No caso, digamos que cada item presente em (1) deva ser retirado de N uma e somente uma vez durante a derivação. Para indicarmos isso, devemos anexar a cada um dos itens da Numeração 1 um *índice* subscrito – tal como vemos abaixo.

(2) N = {João$_1$, ama$_1$, Maria$_1$}

Essa Numeração indica claramente que cada item nela presente deverá ser introduzido no espaço computacional apenas uma vez. Você deve notar que a indicação do número de vezes em que um item deve ser retirado de N é importante porque sabemos, de antemão, que uma suposta frase como "João, João, João, ama, Maria" ou "João Maria ama Maria João" é muito diferente de "João ama Maria". Tal diferença, no caso, decorre da quantidade de vezes em que um item é inserido na frase – e essa limitação é determinada pelo índice do item conforme inscrito na Numeração.

Quando um item é retirado de N e é inserido numa derivação, seu índice é reduzido em 1. No momento em que o índice de um item atinge 0 (zero), isso significa que esse item não será mais inserido na derivação. Por exemplo, quando tiramos o item "Maria" da Numeração {João$_1$, ama$_1$, Maria$_1$} e o inserimos na derivação, nosso N será igual ao que se segue.

(3)   N = {João$_1$, ama$_1$, Maria$_0$}

É esse novo N em (3) – que poderíamos chamar de N1, para diferenciá-lo do N em (2) –, já com o índice de "Maria" reduzido a zero, que estará disponível para as demais operações computacionais que serão disparadas no curso da derivação de "João ama Maria".

Se você já compreendeu o que é uma Numeração, então deverá estar se perguntando de que maneira ela é finalmente transformada numa derivação. Muito bem, a primeira coisa que precisa acontecer para que uma derivação tenha início é a retirada de um dado item lexical, diretamente da Numeração, e sua respectiva introdução no espaço derivacional. A operação computacional que realiza esse procedimento é denominada Select (termo inglês que, como já estudamos, significa *selecionar*).

Selecionar (ou Select, se quisermos usar o termo estrangeiro) é uma operação computacional muito simples. Tudo o que ela faz é retirar um determinado item de N e introduzi-lo no espaço derivacional, reduzindo o seu índice em 1 (por exemplo, se o índice for 3 passa a ser 2, se for 2 passa a ser 1, se for 1 passa a ser zero). Já sabemos que, se temos a Numeração {João$_1$, ama$_1$, Maria$_1$}, a operação Select poderá introduzir o item "Maria" no espaço derivacional uma única vez. É isso que vemos representado na figura a seguir. Note que, em N, o item "Maria" apresenta índice zero, justamente porque já foi introduzido na derivação o número máximo de vezes permitido.

Figura 9.4: A operação Select (selecionar) retira itens de N e os introduz no espaço da derivação.

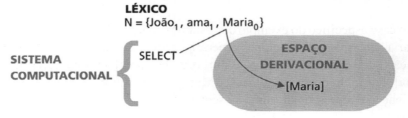

Você já compreendeu a função da operação Select na arquitetura da linguagem humana? Se sim, devemos agora lhe apresentar como é que uma derivação segue em frente, logo depois da inserção de um item lexical em nosso espaço derivacional.

Continuando com a Numeração {João₁, ama₁, Maria₀}, suponhamos agora que a operação Select introduza no espaço da derivação, logo ao lado do item "Maria", a palavra "ama", justamente como ilustrado na figura a seguir. E agora? O que deverá acontecer?

Figura 9.5: Dois itens de N encontram-se inseridos no espaço da derivação.

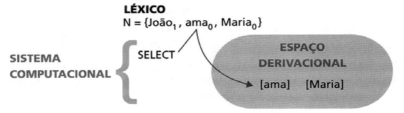

Quando pelo menos dois itens lexicais estão inseridos no espaço derivacional, a operação Merge (combinar), que também já conhecemos da unidade 6, pode ser ativada. Merge é a operação mais básica e fundamental do Sistema Computacional. Ela consiste em combinar dois elementos, digamos "a" e "b" – que podem ser itens lexicais ou sintagmas complexos –, e a partir desses dois formar um terceiro item, por exemplo "C". A computação "a" + "b" = C é representada na figura 9.6.

Figura 9.6: Merge é a operação computacional básica por meio da qual dois elementos quaisquer são combinados de modo a formar um terceiro elemento.

No caso específico do exemplo que estamos analisando, a existência de "ama" e "Maria" no espaço derivacional já permite a ativação da operação Merge. Essa operação será então acionada e, assim, o verbo [ama] será concatenado ao SN [Maria]. Por meio dessa combinação, Merge fará surgir o SV [ama [Maria]]. Tal combinação é representada como se segue.

Figura 9.7: Merge combina [ama] e [Maria] fazendo surgir o SV [ama [Maria]].

Com esse simples exemplo, você já pode deduzir que essa operação computacional não foi desencadeada por acaso. Com efeito, ela foi disparada pelo traço de seleção do predicador "ama". Sabemos que esse item seleciona um argumento interno, e satisfazer essa seleção é uma das obrigações do Sistema Computacional. Sendo assim, o Sistema ativa a operação Merge, que toma "Maria" como complemento de "ama" e, dessa forma, satisfaz sua seleção de argumento interno.

Pois bem, uma vez que, no espaço derivacional, o sintagma [ama [Maria]] tenha sido formado, qual será a próxima operação que o Sistema Computacional deverá utilizar na sequência de nossa derivação? Você está pensando corretamente se disse o seguinte: o que vai acontecer agora é a seleção de "João" e sua introdução, através de Select, no espaço da derivação. Vemos isso acontecendo na figura seguinte.

Figura 9.8: A operação Select insere [João] no espaço da derivação, ao lado do objeto completo já formado [ama [Maria]].

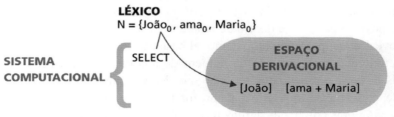

Até aqui, tudo bem. Mas e agora? Temos o item lexical [João] e o sintagma [ama [Maria]] disponíveis em nosso espaço derivacional. O que deverá acontecer? Nesse momento, a operação Merge é disparada mais uma vez (trata-se do segundo Merge na derivação). Dessa vez, Merge combinará o item lexical [João] e sintagma [ama [Maria]], tal como é ilustrado na figura 9.9.

Figura 9.9: A operação Merge combina [João] com o sintagma [ama [Maria]].

Nesse momento, nossa representação [João [ama [Maria]]] está basicamente formada. É nesse momento que o Sistema Computacional deve ativar a operação Spell-Out (termo inglês que significa "dividir", "separar"). Já aprendemos que Spell-Out é uma espécie de momento computacional que separa a derivação em duas partes: a representação (π que será encaminhada para a FF, e a representação (λ), que será enviada para a FL. Isso significa que, mais do que uma "operação", Spell-Out é uma bifurcação no curso de uma derivação sintática, uma espécie de fronteira divisória com duas direções: FF e FL.

Se você for um estudante curioso, talvez tenha agora em mente a seguinte pergunta: mas, afinal, como o Sistema Computacional pode saber que é chegado o momento de Spell-Out? Como o Sistema é capaz de identificar que deve cindir a derivação em duas partes, uma fonética e outra semântica? Essa é uma pergunta importante. Deixaremos para respondê-la em detalhes na próxima seção desta unidade. Por enquanto, começaremos a descrever uma operação computacional que também já é nossa conhecida: Move (mover) – o deslocamento de constituintes de uma posição para outra dentro de uma derivação.

Move é uma operação computacional bastante complexa. Ela é fundamental para compreendermos um grande número de fenômenos sintáticos das línguas naturais. É por essa razão que retomaremos Move mais à frente ao longo desta unidade, para analisarmos com mais profundidade de que maneira essa operação satisfaz inúmeras condições derivacionais. Para já, o que precisamos entender é que Move é uma forma especial de aplicação da operação Merge.

O Merge simples, também chamado de Merge externo, acontece quando combinamos dois itens que se encontram disponíveis no espaço derivacional. O Merge simples (que devemos chamar apenas de Merge) já foi representado na figura 9.6. Por sua vez, Move é o nosso Merge complexo, ou Merge interno. Ele acontece, numa descrição inicial, da seguinte maneira: 1º) o Sistema Computacional faz uma *cópia* de um item já existente no espaço da derivação, seja um item lexical ou um sintagma; 2º) o Sistema Computacional combina, via Merge, essa *cópia* com outro elemento existente no espaço derivacional. Vejamos isso em detalhes.

Imagine que, conforme está ilustrado na figura a seguir, o Sistema Computacional precisasse combinar um item linguístico qualquer – digamos "b" – com um sintagma qualquer – por exemplo, C. O que ele deveria fazer se "b" não estivesse mais disponível na Numeração e se C fosse um sintagma já construído no curso de uma derivação?

Figura 9.10: Move = cópia + Merge.

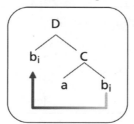

A alternativa do Sistema seria fazer uma cópia de "b" e, então, combiná-la com C. O resultado da combinação da cópia de "b" com o sintagma C seria um novo sintagma, representado na figura 9.10 por D. Note que a letra "i" subscrita nas duas instâncias de "b" indica exatamente que ambos os elementos recebem o mesmo índice, isto é, são o mesmo elemento, sendo um a cópia do outro. A seta utilizada na ilustração indica-nos a posição na derivação de onde a cópia do constituinte foi deslocada e qual é posição final do movimento. Muito bem, é precisamente esse o recurso usado pelo Sistema Computacional quando se torna necessário combinar um elemento já inserido numa derivação com outro também disponível no espaço derivacional, mas com índice zerado na Numeração: o Sistema faz uma cópia do constituinte que precisa ser movido e então procede ao Merge de tal cópia com outro constituinte sintático. A operação complexa {cópia + Merge} é, portanto, o que chamamos de Move.

Se essa explicação formal está parecendo muito abstrata, vejamos um exemplo linguístico. Suponha que uma derivação tenha criado a seguinte representação: "João leu que livro?". Essa representação é derivada em algumas etapas. Primeiramente, temos a Numeração = {João$_1$, leu$_1$, que$_1$, livro$_1$}. A operação Select retira "livro" de N e o introduz no espaço derivacional. Logo depois, a mesma operação insere "que" no espaço da derivação. Agora, a operação Merge é ativada e os itens "que" e "livro" são combinados entre si num só sintagma: o SN [que livro]. Em seguida, Select introduz "leu" na derivação. Então, Merge é acionado mais uma vez, procedendo à concatenação do verbo "leu" e do SN [que livro], gerando o SV [leu [que livro]]. Por fim, Select insere "João" na derivação e, logo a seguir, Merge combina esse SN com o SV [leu [que livro]], que culmina na representação [João [leu [que livro]]]. A figura a seguir apresenta visualmente os passos dessa derivação (se você está curioso para saber como o Sistema identifica que se trata de uma interrogação, saiba que a Numeração que apresentamos acima é simplificada e está, na verdade, incompleta. Nela faltou indicar a presença do traço "interrogação", que marcaria a força ilocucionária da representação).

Figura 9.11: A derivação da representação [João [leu [que livro]]].

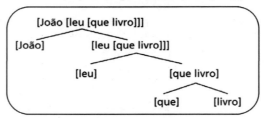

Se você entendeu o processo dessa derivação até a formação da representação "João leu que livro?", então pense no seguinte. Como o Sistema Computacional teria de proceder caso o SN [que livro] tivesse de ocupar o início da sentença, e não o final, como está nessa representação? Nesse caso, o Sistema não teria alternativa senão acionar a operação Move. Dessa forma, ele faria uma cópia do SN [que livro] e combinaria essa cópia com a representação [João [leu [que livro]]]. Após essa aplicação de Move, o SN [que livro] terá sido deslocado para o início da construção, e teremos a representação [[que livro]$_i$ [João [leu [que livro]$_i$]]]. A figura 9.12 ilustra essa nova representação. Note que o constituinte [que livro] aparece duas vezes na representação, em função do deslocamento de sua cópia para o início da frase.

Figura 9.12: Ilustração da aplicação de Move sobre o SN [que livro].

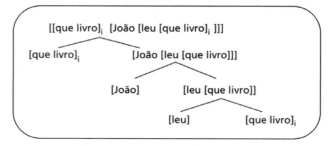

É certo que uma dessas duas ocorrências terá de ser apagada antes de a frase tomar corpo fonético numa pronúncia específica em FF – mas trataremos disso mais à frente nesta unidade.

Bare Phrase Structure

Você deve ter notado que, nas figuras 9.11 e 9.12, não utilizamos as representações arbóreas no modelo X-barra. A razão para isso é que X-barra é um modelo mais representacional e menos derivacional. Saiba que o modelo X-barra é ainda muito útil e bastante usado pelos gerativistas (tanto que, noutras figuras desta unidades, voltaremos a usá-lo), no entanto ele não é muito claro para indicar a derivação de uma sentença e é, dessa forma, mais adequado para ilustrar a sua representação, inclusive com a explicitação de rótulos gramaticais como N, N', SN etc. O modelo *Bare Phrase* (ou "estrutura simplificada", numa tradução livre), por sua vez, apresenta uma representação minimalista, preocupada mais em ilustrar a derivação de uma estrutura, e menos a sua representação.

Antes de concluir esta seção, vamos recapitular o que acabamos de estudar. Vimos que o Sistema Computacional utiliza suas operações para, a partir dos itens lexicais presentes numa dada Numeração, derivar representações sintáticas que serão acessadas e usadas pelos sistemas de interface. Durante a derivação, Select, Merge e Move são as principais operações computacionais de que o Sistema pode lançar mão. Como dissemos, num determinado momento derivacional – denominado Spell-Out –, a derivação se divide em duas partes: a que será direcionada à FF e a que será direcionada à FL. Vejamos, na seção a seguir, como o Sistema consegue identificar o momento correto dessa bifurcação derivacional.

Derivação por fases

Em função do que estudamos até aqui, acreditamos que a interpretação da seguinte figura seja uma tarefa fácil para você.

Figura 9.13: O curso de uma derivação antes e depois de Spell-Out.

Vemos aqui que uma derivação, compreendida como um conjunto de computações, é alimentada pelos traços lexicais compilados numa dada Numeração. Essa derivação aplicará operações como Select, Merge e Move até um ponto em que será dividida em duas: uma direcionada à FF e outra à FL. Nesse percurso até essas interfaces, após Spell-Out, as computações continuam – com a ressalva de que as operações a caminho de FL não serão mais visíveis na expressão fonética da representação sintática em construção, dado que informações fonético-fonológicas são encaminhadas apenas para FF. Pelo que se vê, Spell-Out é uma espécie de *comando* do Sistema Computacional, o qual é responsável por enviar a representação até então construída para o processamento computacional nos sistemas de interface. Mas quando é que esse comando é ativado no curso de uma derivação?

Desde seu importante texto de 1999, Chomsky vem defendendo a ideia de que as derivações acontecem por "fases", isto é, por pequenos ciclos (ou fatias de informação) ao final dos quais a derivação é bifurcada entre FF e FL. Uma fase, para Chomsky, é o suporte sintático das estruturas de significado inspecionadas em FL. São o que o autor chama de "estruturas proposicionais", em que um *sujeito* diz alguma coisa sobre algum *predicado*. Além disso, Chomsky também interpreta que as fases sejam uma espécie de *memória de trabalho*, já que, segundo ele, FL só é capaz suportar pequenas fatias de estrutura em sua *memória ativa*. Para além dessas interpretações chomskianas, existem muitas outras acerca da natureza das fases, formuladas por diversos e respeitados linguistas. Você terá oportunidades de conhecê-las, caso se aprofunde nos estudos gerativistas.

Em termos derivacionais, uma fase é um SC ou um SV, isto é, é uma proposição completa, com a sua força ilocucionária devidamente marcada (no SC), ou é uma estrutura de predicação completa, com um verbo e sua respectiva estrutura argumental devidamente saturada (no SV). Isso significa que uma derivação é enviada para FF e FL tão logo um SV tenha sido saturado com seus argumentos ou tão logo um SC tenha sido representado, com seus constituintes e sua força ilocucionária assinalados. SC e/ou SV são, portanto, os momentos de uma derivação em que a operação Spell-Out é ativada. O interessante é que, uma vez que tenha sofrido Spell-Out, um constituinte sintático não estará mais disponível para futuras operações do Sistema Computacional. Vejamos um exemplo disso, passo a passo.

Uma representação como "João ama Maria" é enviada para as interfaces assim que "João" sofre Merge com o SV "ama Maria", pois é nesse momento que uma estrutura argumental plenamente saturada é construída – note que, com o Merge de "João", o verbo "amar" terá saturados os dois argumentos exigidos em sua estrutura argumental. Da mesma forma, a representação "Que livro o João leu que livro" é enviada, por meio de Spell-Out, para as interfaces da linguagem na hora em que o constituinte "que livro" é movido para o início da sentença, numa posição dentro do SC, já que, após a aplicação de Move, uma proposição completa, é construída. Depois de enviados para FF e FL, esses elementos não poderão sofrer Merge ou Move, já que não estarão mais acessíveis ao Sistema Computacional.

Se você está gostando do formalismo chomskiano, vai achar interessante o fato de a noção de "fase" provocar uma reformulação no conceito de Numeração. Ora, para que a operação Select possa inserir itens lexicais numa fase correta (e não, digamos, em qualquer uma das fases de uma dada derivação), esses itens devem estar "arranjados", isto é, devem estar organizados dentre os elementos que irão compor uma dada fase (e não outra) numa derivação específica. Por exemplo, imagine que quiséssemos construir uma representação sintática como "Paulo acha que João está feliz". Como é que o Sistema Computacional poderia saber que "Paulo" deve ser combinado com "acha" (e não com "está feliz"), ao mesmo tempo em que "João" deve ser combinado com "está feliz" (e não com "acha")? Pois bem, o Sistema saberá disso porque "Paulo" estará arranjado, na Numeração, no mesmo grupo de "achar", bem como "João" estará arranjando no mesmo conjunto de "feliz". Cada um desses grupos corresponde ao total de itens lexicais que devem ser inseridos em uma e somente em uma das fases da derivação de nosso exemplo. A noção de fase conduz, portanto, à noção de "arranjos", também chamados de "subarranjos", que são os grupos de itens que compõem uma Numeração, separados por seus respectivos núcleos de fase, isto é, C e V. Para visualizar isso, compare as duas numerações a seguir.

226 Curso básico de linguística gerativa

(4) a. N = {Paulo$_1$, acha$_1$, que$_1$, João$_1$, está$_1$, feliz$_1$}

b. N = {{acha$_1$, Paulo$_1$}, {que$_1$, João$_1$, está$_1$, feliz$_1$}}

Você deve ter percebido que a Numeração em (4b) encontra-se organizada em dois grupos, correspondentes às duas fases em que a derivação deverá ser computada. Cada grupo desses é iniciado por um núcleo de fase (V, núcleo de sv, ou C, núcleo de sc). Logo, podemos dizer que (4b) é uma Numeração organizada em subarranjos, enquanto (4a) não é. É justamente esse subarranjo que permitirá ao Sistema identificar corretamente que item deve ser inserido em qual fase da derivação.

Se você está achando que a Numeração organizada em subarranjos parece ser em si mesma uma *representação*, saiba que muitos gerativistas pensam como você. Veremos, ao final desta unidade, que existem críticas importantes ao modelo computacional chomskiano que aqui descrevemos. Uma delas diz respeito ao caráter mais representacional e menos derivacional de certas entidades teóricas, que Chomsky (1995) nomeia como **necessidade conceitual virtual**.

> Uma necessidade conceitual virtual é uma espécie de princípio básico do qual os gerativistas não podem abrir mão. É um axioma descritivo. Sem ele, não haveria como explicar o funcionamento do Sistema Computacional.

Passemos agora para a próxima seção desta unidade. Veremos como os princípios da Interpretação Plena e da Economia Computacional norteiam uma derivação sintática. São eles que dizem o Sistema Computacional o *que* fazer e *como* fazer durante a derivação de representações linguísticas.

Princípios derivacionais

Na unidade 6 deste curso, você estudou o Princípio da Interpretação Plena – que os gerativistas às vezes chamam simplesmente de "FI", que é a sigla em inglês desse Princípio (*Full Interpretation*). Você deve lembrar-se de que o Princípio da Interpretação Plena é, por assim dizer, o agente regulador do Sistema Computacional. Segundo esse Princípio, o Sistema deve gerar representações que possam "ser lidas" nas interfaces da linguagem, isto é, as derivações do Sistema devem cumprir a condição de gerar representações que possam ser acessadas e usadas pelo sistema articulatório-perceptual e pelo sistema conceitual-intencional. É como se os sistemas de interface tivessem de dar uma espécie de "veredito" para cada representação gerada pelo Sistema Computacional. Se uma representação for

O Sistema Computacional **227**

licenciada nas interfaces, então poderemos pronunciá-la e interpretá-la corretamente – logo, seu veredito será positivo. Caso a representação não seja licenciada
nas interfaces, então não poderemos ou pronunciá-la ou interpretá-la corretamente
– portanto, seu veredito será negativo.

Em termos mais técnicos, dizemos que uma derivação é *convergente* quando
ela produz uma representação que é licenciada pelas duas interfaces da linguagem.
Dizendo de outra forma, uma derivação é convergente (veredito positivo) quando
tanto o sistema articulatório-perceptual quanto o sistema conceitual-intencional
conseguem acessar e usar sua respectiva representação. Por outro lado, dizemos
que uma derivação não é convergente quando sua respectiva representação não
é licenciada por uma das interfaces ou por ambas. Isto é, uma derivação não é
licenciada (veredito negativo), e assim sofre um *crash* nas interfaces, quando o sistema articulatório-perceptual e/ou o sistema conceitual-intencional são incapazes
de utilizar a representação construída. Ilustremos isso com um rápido exemplo.

Vimos que a aplicação da operação Move envolve a cópia de um dado
constituinte presente na derivação e o respectivo Merge dessa cópia com outro
elemento no espaço derivacional. Após a aplicação de Move, haverá portanto
duas ocorrências do constituinte copiado, tal como já analisamos num exemplo
anterior, que aqui reproduzimos.

(5)   [[que livro]$_i$ [João [leu [que livro]$_i$]]]

Da maneira em que se encontra, essa representação não poderia ser acessada e
usada pelo sistema articulatório-perceptual. Note que o SN [que livro] está duplicado
e assim teria de ser pronunciado duas vezes. Isso faria com que nenhuma ordenação
linear coerente fosse estabelecida entre as duas cópias: o SN estaria ao mesmo tempo
antes e depois de si mesmo. Essa derivação, com a pronúncia repetida do item [que
livro], seria considerada não convergente (*crash*!) na interface fonológica.

Talvez você esteja se perguntando: o Sistema Computacional seria capaz de
modificar essa representação de alguma maneira a fim de licenciá-la nas interfaces?
A resposta é sim. Para licenciar tal derivação, tudo o que o Sistema terá de fazer é
apagar uma das cópias do constituinte movido. Esse apagamento é representado
pelo tachado duplo, conforme representado a seguir.

(6)   [[que livro]$_i$ [João [leu ~~[que livro]~~$_i$]]]

Essa representação indica que [que livro] só será pronunciado uma única vez,
pois somente a cópia no início da frase poderá ser realizada foneticamente, sendo
a última silenciada. Com essa operação (apagar cópia), nossa derivação poderá ser

228 Curso básico de linguística gerativa

acessada e utilizada por ambos os sistemas de interface e, assim, será considerada convergente, em acordo com o Princípio da Interpretação Plena.

Essa análise trata de um problema de convergência na interface fonológica da linguagem, mas você pode imaginar que as mesmas imposições de FI valem para a interface semântica. Lembre-se de que, para ser convergente, uma derivação deverá ser licenciada ao mesmo tempo tanto em FF quanto em FL. A clássica frase "Ideias verdes incolores dormem furiosamente" seria um bom exemplo de falta de convergência na interface conceitual da linguagem, pelas razões que já comentamos ao início desta unidade.

Com efeito, o Princípio da Interpretação Plena não é a única condição imposta ao funcionamento do Sistema Computacional. Também as condições de Economia Computacional devem ser levadas em consideração para o licenciamento de uma derivação sintática. Analisemos isso melhor.

O linguista Juan Uriagereka, da Universidade norte-americana de Maryland, propôs, em importante estudo publicado em 1999, que o "minimalismo" na linguística gerativa deve assumir dois sentidos. O primeiro deles é o chamado minimalismo **ontológico**. Esse tipo de minimalismo assume que a faculdade de linguagem é, em si mesma, simples, econômica, rápida e não redundante. O minimalismo ontológico afirma essencialmente que a natureza da linguagem humana é "mínima": uma língua natural é uma espécie de organismo bem estruturado, capaz de gerar as estruturas de maneira eficiente e rápida, quase perfeita. Nesse sentido, podemos deduzir que as operações do Sistema Computacional serão tão simples e econômicas quanto possível. Se a linguagem humana é minimalista, então as operações computacionais mais simples serão sempre preferidas em detrimento de operações mais custosas e complexas, não é mesmo?

> Na filosofia, entendemos por *ontologia* o estudo da natureza das coisas existentes no mundo. Ontologia = como as coisas são? Já os termos *epistemologia* e *metodologia* reportam-se à maneira pela qual podemos estudar as coisas existentes no mundo. Epistemologia / Metodologia = como podemos conhecer as coisas.

A outra interpretação de "minimalismo" na teoria gerativa denomina-se, segundo Uriagereka, minimalismo **metodológico**. Esse minimalismo é uma espécie de instrução para o sintaticista e quer dizer, basicamente, que ao descrevermos a linguagem humana, analisando por exemplo uma derivação sintática, devemos ser minimalistas. Ora, ser minimalista metodologicamente significa usar o mínimo de artifícios descritivos possível. Por exemplo, se um sintaticista puder explicar uma derivação postulando, digamos, duas operações computacionais, então essa explicação deve ser preferível a outra que postule três ou quatro operações. O minimalismo metodológico visa à formação de linguistas objetivos, concisos e diretos, que não criem explicações desnecessariamente complexas para os fenômenos de uma língua natural.

Para os objetivos deste curso, é o minimalismo ontológico o que mais nos interessa. A partir dele, poderemos prever que certas operações computacionais serão mais ou menos ativadas pelos Sistema conforme provoquem ou não mais complexidade durante uma derivação. Por exemplo, sabemos que a operação Move é computacionalmente muito mais complexa do que Merge. Sendo assim, e tendo em conta a natureza minimalista da linguagem, podemos prever que a operação Merge será preferível à operação Move sempre que possível. Move só será ativado pelo Sistema como *último recurso*, isto é, como a única maneira de satisfazer uma imposição dos traços presentes numa Numeração e, assim, preservar o Princípio da Interpretação Plena. Vejamos isso na prática.

Imagine que tenhamos, num certo momento numa dada derivação, a Numeração $\{Maria_0, parece_0, estar_0, triste_0\}$. Com esse N, teríamos a seguinte derivação em processo.

(7) [parece [Maria [estar triste]]]

Essa derivação, no momento em que se encontra, ainda não seria convergente, logo não poderia ser enviada para as interfaces com a ativação de Spell-Out. No intuito de licenciar essa construção, o Sistema deverá realizar duas operações. A primeira é retirar o item "Maria" da posição em que se encontra, na qual não pode ser pronunciada – note que, como o verbo "estar" não se encontra flexionado, nenhum Caso pode ser atribuído ao SN "Maria" (veremos os detalhes sobre a identificação de Caso mais à frente nesta unidade). A segunda é atribuir um sujeito ao verbo "parecer", já que esse ainda não foi assinalado na derivação. Mas como o Sistema faria isso? Lembre-se de que os itens da Numeração já se encontram com os seus índices zerados, de forma que nenhuma operação Merge parece ser possível. Qual seria, então, a solução?

Nesse caso, a única possibilidade derivacional é aplicação da operação Move. Move fará uma cópia do constituinte "Maria" e, então, procederá ao Merge dessa cópia com o verbo "parece", dando origem à seguinte representação.

(8) [Maria$_i$ [parece [Maria$_i$ [estar triste]]]]

Em seguida, deve acontecer o apagamento da cópia de "Maria" em sua posição original, ao lado de "estar triste". Após esse apagamento, a representação estará completa, pronta para ser acessada pelas interfaces, conforme representamos a seguir.

230 Curso básico de linguística gerativa

(9)   [Maria₍ᵢ₎ [parece [~~Maria₍ᵢ₎~~ [estar triste]]]]

O importante nesse exemplo é você notar que a operação complexa Move só foi acionada pelo Sistema porque nenhuma outra mais simples, como Merge, estava disponível. Pois bem, esse é um bom exemplo do segundo tipo de Princípio imposto às derivações: a Economia Derivacional – operações mais complexas só são ativadas como último recurso.

Alçamento de constituintes

Se você analisou com atenção a representação [Maria₍ᵢ₎ [parece [~~Maria₍ᵢ₎~~ [estar triste]]]], certamente terá notado que o sujeito da oração [estar triste] foi deslocado para a posição de sujeito da outra oração [parece]. Quando um constituinte é, como ocorreu no exemplo, deslocado de uma oração para outra, dizemos tecnicamente ter ocorrido um alçamento (*raising*, no termo em inglês). No caso, tivemos um alçamento de sujeito, mas também objetos e outros tipos de complemento podem ser alçados de uma oração para outra na derivação de uma sentença.

Você deve ter percebido que, ao ilustrar o Princípio da Interpretação Plena e o Princípio de Economia Derivacional, que são os dois grandes princípios computacionais da linguagem, usamos exemplos com a operação Move. Com efeito, Move é uma das operações mais intrigantes do Sistema Computacional. Apesar de sua complexidade, ela é acionada em diversas circunstâncias derivacionais. Vejamos isso em detalhes nas próximas seções.

Regras de Movimento

Acreditamos que você já tenha aprendido que a sintaxe das línguas naturais caracteriza-se como um conjunto de operações combinatórias – que aqui estamos chamando de *operações computacionais* ou simplesmente *computações*. Vimos, por ocasião da unidade 8, quando estudamos a teoria X-barra, que um núcleo sintático X qualquer seleciona um dado complemento e com ele se combina para projetar o nível X' (pronunciado x-barra). Por exemplo, um núcleo V como o verbo "comprar" seleciona um SN como "o livro" como seu argumento interno e, dessa combinação, resulta a projeção V' "comprar o livro". Por sua vez, a projeção V' seleciona um argumento externo como "João", criando uma combinação sintática da qual resulta uma projeção máxima, o SV "João comprar o livro". Essas computações estão representadas na árvore a seguir.

Figura 9.14: Um sv com dois argumentos saturados.
(Os triângulos indicam omissão na representação de estruturas.)

O interessante das computações da figura 9.14 e das demais até aqui apresentadas é que todas elas são *locais*, isto é, ocorrem com constituintes que estão contíguos: um se posiciona visivelmente ao lado do outro. Existem, não obstante, combinações sintáticas de *longa distância*. Essas combinações ocorrem entre constituintes que se afastam na linearidade da sentença. Trata-se de sintagmas que estabelecem relações sintáticas não locais, com distância variável (curta, média ou longa). Por exemplo, na sentença interrogativa "Que livro João comprou?", sabemos que o SN "que livro" é o objeto direto do V "comprar", e, assim, deve ser selecionado como seu argumento interno, na posição local em que recebe, do verbo predicador, o papel temático de "tema". Entretanto, ao lermos a frase percebemos que o constituinte "que livro" não aparece na sua posição original, logo após o verbo. Ele não ocupa a posição de base na qual estabelece relação local com V e onde recebe papel temático. O SN "que livro" está, na verdade, localizado no início da frase, na posição que já aprendemos ser denominada como especificador de SC. Essa posição destina-se especialmente aos sintagmas que exprimem, dentre outras coisas, valores de força ilocucional da sentença – note que o constituinte "que livro" possui valor interrogativo e, por isso, deve normalmente aparecer no início de uma frase que tenha valor ilocucional de "pergunta". Ora, como isso é possível? Como o complemento de um verbo pode realizar-se, na sentença, numa posição distante de V?

Já aprendemos que certos constituintes numa dada sentença podem ser pronunciados em posições sintáticas diferentes daquela em que são originalmente selecionados. Quando isso acontece, dizemos que tal constituinte foi "movido", em decorrência da aplicação de Move, que é também chamado de *regra de Movimento*. Uma regra de Movimento é, portanto, um tipo de combinação sintática que desloca sintagmas ou núcleos sintáticos de uma posição para outra dentro da sentença no curso de uma derivação. Esse deslocamento terá como consequência o estabelecimento de relações sintáticas não locais entre constituintes, conforme podemos ver na ilustração que se segue.

Figura 9.15: Uma aplicação de Move – a regra de Movimento.

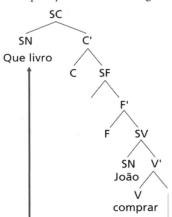

Vemos no exemplo que o SN "que livro" é gerado na posição de complemento de "comprar". Tal posição, que denominamos *posição de base*, é aquela em que esse SN é selecionado como argumento interno de V. É nessa mesma posição que "que livro" recebe papel temático. No entanto, na estrutura final da frase, essa relação do SN com o seu núcleo predicador correspondente (V) é apenas indireta, não local, afinal o SN está linearizado no início da sentença e V está no final. Dizemos que ocorreu, nesse caso, uma regra de Movimento – uma aplicação da operação Move: o SN foi deslocado de sua posição de base para a posição de especificador do SC, de modo a caracterizar a força ilocucional interrogativa da sentença.

Regra de Movimento é o artifício técnico da descrição linguística por meio do qual conseguimos entender como os constituintes mantêm relações sintáticas não locais. Trata-se de uma ferramenta descritiva muito importante, pois muitas vezes encontramos nas línguas naturais constituintes com funções descontínuas na sentença, isto é, muitas vezes encontramos sintagmas ou núcleos que desempenham função linguística em diferentes posições da frase. Esse fenômeno, que denominamos como **descontinuidade**, é de extrema produtividade em todas as línguas humanas – e a noção de regra de Movimento é uma maneira de explicá-lo. Todavia, tenha sempre em vista que falamos em "movimento" de uma maneira conotativa, apenas para entendermos melhor o que está acontecendo com os constituintes descontínuos. Isso não significa que, na nossa cabeça ou no meio das frases que pronunciamos, constituintes estejam de fato se movendo de uma posição para outra, num dada velocidade mensurável. O Movimento é apenas aparente. É mais ou menos como quando falamos do movimento do Sol, que parece se mover pelo céu, mas na verdade não está em movimento. Trata-se de uma metáfora descritiva.

Dizemos que um constituinte é *descontínuo* quando ele desempenha funções distintas em diferentes posições na sentença. Na figura 9.15, o constituinte "que livro" desempenha a função de tópico interrogativo no início da frase e, ao mesmo tempo, é o "tema" do predicador "comprar". Ele é pronunciado numa posição (em sc) e interpretado tematicamente noutra (em SV).

Vejamos como uma regra de Movimento se aplica, seus mecanismos e suas etapas. Primeiramente, temos o constituinte que será movido de sua posição de base para uma posição de destino. Esse constituinte pode ser um núcleo X ou um sintagma SX qualquer (X quer dizer justamente que isso pode acontecer com qualquer categoria lexical ou funcional). Tal constituinte já se encontra presente no curso de uma dada derivação. O que o Sistema Computacional fará com ele para gerar o Movimento é, como já estudamos, (1º) produzir uma cópia desse constituinte, (2º) deslocar uma cópia do constituinte para a posição de destino e (3º) apagar a cópia deixada na posição de base.

Suponha que o SX a seguir seja escolhido para ser movido. A primeira coisa que deve acontecer é a cópia desse sintagma.

Figura 9.16: A cópia do constituinte a ser movido é o primeiro passo da operação Move.

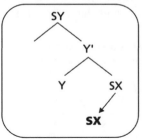

Uma vez que a cópia de SX tenha sido feita, o sistema linguístico irá deslocá-la para a posição alvo do Movimento. Suponhamos que esse alvo seja o especificador de SY, que é a posição sintática mais próxima vazia e disponível. E para lá então que nossa cópia de SX será movida. Tecnicamente, dizemos que a cópia de SX é combinada, via Merge, com a projeção Y'. Do Merge entre a cópia de SX e Y' projeta-se o sintagma hipotético SY.

Figura 9.17: A cópia do constituinte é deslocada para outra posição, na qual entra em Merge com outro elemento sintático.

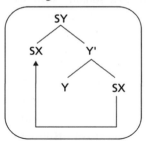

A última etapa para a conclusão da regra de Movimento é o apagamento da cópia mais baixa do constituinte movido (em português, quase sempre é essa a cópia a ser apagada, mas noutras línguas o apagamento pode ser diferente – por exemplo, pode ser que, numa dada língua natural, seja a cópia em posição mais alta a que deve ser apagada). Conforme explicamos na seção anterior desta unidade, tal cópia precisa ser apagada por uma questão de linearização em FF. Geralmente, indicamos que a cópia de um constituinte foi apagada usando o tachado duplo sobre a sigla desse constituinte (X̶ ou S̶X̶) ou, numa notação mais antiga, usamos um "t" (do inglês, *trace* – que quer dizer "vestígio" do Movimento).

Figura 9.18: A cópia mais baixa do constituinte movido deve ser apagada, para linearização em FF; uma cadeia forma-se entre as duas ocorrências de SX.

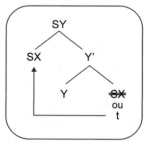

Entendemos, desta forma, que uma regra de Movimento é um composto de três operações computacionais: copiar, combinar (Merge) e apagar. Nesse composto, há uma relação entre as duas cópias (ou mais, se for o caso – já que o movimento pode ser **cíclico**) geradas pelo Movimento. Tal relação é capturada pela noção de *cadeia*.

Movimento cíclico

O movimento sintático pode acontecer diversas vezes com um mesmo constituinte. Isto é, a operação Move pode mover um sintagma para uma posição e de lá movê-lo para outra, tantas vezes quanto seja possível e necessário para que a derivação se torne convergente – respeitando, é claro, as condições de legibilidade nas interfaces (o Princípio FI). Vemos isso na ilustração que se segue.

[$_{SC}$ que livro$_i$ [eles disseram [$_{SC}$ ~~que livro~~$_i$ que o João estava lendo ~~que livro~~$_i$]

A cadeia permite-nos interpretar que as cópias nela presentes constituem, na verdade, um único objeto sintático, que se apresenta distribuído descontinuamente na sentença. Nas ilustrações que veremos na seção seguinte da unidade, as três operações que ocorrem numa regra de Movimento já terão sido aplicadas e tudo o que veremos representado na árvore sintática é a cadeia.

Existem três tipos de regra de Movimento: o movimento A', o movimento de núcleo e o movimento A. Vejamos os detalhes de cada uma dessas instâncias de Move.

Movimento A', movimento de núcleo e movimento A

A cadeia que podemos ver na figura 9.19 a seguir ilustra bem um movimento A' (lê-se A-barra). Nesse tipo de movimento, o local de chegada do constituinte movido é uma posição não argumental, isto é, é uma posição A'. Uma posição A' é, por conseguinte, aquela em que nenhum argumento é selecionado (lembre-se de que "o livro" é argumento interno selecionado por V e é nessa posição de complemento que recebe papel temático).

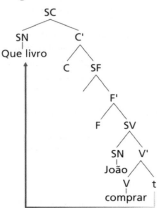

O movimento A' é característico das sentenças interrogativas, orações relativas, topicalizações e demais deslocamentos à periferia esquerda das frases. Os constituintes que se movem para posições A' geralmente já são argumentos de algum núcleo sintático presente na frase e movem-se para uma posição não argumental de modo a desempenhar outra função linguística, tais como interrogação, relativização, topicalização etc. Muitas vezes, o movimento A' é também denominado movimento de *qu-* (já que acontece com expressões interrogativas como *quem, quando, de que maneira, em que lugar*).

Por sua vez, o movimento de núcleo, tal como o seu nome já anuncia, acontece quando o elemento a ser deslocado é um núcleo sintático X. Ele move-se de uma posição de núcleo para outra posição de núcleo. Na figura 9.20 a seguir, vemos que o verbo "comprar" ocupa a posição de V, núcleo do sv. Notamos que o núcleo "comprar", em sua forma nominal infinitiva, não possui especificações de tempo, modo, aspecto, número ou pessoa, portanto não manifesta nenhuma flexão finita. Para que esse verbo receba flexão finita e, dessa forma, licencie a estrutura da frase com o *status* de sentença, o núcleo V deve sofrer movimento para T, o núcleo do sintagma temporal (st – que às vezes, como já vimos, pode ser referido como sf, o sintagma flexional). É somente em T/F que estão codificadas as informações flexionais – como, por exemplo, tempo pretérito, aspecto perfeito, terceira pessoa, número singular etc. Movendo-se para T/F, o verbo assumirá uma morfofonologia finita como a de "comprou", na qual o núcleo verbal "comprar" amalgama-se aos morfemas flexionais do exemplo. Isso é o que ilustramos a seguir.

Figura 9.20: Movimento de núcleo.

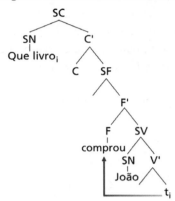

Uma nota importante. Nesta altura do curso, você deve compreender que a flexão verbal ocorre, na verdade, no interior do ST/SF. É somente no núcleo T/F que marcas funcionais como tempo, modo, aspecto, número e pessoa são computadas na arquitetura da linguagem. No domínio do SV, apenas informações lexicais encontram-se acessíveis para o Sistema. É por essa razão que, em sentenças finitas, os verbos devem sofrer movimento de núcleo, de V para T/F, de modo a assumir uma flexão. Tenha atenção a esta nota, pois até aqui, nas ilustrações de nosso curso, vínhamos simplificando as árvores sintáticas e apresentando verbos flexionados já no interior do SV. Ora, isso era apenas um recurso didático. A flexão verbal ocorre, de fato, no interior do ST/SF. Tome nota disso!

Se compararmos o movimento de núcleo com o movimento A', veremos que se trata de operações diferentes. Como você pode perceber, no movimento de núcleo, a cópia mais alta do constituinte movido ocupa uma posição de núcleo (T, no exemplo) e a cópia mais baixa também ocupa posição de núcleo (V, no exemplo). Já no movimento A', a cópia mais alta do constituinte movido ocupa uma posição não argumental (A', que no exemplo é o especificador de SC), enquanto a cópia mais baixa ocupa uma posição argumental (A, que no exemplo é o argumento interno de V). Se você entendeu essa lógica, deve estar imaginando como deve ser, então, o movimento A.

No movimento A, o constituinte que sofre regra de Movimento desloca-se para uma posição argumental, isto é, uma posição A. No caso, essa posição é a de especificador do sintagma temporal. Essa é a posição do sujeito de uma sentença. Tal posição é argumental, mas não é temática. Trata-se de uma posição para um argumento puramente sintático, sem o valor lexical das posições argumentais que são também temáticas.

No exemplo que se segue, o SN "João" é o argumento externo do verbo comprar. Esse argumento é deslocado para a posição argumental de sujeito da sentença, no especificado do ST/SF. Isso quer dizer que "João" possui duas funções na representação criada pelo Sistema Computacional: ele é o argumento externo de "comprar" e, após a aplicação de Move, é também o sujeito da sentença.

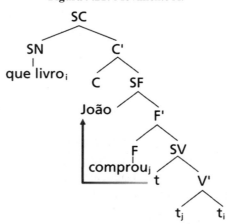

Figura 9.21: Movimento A.

Uma questão importante acerca do movimento A é entender, afinal, porque ele deve acontecer. Já sabemos que a posição de destino desse tipo de movimento é uma posição A, mas não é uma posição temática. Tal posição deve ser obrigatoriamente ocupada nas línguas naturais – ou seja, todas as sentenças nas diferentes línguas humanas devem manifestar a posição sintática do sujeito, ainda que na forma de um constituinte sem matriz fonética. Mas por que isso acontece? Veremos a seguir que a chave para a resposta dessa pergunta encontra-se na noção linguística de Caso.

Caso e EPP

O Caso é, conforme estudamos rapidamente durante a unidade 7, uma propriedade importante das línguas naturais. A função do Caso num sistema linguístico qualquer é permitir a discriminação dos argumentos de um dado predicador. Por exemplo, se um predicador possui um argumento externo e um argumento interno, como poderíamos saber, numa determinada frase, quem é quem? Ou seja, como poderíamos identificar corretamente um argumento externo de um predicador, separando-o de um argumento interno? Lembre-se de que a correta identificação do *status* de um argumento (se externo ou interno) é essencial para sabermos qual é o seu papel temático – portanto, identificar a categoria de um argumento é também conhecer a sua interpretação semântica. Pois bem, o Caso é justamente o fenômeno linguístico que permite a discriminação dos argumentos de um predicador. Cada tipo de argumento recebe, numa frase, um Caso específico, como, por exemplo, o *nominativo* associado ao argumento externo, o *acusativo* associado ao argumento interno SN, o *oblíquo* associado ao argumento interno SP, e assim por diante. É essa marca de Caso que permitirá a identificação do papel temático dos argumentos.

Posição argumental não temática

O especificador de ST é uma posição argumental, já que é ocupada pelo argumento externo de T – o sujeito da sentença. Contudo, T não é um núcleo lexical e, dessa forma, não pode atribuir papel temático. O especificador de T é, portanto, uma posição argumental, mas não temática. Na figura a seguir, vemos um inventário das posições de uma sentença. Atenção à legenda das posições: A = posição argumental, A' = posição não argumental; θ = posição temática, θ' = posição não temática; K = posição com Caso, K' = posição sem Caso. Lembre-se de P, como núcleo lexical, tem como complemento uma posição {A, θ, K}. Estudaremos mais sobre a noção de Caso ainda nesta unidade.

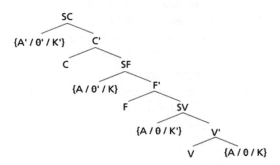

Na figura acima, representamos ST como SF (e, consequentemente, T como F). Tenha atenção, pois às vezes podemos representar um ST usando a notação mais antiga SF.

Para ilustrar melhor o que estamos dizendo, imagine que você ouça ou leia uma frase com o predicador "morder" e os argumentos "menino" e "cachorro". A primeira coisa que desejará saber é "quem mordeu quem", isto é, você terá de

240 Curso básico de linguística gerativa

identificar quem é o agente desse verbo e quem é o seu paciente. Tipicamente, o agente de "morder" será o "cachorro", mas e se for o "menino"? Seria o caso de um evento extraordinário, não é mesmo? Ora, saberemos quem é o agente e quem é o paciente dessa frase se pudermos identificar o Caso dos SNs "menino" e "cachorro". Vejamos isso com mais detalhes.

Em português, identificamos o Caso de um SN (na verdade, de um SD, que é o sintagma funcional que domina SN, como aprendemos na unidade 8) por meio de sua posição linear na frase. Assim, em "O cachorro mordeu o menino", sabemos que "o cachorro" é o argumento externo de "morder" porque esse item encontra-se à frente do verbo, na posição em que tipicamente o Caso nominativo (que licencia a função de sujeito) é identificado. O Caso nominativo sinaliza, portanto, que se trata de um argumento externo (sujeito). Com base nessa informação, saberemos que esse sujeito – no caso, o SN "o cachorro" –, deve ser interpretado como "agente" da ação de "morder", pois tal informação encontra-se inscrita na grade temática desse verbo. Da mesma forma, sabemos que "o menino" é o argumento interno de "morder" em razão de sua posição imediatamente posterior ao verbo, na qual identificamos o Caso acusativo (que licencia a função de objeto direito). Ora, se sabemos que "o menino" está posposto ao verbo, e essa é a posição típica do Caso acusativo, deduziremos então que esse SN é o argumento interno de "morder", o qual deve ser interpretado como "paciente" da ação, de acordo com os traços de seleção desse predicador verbal.

Mas o que aconteceria se a posição desses SNs fosse invertida? Nesse caso, identificaríamos o "menino" com o Caso nominativo e o "cachorro" com o Caso acusativo – e como resultado teríamos a estranha declaração de que um menino (sujeito / nominativo / agente) mordeu um cachorro (objeto / acusativo / paciente). Em suma, o que você deve sempre ter em mente é que o Caso de um SN é o mecanismo linguístico que permite a identificação de seu *status* como argumento (externo ou interno) e é essa identificação que nos indicará o papel temático a ser atribuído a tal sintagma.

A ordenação linear não é, contudo, a única maneira pela qual as línguas naturais identificam os Casos associados às expressões nominais. Muitas línguas possuem sistemas morfológicos complexos, por meio dos quais morfemas específicos são adjungidos a um nome de acordo com o Caso que ele assume. Dezenas de línguas indígenas brasileiras possuem intrincados sistemas morfológicos para marcar Caso em suas expressões nominais. Não obstante, o exemplo mais famoso de uma língua que possui morfologia de Caso é o latim.

> Línguas com sistemas morfológico de Caso são chamadas simplesmente de "línguas de Caso", enquanto línguas sem sistema morfológico de Caso denominam-se "línguas de Caso abstrato".

O Sistema Computacional **241**

Em latim ou em qualquer outra língua com morfologia de Caso, um nome mudará a sua expressão morfológica de acordo com o Caso que receber numa sentença específica. Por exemplo, a frase "Os cachorros mordem o menino" é traduzida para o latim como "*Canes mordent puer*". Vemos que "*canes*" e "*puer*" assumem, respectivamente, a forma do nominativo e do acusativo, já que são o sujeito e o objeto na frase. Entretanto, se a frase fosse "O menino morde os cachorros", então a respectiva tradução seria "*Puerum mordet canibus*" – note que as palavras mudaram de forma, pois a expressão morfológica de "menino" é, em latim, diferente nas formas nominativa e acusativa: *puerum* (nominativo/sujeito) e *puer* (acusativo/objeto). O mesmo ocorre com a expressão de "cachorros": *canes* (nominativo/sujeito) e *canibus* (acusativo/objeto).

Existem diversos Casos dentre as línguas naturais, os quais servem para identificar os distintos tipos de relação entre predicadores e argumentos. Eis os Casos mais conhecidos pelos linguistas: ablativo, absolutivo, acusativo, dativo, ergativo, genitivo, locativo, nominativo, oblíquo, partitivo e vocativo. Para os propósitos de nossa discussão nesta unidade, os Casos mais relevantes a destacar são nominativo, acusativo e oblíquo. O nominativo, como já dissemos, é o Caso que identifica o sujeito da sentença, que tipicamente será o argumento externo do predicador de uma dada frase. Por sua vez, o acusativo indica o objeto direto, que é o argumento interno de um predicador verbal. Por fim, o oblíquo identifica o Caso do complemento preposicionado de um predicador, seja objeto indireto, complemento nominal ou outro (a distinção para cada uma dessas funções pode ser feita em detalhes, mas aqui usaremos o termo "oblíquo" para simplificar).

A pergunta que deve passar pela sua cabeça neste momento é a seguinte: como o Sistema Computacional sinaliza o Caso (morfológico ou abstrato) a ser identificado nas expressões nominais?

Para os argumentos internos, a posição de identificação de Caso coincide com a posição de atribuição de papel temático. Ou seja, o acusativo é identificado na posição de complemento de V, enquanto o oblíquo torna-se visível na posição de complemento de P. Note que esse sistema de identificação mantém-se o mesmo ainda que ocorra aplicação de Move, já que a existência de uma cadeia permite o licenciamento do papel temático e do caso de um constituinte que tenha sofrido regra de Movimento.

Figura 9.22: Identificação dos Casos acusativo e oblíquo.

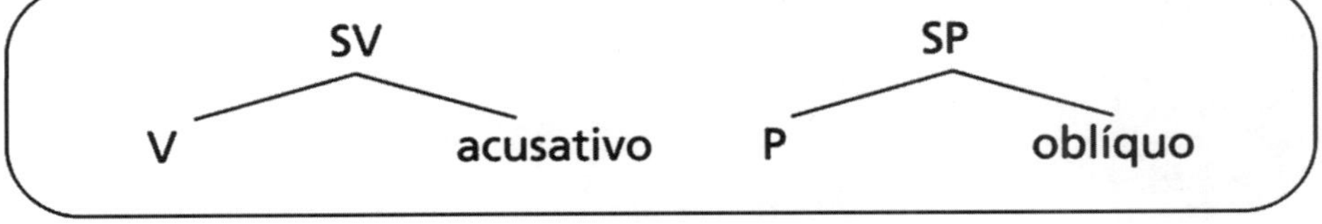

Dizendo de outra forma, a posição de licenciamento de Caso é, para os argumentos internos, coincidente com a de atribuição de papel temático: a posição de complemento de um núcleo lexical X. A exceção é o argumento interno de verbos inacusativos (veja a unidade 7, para relembrar o conceito de inacusatividade, se precisar), que serão licenciados com o nominativo após aplicação da operação Move.

Se acusativo e oblíquo são normalmente licenciados em sua posição de base, o que acontece com o nominativo? Você deve ter reparado que os núcleos que estão associados ao acusativo (V) e ao oblíquo (P) são lexicais. Pois bem, o nominativo é, por seu turno, associado a uma categoria funcional: o núcleo T do sintagma temporal. Isso significa que o nominativo, sendo o Caso de identificação do sujeito da sentença, está relacionado à flexão verbal finita, mas não ao núcleo lexical do verbo. Para entender isso, lembre-se de que uma forma de palavra como "cantaremos" possui, na verdade, duas categorias sintáticas distintas. Uma é o núcleo lexical V: "cant-". Outra é o conjunto de morfemas que expressam tempo, modo, aspecto, número e pessoa, que chamamos de flexão T: "-aremos". Enquanto o núcleo lexical V licencia o acusativo em seu complemento, o núcleo funcional T (com uma flexão finita) licencia o nominativo no seu especificador.

Figura 9.23: Identificação do Caso nominativo.

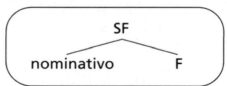

A identificação do nominativo é, portanto, uma propriedade da sentença, e não da camada lexical de uma frase. Para ser identificado com o Caso nominativo, um SN deve sofrer regra de Movimento para o especificador de ST, pois é somente nessa posição funcional que o Caso do sujeito da sentença pode ser identificado. É isso o que se ilustra na figura a seguir.

Figura 9.24: Um SN deve ser movido para especificador de ST de modo a ser licenciado com o nominativo.

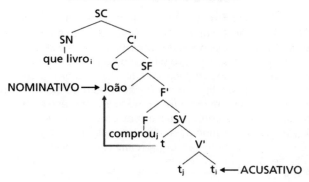

Tipicamente, são os argumentos externos de um predicador que são movidos para a posição de especificador de T, de modo a serem licenciados com o Caso nominativo. Veja que foi exatamente isso o que aconteceu com [João] na frase "Que livro João comprou?", representada na figura 9.24. Não obstante, o mesmo acontece com o argumento interno de verbos inacusativos. Numa frase como "O livro chegou", o SN livro é licenciado com nominativo, mas ele é o argumento interno do verbo inacusativo "chegar". Podemos, então, deduzir que "o livro" deve ser movido da posição de complemento de V para a de especificador de T, de modo a licenciar-se com o nominativo.

É importante ressaltarmos que mesmo no caso dos verbos que não selecionam argumento, como os que indicam fenômenos meteorológicos, tais como "chover", "nevar" ou "ventar", o Sistema Computacional também licencia um sujeito com o Caso nominativo. Trata-se dos sujeitos expletivos, que possuem uma expressão puramente funcional (e não lexical), como o *it* do inglês, o *il* do francês e os expletivos nulos do português, que estudamos nas unidades anteriores. Isso quer dizer que, independente das propriedades lexicais manifestadas numa sentença, o Caso nominativo associado ao sujeito, no interior do sintagma temporal, sempre deve ser identificado.

244 Curso básico de linguística gerativa

> ### Marcação excepcional de caso
>
> Em todos os exemplos que estamos analisando, a identificação de Caso acontece dentro da oração em que o SN/SD a ser licenciado encontra-se, ao lado de seu respectivo predicador. Mas pode ser que um argumento de um predicador seja licenciado com um Caso numa oração diferente daquela em que é gerado, junto a outro predicador. Quando isso acontece, dizemos haver uma marcação excepcional de caso. Um exemplo desse tipo de marcação é bem conhecido dos brasileiros. Trata-se das frases em que um pronome como "mim" aparece ao lado de um verbo no infinitivo, tal como em "Ele pediu para mim sair da sala". Nesse caso, o argumento externo sujeito de "sair" (o pronome na primeira pessoa do singular) não consegue ser licenciado com o Caso nominativo (pronome "eu"), pois na oração em que se encontra não há flexão finita – note que o verbo "sair" encontra-se no infinitivo não flexionado. É por isso que o pronome é alçado para a outra oração, na qual consegue receber o Caso oblíquo (pronome "mim"), na posição de complemento da preposição P. Como um argumento de um predicador ("sair") recebe identificação de Caso em associação com outro predicador ("para"), estamos diante de uma marcação excepcional de Caso. Na escola, aprendemos a evitar essa marcação excepcional e somos treinados a fazer outro tipo de licenciamento de Caso, no qual usamos a forma "eu" associada a uma suposta forma de infinitivo flexionado na primeira pessoa do singular.

Essa obrigatoriedade de identificação do sujeito de uma sentença, com o nominativo, é representada na linguística gerativa pelo chamado **traço EPP**. Tal traço é de fato uma imposição formal do sintagma temporal/flexional: todo ST deve licenciar um sujeito, em seu especificador, com o Caso nominativo.

> O termo EPP é a sigla da expressão inglesa *Extended Projection Principle* (Princípio da Projeção Estendido). O "Princípio da Projeção (PP)" estabelece que os traços formais inscritos num item lexical devem ser projetados para a sintaxe. Já o "Princípio da Projeção Estendido (EPP)" afirma que, independente das informações do léxico, um item deve ser licenciado como sujeito da sentença, com Caso nominativo identificado em ST.

Se você vier a se aprofundar nos estudos de sintaxe gerativa, descobrirá que há muitos tópicos de pesquisa importantes a serem discutidos sobre a identificação e a expressão do Caso nas diferentes línguas humanas. Por exemplo, é preciso entender melhor se os Casos são apenas checados pelo Sistema Computacional, e já vêm estabelecidos desde o Léxico, ou se são na verdade valorados ou marcados pelo Sistema. É igualmente necessário estabelecer como acontece a inserção dos morfemas que explicitam Caso, na especificidade das línguas que possuem Caso morfológico. Além disso, a postulação de que o nominativo seja identificado na relação "especificador →

núcleo" (no ST), enquanto o acusativo e oblíquo são identificados na relação "núcleo → complemento" (no SV e no SP) incomoda muitos sintaticistas. Muitos deles vêm propondo diferentes soluções teóricas para uniformizar a relação local em que todos os Casos devem ser identificados. Enfim, depois de ser introduzido no mundo do formalismo sintático, você descobrirá que há muitos problemas sobre o fenômeno "Caso" esperando por uma solução. Uma boa leitura para você começar a familiarizar-se com os estudos gerativistas mais avançados é o *Entendendo o minimalismo* (*Understanding minimalism*, de Hornstein, Nunes e Grohmann – 2005), livro que infelizmente só está disponível no original em língua inglesa.

Na próxima seção, analisaremos um tipo especial de constituinte linguístico. Trata-se das categorias vazias. Esses são elementos idênticos a um SN (ou um SD), com a particularidade de serem "nulos", isto é, são categorias que não manifestam nenhum conteúdo fonético.

Categorias vazias

Uma categoria vazia é um constituinte sintático manipulado pelo Sistema Computacional que possui a particularidade de não manifestar conteúdo fonético. É o que podemos chamar, metaforicamente, de *constituinte invisível* ou *conjunto vazio*. Por exemplo, o objeto direito de uma pergunta como "Você viu o João?" é o SN "o João", que possuiu manifestação fonética nítida, ao passo que o objeto de uma resposta como "Eu vi" é uma categoria vazia, uma espécie de sintagma sem pronúncia. Se você está se lembrando do "sujeito nulo" e do "objeto nulo", que aqui já estudamos, saiba que esses são bons exemplos de categorias vazias.

Existem quatro tipos de categoria vazia: "pro" (prozinho), "PRO" (prozão), *cópia* e *variável*. Esses tipos se distinguem em função de três propriedades linguísticas: Caso, papel temático e referentes potenciais. Vejamo-los um de cada vez.

A categoria vazia "pro" é gerada na base, isto é, é retirada de uma Numeração e inserida no curso de uma derivação, pela operação Select como qualquer outro tipo de item lexical. Devemos entender "pro" como um pronome nulo, uma forma de zero fonético de valor pronominal. Gramaticalmente, "pro" deve ser licenciado com papel temático e Caso da mesma forma que qualquer outro SN. Eis dois exemplos de ocorrência de "pro" em português.

(10) [pro Dormi cedo hoje]
(11) [Você viu o jogo? Eu não vi pro]

246 Curso básico de linguística gerativa

Em (10), "pro" é identificado com o argumento externo do verbo "dormir", que é licenciado com o Caso nominativo e interpretado com o papel temático de *experienciador*. Já no exemplo (11), "pro" é o argumento interno da segunda ocorrência do verbo "ver". Seu Caso é identificado como acusativo, o que conduz à interpretação de *tema* como seu papel temático. Como se vê, o comportamento de "pro" é, em português, idêntico ao de uma categoria nominal foneticamente realizada.

O comportamento sintático de "PRO" é um pouco diferente. Vejamos a seguir uma ocorrência de "PRO".

(12) [João prometeu [PRO estudar a matéria]]

"PRO" também deve ser selecionado da Numeração que alimenta uma derivação e ser combinado com os demais constituintes de uma representação, bem como deve receber papel temático de algum predicador. No entanto, "PRO" não é licenciado com Caso. Note que, no exemplo dado, "PRO" é o argumento externo de "estudar" e, assim, é licenciado com o papel temático de experienciador, mas não é identificado com nenhum Caso. Isso ocorre porque na oração [estudar a matéria] não acontece nenhuma flexão finita e, como já sabemos, é justamente a flexão finita que licencia, em ST, o Caso nominativo do sujeito da sentença. Vemos, portanto, que, diferentemente de "pro", "PRO" não precisa ser licenciado por uma identificação de Caso.

Você deve entender que "PRO" é o único tipo de argumento nominal que pode figurar numa representação sintática sem ser identificado com algum Caso. E isso acontece em virtude de "PRO" ser uma categoria vazia. Se no lugar de "PRO" usarmos uma categoria preenchida, isto é, um SN foneticamente realizado, então ele terá de ser licenciado com algum Caso, do contrário a derivação não será convergente. É isso o que vemos acontecer no exemplo que se segue.

(13) *[João prometeu [ele estudar a matéria]]

A agramaticalidade dessa frase acontece porque o SN "ele" não foi identificado com nenhum Caso. Para licenciar essa frase, teríamos de atribuir alguma flexão ao verbo "estudar", tal como a seguinte.

(14) [João prometeu que [ele vai estudar a matéria]]

Nessa frase, o verbo auxiliar flexionado "vai" oferece a flexão que licencia o Caso nominativo ao pronome "ele", o que torna a derivação convergente. "PRO" é, por tudo o que dissemos, uma categoria vazia gerada na base que recebe papel temático, mas não é identificado com Caso – já que a obrigatoriedade do Caso se restringe aos constituintes com realização fonética. Tipicamente, "PRO" será o sujeito de oração infinitivas não flexionadas.

A terceira categoria vazia existente nas línguas naturais é a *cópia*. Já sabemos que uma cópia é um sintagma que foi apagado na FF em decorrência da aplicação de regra de Movimento, às vezes representada como "t". A especificidade dessa categoria vazia reside no fato de ela ser gerada no curso de uma derivação, isto é, ela não está presente na Numeração. Mais precisamente, uma cópia é gerada pelo movimento de um constituinte para uma posição argumental. Como estudamos na seção anterior, o ST de uma sentença possui uma posição A, em seu especificador, na qual se satisfaz o traço EPP com a identificação do Caso nominativo. Uma expressão nominal que ainda não tenha sido identificada com um Caso na camada lexical de uma derivação deve ser deslocada para o especificador de ST, de modo a licenciar-se com o nominativo. Ora, é justamente a cópia apagada (t) do sintagma movido para essa posição argumental em ST que denominamos como a categoria vazia *cópia*.

(15) $[_{ST}$ João$_i$ $[_T$ vai $[_{SV}$ t$_i$ estudar a matéria]]]

Essa definição nos levará a identificar na cópia propriedades semelhantes às de "PRO", já que ela possui papel temático, estabelecido na posição de argumento de um predicador, mas não é identificada com Caso. No exemplo, podemos ver que a cópia (t) é o argumento externo de "estudar", licenciado com o papel temático de experienciador. "Estudar" não apresenta flexão finita, sendo assim não possui elemento T que possa licenciar o nominativo, é por isso que "João" foi movido para ST, numa posição em que é identificado com Caso e satisfaz o traço EPP.

Por fim, a categoria vazia *variável* é também um tipo de cópia, mas possui a especificidade de ser uma cópia de um constituinte movido para uma posição não argumental. Vejamos um exemplo:

(16) $[_{SC}$ Que matéria$_j$ $[_{ST}$ João$_i$ $[_T$ vai $[_{SV}$ t$_i$ estudar t$_j$]]]]

Aqui já sabemos identificar t$_i$ como uma cópia, já que se refere ao constituinte "João", que foi movido para uma posição argumental. O fato novo é a ocorrência do segundo t, identificado como t$_j$. Esse t$_j$ é a cópia do sintagma "que matéria", que foi movido para uma posição não argumental, em SC. Trata-se, portanto, de uma variável.

248 Curso básico de linguística gerativa

Como categoria vazia, a variável distingue-se da cópia em função da posição de destino da regra de Movimento. Enquanto a cópia possui um constituinte movido para uma posição A, a variável possui um constituinte movido para uma posição A'. Isso fará com que a variável tenha propriedades semelhantes às de "pro", uma vez que possui tanto papel temático quanto Caso. No exemplo, você pode conferir que t_j é o argumento interno do verbo "estudar". É nessa posição de complemento que a variável recebe papel temático (tema) e Caso (acusativo).

Numa última palavra sobre as categorias vazias, precisamos descrever seus antecedentes potenciais. "pro" é o equivalente a um pronome pessoal nulo e, assim, não precisa ter obrigatoriamente um referente anafórico na frase ou no discurso – pense, por exemplo, nos pronomes "eu", "nós" ou "você", que são dêiticos e não anafóricos e podem todos ser substituídos por "pro" numa língua com o parâmetro [+ sujeito nulo]. Trata-se de uma categoria vazia classificada, portanto, com os traços [+ pronominal] e [- anafórico].

Por sua vez, "PRO" tipicamente possui referente anafórico, mas também pode ter uma interpretação pronominal arbitrária (sem referente ou antecedente), como acontece em [PRO viver é preciso]. Dessa forma, "PRO" é uma categoria vazia que conjuga os traços [+ pronominal] e [+ anafórico].

Já a cópia sempre possui seu referente em posição A, mas não veicula valor pronominal, sendo, por conseguinte, caracterizada como uma categoria [- pronominal] e [+ anafórico]. Por fim, o referente de uma variável ocupa uma posição A', caracterizando-se como uma categoria [- pronominal] e [- anafórico], uma vez que não pode ser interpretado como um pronome, tampouco como anáfora, tal como ocorre com expressões referenciais.

Aprimoramento do modelo

Com esta unidade, procuramos apresentar a você os conceitos e as tecnicalidades básicas acerca da natureza e do funcionamento do Sistema Computacional da linguagem humana. Esse conhecimento lhe será útil quando iniciar-se em estudos gerativistas mais avançados. Não obstante, você não deve, de maneira alguma, ficar com a impressão de que a descrição das computações sintáticas seja um capítulo concluído no empreendimento da linguística gerativa. Na verdade, ainda existem muitas questões teóricas e metodológicas em plena discussão entre os estudiosos do gerativismo interessados no Sistema Computacional.

É com esse espírito de "pesquisa em desenvolvimento" que gostaríamos de convidar você a fazer, ao final desta unidade, uma reflexão sobre certos aspectos do gerativismo que poderão ser modificados futuramente a fim de aprimorar o poder descritivo e explanatório do modelo. Com efeito, o momento atual da linguística gerativa – o Programa Minimalista – não é uma teoria fechada. Antes, como o próprio nome o indica, trata-se de um *programa* de pesquisa aberto, que poderá reformular-se continuamente na busca da melhor descrição possível de nossa cognição linguística. Nesse sentido, apresentaremos a seguir questões e questionamentos que poderão aguçar a sua curiosidade científica. Você verá que, mais do que "*aprender sintaxe*", a linguística gerativa convidará você a "*fazer sintaxe*".

A primeira questão a apresentar diz respeito ao lugar do componente morfológico das línguas naturais na arquitetura da linguagem e, particularmente, na dinâmica de funcionamento do Sistema Computacional. As propostas de Chomsky (desde 1995 até o presente) não atribuem à estrutura interna das palavras papel relevante nas computações do Sistema durante a derivação do par (π, λ). Na interpretação chomskiana clássica, as computações morfológicas dão-se ou no interior do Léxico, antes portanto das operações que geram as representações sintáticas, ou em FF, quando os itens abstratamente computados pelo Sistema assumem a representação morfofonológica que será enviada para pronúncia na interface articulatório-perceptual. Muitos linguistas discordam dessa interpretação e argumentam que, na verdade, a morfologia desempenha papel crucial na arquitetura da linguagem. Por exemplo, os linguistas norte-americanos Morris Hale (do Instituto de Tecnologia de Massachusetts) e Alec Marantz (da Universidade de Nova York) propuseram, em 1993, um modelo linguístico denominado Morfologia distribuída. Nesse modelo, que apresentamos rapidamente ao final da unidade 7, a morfologia é interpretada como um componente de interface com o Sistema Computacional e também com FF e FL, aos quais fornece listas de palavras reais e valores enciclopédicos de referência para seus significados. Trata-se de um modelo muito importante, com forte possibilidade de integração com a arquitetura minimalista de linguagem que aprendemos neste curso. É possível, portanto, que os modelos gerativistas do futuro representem o componente morfológico no interior do Sistema Computacional ou, pelo menos, em alguma instância de interface com ele.

Outro ponto de discussão relevante refere-se ao quanto de representação e de derivação há na faculdade da linguagem. Como vimos, a proposta minimalista assume que existem duas e somente duas representações linguísticas: π e λ. Nesse sentido, os sintaticistas devem caracterizar todo o funcionamento da linguagem, desde a Numeração, passando pelas operações do Sistema Computacional até a formação de representações em FF e FL, de maneira eminentemente derivacional. No entanto, conforme apontamos durante esta unidade, o conceito de Numeração organizada em subarranjos, com índices e núcleos de fase devidamente organizados, parece conferir ao modelo uma indesejável natureza representacional. Diversos gerativistas têm indicado que a noção de subarranjo ressuscita o nível de representação que era conhecido, nos anos 60, 70 e 80, como *estrutura profunda*. Por exemplo, Kenedy (2007) abordou o assunto em sua tese de doutoramento e, para ele, uma boa solução para o problema é reconhecer a existência de uma interface cognitiva entre o Léxico e o Sistema Computacional. Tal interface cor-

250 Curso básico de linguística gerativa

responderia ao planejamento conceitual de fala humana e seria nela que os itens lexicais que alimentam uma derivação sintática seriam organizados em estruturas proposicionais, tais como as fases, de modo a criar uma Numeração organizada.

Na verdade, existem muitas propostas sobre o tema "representação *versus* derivação". Gerativistas importantes, como Juan Uriagereka e Michael Brody, defendem abertamente a necessidade de o modelo gerativista voltar a ser mais representacional e menos derivacional, assumindo a existência de pelo menos três representações linguísticas: estrutura profunda, π e λ. Outras propostas, muito pelo contrário, defendem um *derivacionalismo radical*. Segundo linguistas como Samuel Epstein, as interfaces articulatório-perceptual e conceitual-intencional devem acessar diretamente as derivações do Sistema Computacional, sem a necessidade das representações em FF e FL. O acesso direto das interfaces às computações do Sistema pode ser uma hipótese científica interessante para o desenvolvimento do gerativismo. O que você pensa a respeito? Eis aqui um bom tema de pesquisa para a sua pós-graduação.

Por fim, um dos temas mais interessantes para a agenda futura do gerativismo é articulação entre o minimalismo ontológico e o minimalismo metodológico. Conforme aprendemos, o minimalismo ontológico diz respeito a como compreendemos a natureza da faculdade da linguagem e suas relações com as interfaces, ao passo que o minimalismo metodológico refere-se à maneira pela qual o sintaticista conduz o seu trabalho descritivo.

Em termos ontológicos, a interação dinâmica entre a faculdade da linguagem e as interfaces está claramente estabelecida como questão relevante para o debate na linguística gerativa. Há uma grande quantidade de livros e artigos que vem sendo publicados recentemente sobre esse tema. Já em termos metodológicos, a relação entre as interfaces e as operações do Sistema Computacional ainda não parece estar muito bem fixada na ordem do dia. Muitos linguistas assumem, ainda que tacitamente, que as interfaces sejam um tópico de pesquisa relevante para os estudiosos do desempenho linguístico, mas não para os teóricos da competência linguística. Outros estudiosos, por sua vez, assumem uma postura contrária e defendem a hipótese de que os estudos das interfaces devem ser trazidos para o interior da teoria linguística, de modo que modelos de competência e de desempenho possam ser integrados ou, pelo menos, articulados. É isso o que propõem, por exemplo, as linguistas brasileiras Letícia Sicuro Corrêa (da PUC-Rio) e Marina Augusto (da UERJ). Elas formularam, no ano de 2007, o Modelo Integrado de Computação On-line (MINC), que apresenta uma conjugação muito interessante entre derivação minimalista e modelos psicolinguísticos de produção e compreensão da linguagem em tempo real. Por detrás de modelos integrados como esse, está a necessidade de, na caracterização das operações do sistema computacional (o minimalismo metodológico), levarmos em consideração a natureza cognitiva da linguagem em seu nicho natural de interação com suas interfaces (minimalismo ontológico).

Não sabemos como essas e outras questões relevantes serão desenvolvidas pelos gerativistas num futuro próximo. Talvez você venha a ser um deles! Seja então bem-vindo à nossa busca por adequação observacional, descritiva e explanatória.

Conclusão

Nesta unidade, aprendemos a maneira pela qual os gerativistas concebem o Sistema Computacional da linguagem. Esse Sistema retira unidades lexicais, compiladas numa Numeração, para gerar derivacionalmente representações sintáticas que serão enviadas aos sistemas de interface por FF e FL. Nesse processo, o Sistema lança mão de algumas operações computacionais, como Select, Merge e Move, sob a regulação do Princípio da Interpretação Plena e do Princípio de Economia Derivacional. Há diversos tipos de exigência derivacional que o Sistema deve atender ao gerar representações, tais como a identificação de Caso, a satisfação do traço EPP e o licenciamento das categorias vazias. A visão de Sistema Computacional que aqui aprendemos é uma construção teórica, fruto do trabalho epistemológico do gerativista. Num futuro próximo, diversas questões poderão ser reformuladas e novas questões poderão ser apresentadas de modo a aprimorar o modelo teórico do gerativismo.

Exercícios

1) O que se deve entender por derivação e representação em linguística gerativa?

2) Descreva os passos derivacionais que geram a representação: [Paulo comprou uma blusa].

3) Descreva os passos derivacionais que geram a representação: [Que roupa Paulo comprou].

4) Qual é a diferença entre Numeração e subarranjo?

5) Caracterize e exemplifique os três tipos de regra de Movimento existentes.

6) Qual é a relação existente entre Caso e traço EPP?

7) O que você entendeu por "Sistema Computacional" e "operações derivacionais"? Por que essas noções são relevantes para o estudo da dimensão cognitiva da linguagem humana?

8) Explique como os Princípio da Interpretação e o Princípio da Economia Computacional orientam a derivação de estruturas sintáticas.

UNIDADE 10
Interfaces

Enfim chegamos à nossa última unidade. Para concluir este curso, vamos descrever e analisar algumas questões linguísticas que se referem às interfaces da linguagem numa perspectiva cognitiva – tais como a ligação e o tratamento da ambiguidade sintática. No entanto, antes de darmos início à unidade propriamente, é importante você saber que, na verdade, o final deste curso é apenas o começo de seus estudos mais avançados. Todo o conhecimento que você acumulou ao longo do curso é, de fato, um conjunto de informações que (esperamos) lhe permitirão uma boa formação em linguística gerativa e em linguagem e cognição. É com base nessa formação que você poderá iniciar-se em estudos de nível mais elevado – como a Sintaxe experimental, a Morfologia distribuída, a Otimalidade, o Derivacionalismo radical e os desdobramentos mais atuais do Programa Minimalista. Acreditamos que você, ao longo das dez unidades do curso, tenha criado o desejo de aprender mais sobre linguística gerativa e, assim, almeje aprofundar-se nesses novos caminhos, os quais se lhe tornarão acessíveis em consequência desta longa introdução que finalmente se conclui.

Nesta última unidade, nosso objetivo é dar a você uma noção de como as demais disciplinas das ciências cognitivas podem interagir com o gerativismo na busca de conhecimento científico sobre a faculdade da linguagem. Algumas dessas disciplinas dedicam-se especialmente aos sistemas de desempenho linguístico que estabelecem relações de interface com a linguagem humana. Mas quais são essas disciplinas? O que são esses sistemas de desempenho? Como eles interagem com a cognição linguística de modo a gerar o nosso comportamento verbal? São questões como essas que aqui pretendemos responder. Estudaremos, com um pouco mais de detalhes, os sistemas articulatório-perceptual e conceitual-intencional, também chamados de sistemas de performance ou sistemas superiores, aos quais se dedicam cientistas como psicolinguistas e neurocientistas da linguagem. Tais sistemas já foram mencionados em nossas unidades anteriores, mas aqui eles serão trazidos ao primeiro plano.

Conforme aqui veremos, o estudo das interfaces da linguagem é um dos empreendimentos mais importantes para a linguística gerativa do futuro. Podemos ter uma pequena noção disso com base no seguinte excerto chomskiano. Vejamos

254 Curso básico de linguística gerativa

como Chomsky ilustra de maneira muito interessante a importância crucial dos sistemas de desempenho para o surgimento da faculdade da linguagem na espécie humana. Trata-se de sua célebre fábula evolucionária.

> Imagine um primata com a arquitetura mental humana e com o aparato sensório-motor adequado, mas sem um órgão da linguagem. Esse primata teria nossos modos de organização perceptual, nossas atitudes proposicionais (crenças, desejos, esperanças, medos...) na medida em que essas não são mediadas pela linguagem, talvez uma "linguagem do pensamento", no sentido de Jerry Fodor, mas nenhuma maneira de expressar os seus pensamentos por meio de expressões linguísticas, de tal forma que esses permanecem quase completamente inacessíveis para si próprio e para os outros. Suponha que algum acontecimento reorganize o cérebro desse primata de modo que a faculdade da linguagem possa emergir. Para poder ser usado, esse novo órgão deve obedecer a certas "condições de legibilidade". (Chomsky, 2001, pp. 6-7)

Com essa alegoria, Chomsky levanta a hipótese de que, na história evolucionária humana, a faculdade da linguagem tenha emergido em consequência das pressões seletivas de outros domínios cognitivos (os sistemas de desempenho). Para ele, a cognição linguística humana subordina-se evolutivamente às suas interfaces. Veremos, ao longo desta unidade, que tal subordinação pode ser verdadeira não apenas no que diz respeito à *evolução humana*, mas também em termos de *natureza* e *funcionamento* contemporâneos de nossa cognição linguística.

Prepare sua motivação para o estudo das interfaces da linguagem, pois descobriremos nesta unidade como os sistemas de desempenho devem dar vida, em tempo real, às construções abstratas do Sistema Computacional. Veremos de que maneira as representações do par (π, λ) precisam ser transformadas em expressões concretas do mundo sensível, desde a articulação e a percepção de sons, até a integração de informações discursivas em situações sociocomunicativas. Especialmente, analisaremos os fenômenos da ligação e da ambiguidade estrutural. Tais fenômenos são particularmente interessantes para a discussão de nossa unidade porque, afinal de contas, a linguagem natural precisa referir-se a entidades do mundo – mas como é que fazemos isso? Ademais, a ambiguidade e a indeterminação são fenômenos inerentes ao sinal linguístico – mas como é possível que driblemos essa imprecisão natural para construir interpretações suficientemente acuradas daquilo que ouvimos ou lemos? Conforme veremos, o funcionamento das interfaces da linguagem é a chave para respondermos perguntas como essas. Vamos seguir em frente, pois estamos apenas começando.

Interfaces e sistemas de desempenho

Pelo que aprendemos na unidade 6 deste curso, você deve lembrar-se de que são dois os sistemas de desempenho em interface cognitiva com a linguagem humana: o sistema articulatório-perceptual (também denominado sensório-motor), em interface com a Forma Fonética (FF), e o sistema conceitual-intencional (também chamado de sistema de pensamento), em interface com a Forma Lógica (FL). Vejamos cada um desses sistemas com um pouco mais de detalhes.

O sistema sensório-motor é composto por diversos *subsistemas* ou *órgãos*, os quais são responsáveis, de uma maneira geral, por: (1) durante a produção da linguagem, transformar a representação (π) nos sons articulados pelo aparelho fonador e (2) durante a compreensão da linguagem, transformar em informação linguística os sons que veiculam (π) e chegam ao nosso aparelho auditivo. Por se tratar de um sistema bastante complexo, podemos nos referir a ele na forma do plural: *sistemas sensório-motores*.

Figura 10.1: Os sistemas sensório-motores são responsáveis pela produção e pela percepção dos sons da linguagem.

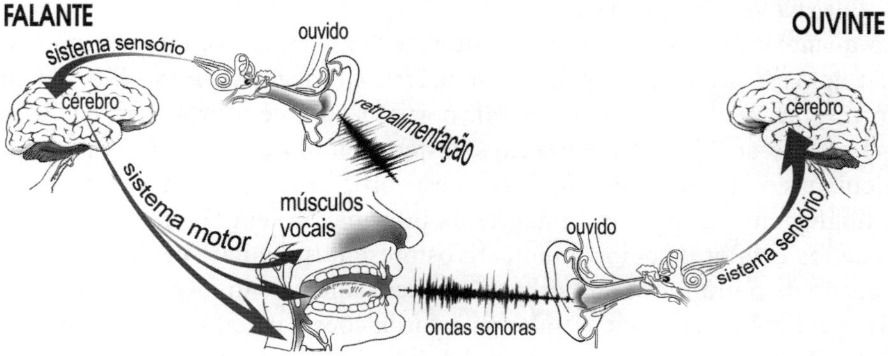

Fonte: GARMAM, 1990, pp. 4-5. (adaptado)

É muito fácil entender que esses sistemas são denominados "articulatórios" e "perceptuais" porque dizem respeito justamente à articulação e à percepção dos sons da fala pelos nossos aparelhos fonador e auditivo. Na verdade, a expressão "sensório-motores" é intencionalmente genérica, pois com ela fazemos referência aos diversos sistemas específicos que codificam e decodificam os sons da linguagem, desde o aparato nervoso que controla os movimentos involuntários e voluntários da respiração, até o conjunto de circuitos neuronais especializados na produção, percepção e análise dos sons da fala – passando

256 Curso básico de linguística gerativa

pelos subsistemas integrantes da fonação e da percepção, como a língua, os lábios, os ouvidos e os tímpanos.

Com efeito, os sistemas articulatório-perceptuais são compostos também pelos sistemas visuais e cinestésicos que dão vida às línguas de sinais das pessoas surdas. Em línguas orais, como o português, a informação codificada em (π) é veiculada por ondas sonoras, ao passo que em línguas de sinais, como a Libras (Língua Brasileira de Sinais), a informação em (π) é veiculada por gestos que formam imagens em movimento. Isso quer dizer que línguas orais e línguas de sinais são sistemas linguísticos diferentes somente no que diz respeito à forma de expressão física de (π) na interface sensório-motora: tal expressão ocorre via subsistema fonador-auditivo (no caso das línguas orais) e via subsistema visual-cinestésico (no caso das línguas de sinais). No demais, línguas orais e de sinais possuem a mesma arquitetura cognitiva: um Léxico, um Sistema Computacional e dois sistemas de Interface (FF e FL). Na qualidade de expressão visual da faculdade da linguagem, uma língua de sinais, quando adquirida na infância (período crítico), em situações neurológicas e socioculturais normais, possui todos os recursos linguísticos e expressivos comuns às línguas orais.

Por sua vez, o sistema conceitual-intencional é tão complexo e heterogêneo quanto os sistemas sensório-motores. Por essa razão, também podemos falar nele usando uma expressão plural: *sistemas de pensamento*. Tais sistemas são responsáveis, de maneira geral, por: (1) durante a produção da linguagem, codificar em (λ) as representações conceituais e comunicativas que são veiculadas numa elocução linguística específica e (2) durante a compreensão da linguagem, identificar e integrar as informações em (λ) que se referem a conceitos e valores sociocomunicativos presentes num ato de fala particular. Dizendo de outra forma, os sistemas de pensamento são responsáveis por inserir e retirar da linguagem todas as informações conceituais, comunicativas e interacionais que são necessárias à produção e à compreensão linguísticas em cada vez que usamos uma língua natural.

As quatro habilidades linguísticas

Neste curso, focalizamos essencialmente a cognição linguística envolvida nos processos de produção e de compreensão das línguas naturais em sua expressão oral. Não podemos, entretanto, esquecer-nos das demandas cognitivas imbricadas nos processos de produção e de compreensão de língua escrita. Um indivíduo criado numa sociedade letrada, como a nossa, muito provavelmente desenvolverá quatro competências cognitivas básicas com a linguagem: produção oral, compreensão oral, produção escrita, compreensão escrita.

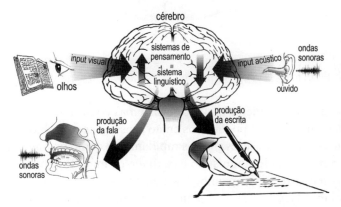

Fonte: GARMAM, 1990, pp. 4-5. (adaptado)

A dinâmica do aprendizado sociocultural das habilidades de leitura e escrita e a inter-relação dinâmica entre oralidade e escrita nas sociedades letradas são, em si mesmos, complexos tópicos de pesquisa para as ciências da cognição. Para uma introdução ao assunto, consulte Scliar-Cabral (2009) e Dehaene (2012).

Por se tratar de um amplo conjunto de módulos cognitivos, os sistemas de pensamento abarcam diversos tipos de saber. Como alguns exemplos desses tipos, podemos citar nosso conhecimento de mundo, nosso conhecimento enciclopédico, nossos sistemas de crenças e valores, bem como todas as redes de conceitos que compõem a inteligência humana. Na verdade, como você pode perceber, os sistemas de pensamento são de tal forma diversificados que, na prática, dizem respeito a quase toda a cognição humana, desde o nosso saber declarativo a respeito do mundo biossocial, armazenado em vários tipos de *memória*, passando por nossos conhecimentos intuitivos acerca de tempo, espaço, matemática, culturas ou relacionamentos humanos, até nossas ideologias tácitas ou explícitas sobre política, história, religião, esportes, sexo, poder, artes etc.

Figura 10.2: Os sistemas de pensamento são responsáveis pela produção e pela compreensão dos significados representados pela linguagem.

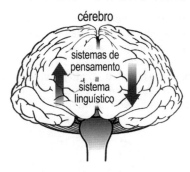

Fonte: GARMAM, 1990, pp. 4-5. (adaptado)

Se você já compreendeu o que são os sistemas cognitivos que fazem interface com a linguagem humana, poderemos então prosseguir com a nossa unidade. Nas duas próximas seções, descreveremos rapidamente como os linguistas estudam a interação entre o módulo linguístico e os diversos módulos cognitivos responsáveis pelos sistemas de desempenho. Já sabemos que os sistemas sensório-motores estabelecem interface com FF, enquanto os sistemas de pensamento relacionam-se com FL.

Vejamos, nas próximas seções, quem são os estudiosos interessados nessas relações de interface e como eles conduzem suas pesquisas.

Sistema articulatório-perceptual e forma fonética

As pesquisas sobre os sistemas articulatório-perceptuais relacionados à linguagem são normalmente conduzidas por foneticistas e fonólogos – associados ou não a psicolinguistas.

Foneticistas são os estudiosos da *fonética*, a ciência que se dedica aos fenômenos da produção, propagação e recepção dos sons da fala. São eles que produzem conhecimento científico sobre a articulação dos sons, com os movimentos que nosso aparelho fonador efetua sobre a corrente de ar egressa dos pulmões, dando origem aos segmentos (como os fones [z], [a], [b], [i]) e aos suprassegmentos (como ritmo, acentuação, melodia) que formam as expressões sonoras das línguas naturais. Eles também estudam a difusão dos sons pelo ambiente, com a produção das ondas acústicas precipitadas pela articulação da fala e sua respectiva propagação no ar até os ouvidos dos interlocutores de um ato comunicativo oral. Por fim, foneticistas também se dedicam à pesquisa sobre a percepção e a categorização dos sons recebidos do ambiente pelo nosso aparelho auditivo.

Já os fonólogos são os estudiosos da *fonologia*, o ramo da linguística que se ocupa da função estrutural dos sons da linguagem. São eles que, muitas vezes associados a psicolinguistas, produzem conhecimento científico sobre quais são os fonemas existentes numa dada língua natural e como esses fonemas se relacionam entre si no curso da fala, dando origem a sílabas e morfemas. Fonólogos também se dedicam a pesquisar como certos valores linguísticos, como, por exemplo, a prosódia, emergem da combinação entre sílabas numa língua específica, como português, o inglês, o árabe ou qualquer outra.

A fonética e a fonologia, bem como os estudos psicolinguísticos sobre a produção e a percepção dos sons da fala, são áreas de pesquisa extremamente diversificadas e complexas. Naturalmente, não trataremos delas em detalhes neste curso. O que nos interessa aqui é apenas indicar a relevância desses estudos para a linguística gerativa, já que tais disciplinas dedicam-se a uma das interfaces da linguagem. De fato, a compreensão da relação entre linguagem e sistemas sensório-motores é muito importante para os estudos de língua-I, afinal a forma de expressão que nossas representações linguísticas podem assumir é completamente dependente da natureza desses sistemas de desempenho. Vejamos um rápido exemplo disso: a propriedade da *linearidade*.

A linearidade foi definida por Ferdinand de Saussure, no início do século xx, como uma das principais características da linguagem humana. O famoso linguista genebrino apontou que todos os atos de fala numa língua natural são articulados linearmente num determinado intervalo de tempo, isto é, Saussure foi um dos primeiros estudiosos a perceber que as unidades linguísticas que produzimos quando falamos se sucedem, uma a uma, na linearidade de nossos enunciados. Na prática, isso significa que não é possível que duas unidades linguísticas sejam geradas no mesmo exato momento num dado lapso temporal. Por exemplo, devemos produzir primeiramente /p/ para, só depois, produzimos /a/ na articulação da sílaba "pa" – e não podemos articular, exatamente no mesmo milésimo de segundo, /p/ e /a/ de maneira simultânea. Da mesma forma, não é possível produzir duas palavras ao mesmo tempo, ou duas frases concomitantemente, e assim por diante. Fonemas, sílabas, morfemas, palavras, sintagmas, frases e discursos são unidades que se sucedem umas às outras na linearidade da fala em todas as línguas naturais.

Para efeitos desta unidade, o que você deve entender é que a linearidade da linguagem não deriva de um fenômeno linguístico nele mesmo e por ele mesmo. A linearidade não é, em si, uma propriedade necessária à faculdade da linguagem. Antes, trata-se de uma condição imposta à linguagem por um de seus sistemas

260 Curso básico de linguística gerativa

de desempenho: o articulatório-perceptual. A linguagem é linear porque o nosso sistema fonador produz unidades linearmente. O fato de não podermos produzir duas sílabas ou duas palavras no mesmo exato intervalo de tempo é consequente das limitações de nosso aparelho fonador. Temos aqui, portanto, um fato da linguagem que lhe é imposto por uma de suas interfaces.

É certo que a linearidade é apenas uma das injunções que a interface sensório-motora impõe à linguagem. Todavia, os gerativistas devem estar interessados em todas as condições de legibilidade dessa interface, afinal, como já aprendemos neste curso, FF assume justamente a função de organizar as informações presentes em (π) de tal forma que essa representação possa ser completamente legível pelos sistemas cognitivos responsáveis pela articulação e pela percepção de sons.

Você já entendeu como o estudo dos sistemas articulatório-perceptuais é importante para a linguística gerativa? Se sim, passemos agora a descrever o trabalho dos cientistas interessados nas relações de interface entre FL e os sistemas de pensamento humanos.

Sistema conceitual-intencional e forma lógica

Os estudiosos dedicados aos sistemas conceituais-intencionais relacionados à linguagem compõem um grupo bastante heterogêneo. Semanticistas, pragmatistas, psicolinguistas, sociocognitivistas, analistas de discurso, filósofos da mente, psicólogos cognitivos são alguns exemplos dos cientistas da mente interessados nas interfaces entre linguagem e pensamento.

Os problemas cognitivos de interesse para esse grupo são igualmente diferentes e diversificados, tais como memória, concentração, atenção, planejamento, intenção, intencionalidade, conceituação, redes semânticas, integração entre informações, déficits cognitivos, neurobiologia, entre muitos outros. Numa rápida ilustração, podemos dizer que as pesquisas nessa interface dedicam-se a fenômenos como (1) a codificação e a decodificação de conceitos em unidades linguísticas como itens lexicais, morfemas, sintagmas e frases, (2) a recuperação na memória de itens que devem compor uma dada representação linguística (λ), (3) a manutenção na memória de trabalho dos itens, representações e conceitos que são relevantes para produzir e compreender enunciados específicos, (4) a integração entre informações linguísticas e extralinguísticas no curso da produção e da compreensão de discursos, (5) as relações entre conhecimento linguístico e as demais cognições humanas – entre muitos outros.

As relações de interface entre linguagem e sistemas de pensamento são eminentemente estabelecidas, como já sabemos, em FL – mas, na verdade, elas também se dão noutros domínios da cognição linguística, tais como o componente lexical e a Numeração. Nesse sentido, as interfaces conceituais da cognição linguística ocorrem tanto em momentos anteriores como em momentos posteriores à derivação de representações (λ). Vejamos como.

Antes de uma derivação sintática, a faculdade da linguagem deve ser capaz de retirar informações conceituais e comunicativas de outros sistemas cognitivos para, com elas, criar sintagmas e frases. Por exemplo, é o nosso planejamento de fala que informa ao Sistema Computacional quais itens foram retirados do Léxico e inseridos nos subarranjos de uma Numeração que serve de referência para a derivação de um par (π, λ) específico. Já após a derivação sintática, os sistemas de pensamento deverão acessar FL para de lá retirar representações (λ) plenamente construídas, e com elas fazer todos os usos comunicativos e intelectivos característicos do comportamento humano.

Você deve notar que, por um lado, os sistemas de pensamento enviam à cognição linguística determinações para a criação de representações sintáticas e, por outro lado, esses mesmos sistemas exigem de FL que as informações de (λ) estejam organizadas de maneira tal que possam ser por eles plenamente reconhecidas e usadas, conforme ordena o nosso já conhecido Princípio da Interpretação. Entendemos, dessa forma, que a tarefa de derivar representações (λ) é, por assim dizer, feita sob encomenda, na justa medida demandada pelos sistemas da interface conceitual.

Se você está se perguntando qual é a relação entre os estudos da interface lógica da linguagem e o trabalho descritivo de um sintaticista gerativista, saiba que a resposta para essa questão é a seguinte: todo o curso de uma derivação sintática é orientado pelo Princípio da Interpretação Plena (FI), conforme estudamos em nossa unidade 9. Nesse sentido, descobrir quais são exatamente os princípios de FI que governam a derivação de frases é o mesmo que desvendar quais são as condições de legibilidade que o sistema conceitual-intencional, ao lado do sistema articulatório-perceptual, impõe à faculdade da linguagem. FI não é, portanto, algo que deve ser tomado pelo linguista como dado e certo. Os princípios de FI são, na verdade, um importante tópico de pesquisa no empreendimento da linguística gerativa.

A hipótese forte minimalista

Com tal hipótese, às vezes mencionada em sua sigla em inglês (SMT – *Strong Minimalist Thesis*), Chomsky (2001) propôs que a faculdade da linguagem tenha sido a melhor solução natural possível – a solução perfeita – para satisfazer as necessidades dos sistemas de interface. Com isso, devemos entender que a linguagem tenha emergido na espécie humana como, de fato, um sistema cognitivo capaz de gerar representações que satisfaçam a contento todas as necessidades das interfaces articulatório-perceptual e conceitual-intencional.

262 Curso básico de linguística gerativa

Com efeito, as imposições feitas à linguagem pelos sistemas de pensamento são extremamente complexas e, em grande medida, ainda são desconhecidas pela linguística. Por isso mesmo, descrever em detalhes a natureza dos sistemas conceituais e intencionais é um dos maiores desafios na agenda de pesquisa das ciências cognitivas no século XXI. É preciso desvendar quais são os pormenores desses sistemas e de que forma eles modelam as feições da linguagem. Investigar a natureza de tais sistemas é também tentar descobrir de que maneira a linguagem se estrutura e funciona para atender suas injunções. É nesse sentido que o trabalho colaborativo entre gerativistas e demais cientistas da cognição pode fazer progredir nosso conhecimento científico sobre a natureza da linguagem na mente humana. Falaremos mais sobre o trabalho colaborativo entre linguistas e demais cognitivistas ao final de nossa unidade.

Agora que conhecemos um pouco mais sobre as interfaces da faculdade da linguagem, poderemos começar a analisar alguns exemplos de fenômenos que se estabelecem nessa região fronteiriça entre a cognição linguística e os demais domínios cognitivos da mente humana. Antes, porém, precisamos conceituar as diferenças entre **computação virtual** e **computação real**, bem como apresentar a você a noção de **processamento linguístico**. É justamente isso que faremos na seção a seguir.

Computação virtual e computação real

Você certamente se lembra das lições das unidades 8 e 9. Nelas, aprendemos bastante sobre as computações usadas pelo Sistema Computacional da linguagem humana em sua tarefa de criar representações sintáticas complexas. Pois bem. A esse conhecimento explícito que você já construiu, precisamos adicionar a seguinte informação. Na verdade, as computações do Sistema Computacional não são as genuínas operações mentais que de fato colocamos em uso quando produzimos e compreendemos a linguagem. Dizemos que as operações do Sistema Computacional são computações virtuais. Vejamos.

Tal como apresentamos em nossa unidade anterior, a descrição gerativista sobre a natureza e o funcionamento do Sistema Computacional é conduzida de maneira abstrata e formal. Isto significa que, ao analisar a derivação de sentenças numa língua natural, os gerativistas tipicamente não levam em consideração quase nenhuma informação sobre as interfaces da linguagem. Seu único objeto de estudo são as formas geradas pelo Sistema Computacional, nelas mesmas e por elas mesmas. É por essa razão que as operações sintáticas que tanto interessam ao gerativismo são, na verdade, computações virtuais. Neste momento, você talvez se pergunte: mas se as computações do Sistema Computacional são virtuais, quais seriam as computações reais envolvidas no uso da linguagem? A resposta para sua dúvida é a seguinte. As computações cognitivas reais são justamente aquelas que de fato executamos no tempo real da produção e da compreensão linguística durante a interação concreta da linguagem com suas interfaces. Vamos entender isso melhor a seguir.

Ao descrever uma computação virtual hipotética, os gerativistas não precisam se preocupar com questões de desempenho linguístico concretas que dependem das interfaces da linguagem, tais como atenção, memória, concentração, intencionalidade, contexto, comunicação ou respiração. Mas é claro que todas essas variáveis são importantes para o uso efetivo de qualquer língua natural e, precisamente por isso, elas são controladas nas computações reais. Entretanto, não se esqueça de que um gerativista típico está interessado em estudar o conhecimento linguístico (a competência), e não a performance (o desempenho) – e é por isso que ele pretende abstrair da computação linguística real todos esses fatores contingentes, criando, assim, um objeto teórico abstrato: uma computação virtual.

A diferença entre competência e desempenho é semelhante à diferença entre computação virtual e computação real. Conforme estudamos em unidades anteriores, a competência linguística deve ser compreendida como um módulo exclusivo e isolado na cognição humana – a faculdade de linguagem. Já o desempenho linguístico é intermodular, pois resulta da interação dinâmica entre diversos módulos cognitivos. De maneira similar, devemos entender computações virtuais como uma descrição teórica sobre de que maneira, por hipótese, o Sistema Computacional funciona isoladamente para atender as imposições de suas interfaces. Não obstante, na prática, isto é, no dia a dia de nossas atividades linguísticas, o Sistema Computacional não funciona sozinho. Ele trabalha junto aos sistemas de interface para poder gerar as computações reais subjacentes às frases que produzimos e compreendemos tantas vezes ao longo do dia.

Se você já entendeu por que computações virtuais e reais não são a mesma coisa, talvez ainda lhe reste uma dúvida: será que uma computação virtual postulada por um linguista pode ser muito diferente da computação real que acontece na cabeça de uma pessoa concreta? Essa é uma pergunta muito importante, cuja resposta é difícil e nos remeteria a uma discussão complexa sobre o fazer da ciência em geral e sobre o fazer da ciência da linguagem em particular. Respeitando os limites dos propósitos deste curso e, de uma maneira muito sucinta, o que podemos dizer a esse respeito é que computações virtuais e reais devem apresentar diferenças pequenas e deliberadamente pensadas. Vejamos um exemplo disso: o famoso caso das orações subordinadas adjetivas encaixadas recursivamente.

Orações adjetivas, também chamadas de relativas, podem ser sintaticamente encaixadas umas nas outras, à margem direita de uma frase. Por exemplo, pode-

264 Curso básico de linguística gerativa

mos dizer algo como "O menino espantou o cachorro, que mordeu o gato, que fugiu assustado". Nesse caso, as orações adjetivas localizam-se logo em seguida à expressão nominal que é modificada. Temos "cachorro" e logo depois, "que mordeu o gato". Temos "gato" e logo depois, "que fugiu assustado". De que maneira um sintaticista descreveria a derivação de uma frase como essa? Bem, ele provavelmente diria que o Sistema Computacional fez sucessivos Merges entre uma oração adjetiva e o sintagma nominal mais recentemente construído no curso da derivação. Essa sequência de Merges representaria o conjunto de computações virtuais que gerariam tal representação linguística. Você diria que essas computações virtuais devem ser semelhantes às computações reais que fazemos para produzir e para compreender uma frase como a do exemplo? Se você respondeu "sim", saiba que concordamos com você. Entendemos hoje, por meio de diversos estudos psicolinguísticos, por que uma representação como "O menino espantou o cachorro, que mordeu o gato, que fugiu assustado" é facilmente computada pela nossa mente. Nossa memória é perfeitamente capaz de identificar um referente discursivo ativo e concatená-lo com uma oração adjetiva, a qual poderá possuir um novo referente discursivo, que por sua vez poderá ser, ele próprio, concatenado a uma nova oração adjetiva, e assim sucessivamente.

Todavia, o Sistema Computacional poderia fazer esse mesmo tipo de encaixe recursivo ainda que o ponto do encaixamento da oração adjetiva fosse no interior de outra oração adjetiva ainda em construção. Nesse caso, o encaixamento da oração subordinada não seria à direita, mas sim ao centro da frase. Por exemplo, uma computação virtual pode derivar sem dificuldade uma estrutura como "O gato que o cachorro que o menino espantou mordeu fugiu assustado". E agora, você acha que esse tipo de computação virtual também ocorre naturalmente em nossas computações reais? A resposta é "não". No caso, nossa memória de curto prazo dificilmente seria capaz de manter em seu espaço de trabalho mais de dois referentes discursivos ativos sem resolver a sua respectiva predicação. Assim, quando identificamos o SN "o gato" e logo depois percebemos o SN "o cachorro", nossa memória já atinge o limite de armazenamento temporário de referentes discursivos ativos. Logo, ficamos confusos quando nos deparamos com um novo SN, "o menino", e nos perdemos completamente quando aparecem as respectivas predicações desses SNs: [o gato] + [fugiu assustado], [o cachorro] + [mordeu] e [o menino] + [espantou].

Orações adjetivas de encaixamento central são um bom exemplo de computações virtuais que não existem no mundo de nossas computações reais. Trata-se, não obstante, de uma diferença relativamente pequena e bem conhecida pelos linguistas, a qual é muitas vezes utilizada nos manuais de linguística justamente como ilustração das possíveis dissociações entre **gramaticalidade** (computação virtual) e **aceitabilidade** (computação real). No entanto, nem sempre os sintaticistas estão claramente preocupados com a distância que separa as computações virtuais das computações reais. Não dar a devida atenção a esse tipo de problema pode ser cientificamente ruim. Portanto, precisamos estar atentos, como gerativistas, para não distanciarmos exageradamente nossos modelos de computação virtual das computações reais plausíveis que de fato acontecem em nossa mente.

> Uma estrutura sintática é considerada *gramatical* quando é gerada de acordo com as regras computacionais de uma língua. Já a *aceitabilidade* diz respeito ao fato de uma estrutura ser aceita ou compreendida, ainda que agramatical. Uma estrutura hipotética como "Mim ir praia ontem", pode ser aceitável, mas não é gramatical. Orações relativas de encaixe central são gramaticais, mas não são aceitáveis. No mundo real, no entanto, os conceitos de gramaticalidade e aceitabilidade muitas vezes coincidem.

Ora, mas quem são os estudiosos que se dedicam a pesquisar as computações cognitivas reais que subjazem ao nosso comportamento linguístico? Eles são os psicolinguistas e os neurocientistas da linguagem. Tais cientistas podem ser ótimos parceiros de trabalhos para os gerativistas exatamente porque seu objeto de estudo são as computações linguísticas reais, denominadas **processamento da linguagem**. Vejamos por quê.

> O uso do conhecimento linguístico, na interação dinâmica com as interfaces da linguagem, é denominado processamento da linguagem. Nos estudos de língua-I, prefere-se o termo *processamento*, em vez da palavra *uso*, para evitar ambiguidades com a interpretação sociocultural que a expressão "uso da linguagem" pode provocar. Quando falamos em "uso" como processamento linguístico, estamos sempre nos referindo a fenômenos cognitivos internos à mente humana, relacionados, portanto, à língua-I, que não se confundem com os fenômenos sociointeracionais relevantes aos estudos de língua-E.

O processamento da linguagem é bastante complexo. Ele acontece em diversos momentos no curso temporal da produção e da compreensão linguísticas, seja na modalidade oral ou escrita de uma língua específica. O processamento linguístico ocorre a partir do momento em que produzimos ou percebemos as unidades microscópicas do uso da linguagem, como os fonemas e morfemas, até o momento em que processamos as unidades linguística em nível macro, tais como o discurso – passando, é claro, por unidades intermediárias, como o sintagma e a frase.

O *processamento fonológico* é o fenômeno cognitivo que ocorre quando produzimos e decodificamos o sinal acústico da fala. Podemos dizer que ele é a janela de entrada para o processamento linguístico da compreensão. É com base nas informações fonológicas computadas pela mente durante esse tipo de processamento que nos tornamos capazes de reconhecer (e produzir) morfemas e palavras, os quais caracterizam, por sua vez, outros tipos de tratamento cognitivo real da informação linguística: o *processamento morfológico* e o *processamento lexical*.

O processamento sintático, por sua vez, é concebido de duas maneiras. A primeira delas é a *compreensão* de frases. Esse tipo processamento é chamado de *parsing* (termo inglês que significa "analisar") e diz respeito ao conjunto de computações cognitivas reais que a mente humana efetua quando ouvimos ou lemos sentenças numa língua natural que adquirimos ou aprendemos. O *parser* humano é, portanto, o nosso analisador sintático natural. Já o outro tipo de processamento sintático refere-se à *produção* de frases. Nesse caso, nosso *formulador sintático* é, na verdade, o conjunto de computações cognitivas reais que executamos quando falamos ou escrevemos sentenças em nossa língua.

O *parser* e o formulador sintático alimentam o *processamento semântico*, o *processamento pragmático* e, finalmente, o *processamento discursivo*. Tais níveis de processamento são responsáveis pelas computações reais que reúnem vastas gamas de informações linguísticas e extralinguísticas necessárias para conferirmos uma interpretação comunicativa coerente aos discursos que produzimos e compreendemos.

Você deve ter compreendido que o processamento da linguagem, em seus diversos níveis, é um fenômeno cognitivo que se estabelece nas interseções entre a linguagem e suas interfaces. Ele toma vida precisamente quando os sistemas de memória, intencionalidade, comunicação, atenção e muitos outros interagem com a faculdade da linguagem durante o nosso comportamento linguístico. Veremos, ao final desta unidade, que, para o amadurecimento das ciências cognitivas, é fundamental que os estudos formais acerca das computações virtuais sejam articulados às pesquisas sobre o processamento da linguagem. Talvez você mesmo venha a se tornar um pesquisador interessado nessa integração entre o Sistema Computacional e os sistemas de desempenho linguístico.

Passemos agora para as próximas seções. Nelas veremos exemplos de computações cognitivas reais que possuem uma elegante e coerente descrição computacional virtual. Trata-se dos fenômenos da ligação e do processamento de ambiguidades sintáticas.

Ligação e c-comando

Um fato óbvio sobre as línguas naturais é que elas servem, dentre outras coisas, para fazer referência a certas entidades do mundo, sejam essas pessoas, objetos, ações, qualidades etc. As entidades às quais as expressões linguísticas se reportam denominam-se *referentes*. Por exemplo, se dizemos uma frase simples como "João já comprou o livro de linguística", a pessoa específica à qual o termo "João" se remete é o seu referente, assim como o livro específico sobre o qual falamos na frase é o referente do sintagma "o livro de linguística".

Outro fato interessante – e de certa forma também óbvio – é que, numa dada frase, mais de uma expressão linguística pode ter o mesmo referente. Quando duas ou mais expressões possuem a mesma referência, dizemos que elas são *correferentes*. Por exemplo, se na frase "João disse que ele já comprou o livro de linguística" queremos significar que "João" e "ele" são a mesma pessoa, dizemos então que ambos possuem a mesma referência, sendo, por conseguinte, termos correferentes. Quando um novo constituinte de uma frase refere-se a (ou tem a mesma referência de) outro constituinte já citado na sentença ou no discurso, denominamos esse novo constituinte de *anáfora*. Uma relação anafórica é, portanto, aquela em que um dado constituinte retoma outro já previamente introduzido no enunciado. No exemplo dado, "ele" é uma anáfora do antecedente "João".

Um fato nada óbvio sobre a linguagem é a maneira pela qual a referência, a correferência e as relações anafóricas são computadas pela mente humana. Trata-se de um tema tão interessante que há uma disciplina inteira dedicada a ele: a *teoria da ligação*. Os gerativistas assumem que a ligação é a fração da cognição linguística responsável pela referenciação das expressões nominais e pronominais. Vejamos a seguir de que maneira a ligação é estudada na teoria gerativa e como, pelo menos em parte, seu estudo tem a ver com o processamento linguístico nas interfaces da linguagem. Antes, porém, você deve ficar atento a um recurso notacional já usado ao longo do curso, que aqui voltaremos a explorar. Para facilitar a visualização das ligações feitas entre constituintes em uma sentença, utilizamos um índice subscrito entre os constituintes ligados entre si. Se os constituintes são correferentes, eles serão marcados com o mesmo índice, tal como se vê a seguir.

(1) João$_i$ disse que ele$_i$ já comprou o livro de linguística.

Como "João" e "ele" possuem o mesmo índice (apontado pela letra "i" subscrita), sabemos que eles são correferentes e, assim, estão ligados. Já se constituintes possuem índices diferentes, como acontece no exemplo abaixo, eles não estão ligados – e cada qual possui sua referência específica (note que enquanto "João" recebe o índice "i", "ele" possui o índice "j"). Com os índices distintos marcados na frase a seguir, queremos significar que "ele" se refere a alguma outra entidade do discurso, necessariamente diferente de "João".

(2) João$_i$ disse que ele$_j$ já comprou o livro de linguística.

268 Curso básico de linguística gerativa

De posse desse recurso notacional, você entenderá a seguir por que não há nada de óbvio na ligação entre constituintes sintáticos. Talvez você se recorde da unidade 3 de nosso curso, em que apresentamos o argumento da pobreza de estímulo com ilustrações semelhantes às que se seguem. Pensemos na seguinte indexação (reproduziremos um exemplo anterior desta unidade agora como (3)):

(3)   João$_i$ disse que ele$_i$ já comprou o livro de linguística.

Tal ligação quer dizer justamente que quem comprou o livro foi o próprio "João", pois "João" e "ele" possuem a mesma referência no mundo. Note, porém, que nessa frase nada nos obriga a interpretar "ele" como necessariamente correferente a "João". Com efeito, se tivéssemos algum antecedente discursivo ativo sobre o qual estivemos falando como tópico de conversação, então é bem possível que o pronome "ele" fizesse referência a esse item e não a "João". Imagine, por exemplo, que alguém fizesse a pergunta "Você sabe se o Paulo já comprou algum dos livros das matérias deste semestre?". Nesse caso, se a resposta fosse algo como "João disse que ele já comprou o livro de linguística", a correferência de "ele" seria estabelecida mais provavelmente com "Paulo". Perceba isso no diálogo que se segue, no qual "João" é indexado com "i", enquanto "ele" recebe o índice "j" coincidente com a indexação de "Paulo".

> Pergunta: Você sabe se o Paulo$_j$ já comprou algum
> dos livros das matérias deste semestre?
> Resposta: João$_i$ disse que ele$_j$ já comprou o livro de linguística.

Ora, imagine que a frase "João disse que ele já comprou o livro de linguística" seja proferida numa situação real de comunicação. Como é que, diante dela, poderíamos identificar a ligação correta do pronome "ele"? Isto é, como é que, numa computação real, conseguiríamos decidir se deveríamos ligar "ele" a "João" ou a outra entidade discursiva citada anteriormente? Esse é apenas um exemplo de um problema científico importante: como é que nossa mente promove a indexação correta de nomes e pronomes no curso de nossa compreensão linguística? Pois bem, referência e correferência de nomes e pronomes são fenômenos cognitivos que acontecem justamente na região de interface entre a linguagem e os sistemas de desempenho linguístico, mais precisamente na interface conceitual-intencional.

Para descobrimos como a referenciação acontece em computações linguísticas reais, temos de levar em consideração, de um lado, as inúmeras variáveis importantes num comportamento linguístico específico, tais como foco, tópico, pressuposição, estrutura da conversação, saliência discursiva, entonação, dentre outros. De outro lado, devemos ter em conta também a estrutura sintática em que os nomes e pronomes estão inseridos. A linguística gerativa ocupa-se precisamente da dimensão sintática do fenômeno da ligação. É essa a dimensão que diz respeito à participação do Sistema Computacional no complexo fenômeno da referenciação. Vejamos como esse estudo é feito pelos gerativistas.

Voltemos à nossa frase de exemplo ("João disse que ele já comprou o livro de linguística). Como ficaria sua interpretação caso trocássemos a posição entre o nome e o pronome, conforme acontece a seguir?

(4)   Ele disse que João já comprou o livro de linguística.

Agora você deve perceber que a referência do pronome "ele" continua sendo alguma entidade já citada eventualmente no discurso, seja ela qual for, mas desta vez tal referência não pode ser "João". Noutras palavras, se identificarmos, nessa nova frase, "ele" e "João" com um mesmo índice, o resultado será uma agramaticalidade, conforme indicamos a seguir. Nessa configuração frasal específica, "ele" deve ser necessariamente indexado a outra expressão nominal, tal como indica o índice "j" no exemplo.

(5)   *Ele_i disse que $João_i$ já comprou o livro de linguística.
(6) Ele_j disse que $João_i$ já comprou o livro de linguística.

Como vemos, a posição sintática que é ocupada pelo nome e pelo pronome pode ser um fator crucial para conseguirmos identificar a referência de cada um deles. Isso evidencia o quinhão da sintaxe no fenômeno da referenciação, mas você ainda deve estar se perguntando: por que razão, afinal, se dissermos "João disse que ele já comprou o livro de linguística", "João" e "ele" podem ser correferentes, mas, se dissermos "Ele disse que João já comprou o livro de linguística", então essa correferência não pode mais acontecer? Antes de responder sua pergunta, vamos tornar nosso tema ainda mais complexo e pensar na frase que se segue.

(7)   João disse que Pedro não se barbeou.

Nesse caso, temos a ocorrência do pronome reflexivo "se". Na frase, esse pronome deve ser ligado a "Pedro" e nunca a "João". Inclusive, caso substituamos "Pedro" pelo pronome "ele", o reflexivo "se" continuará tendo de ser indexado ao constituinte na posição ocupada por "Pedro", mesmo que esse seja um pronome anafórico. É isso o que vemos ilustrado nos exemplos que se seguem.

270 Curso básico de linguística gerativa

(8) a. João disse que Pedro$_i$ não se$_i$ barbeou.
     b. João disse que ele$_i$ não se$_i$ barbeou.
     c. *João$_i$ disse que Pedro não se$_i$ barbeou.

E agora? Por que será que os padrões de indexação de pronomes anafóricos (como "ele") e de pronomes reflexivos (como "se") parecem tão diferentes? Com efeito, as respostas para esses problemas são eminentemente sintáticas. Vejamos isso em detalhes.

As propriedades que explicam a vinculação de expressões linguísticas são capturadas pela noção de *princípios de ligação*. Tais princípios são somente três, elencados pelas letras A, B e C.

- **Princípio A** = estabelece que um <u>pronome reflexivo</u> deve ser ligado dentro da oração em que esteja inserido.
- **Princípio B** = estabelece que um <u>pronome anafórico</u> deve ser livre (isto é, não pode ser ligado) dentro da oração em que esteja inserido.
- **Princípio C** = estabelece que uma <u>expressão referencial</u> (isto é, nomes e sintagmas nominais/determinantes – exceto pronomes reflexivos e anafóricos) deve ser livre na estrutura da sentença.

Com esses princípios, poderemos entender mais facilmente como acontece a ligação entre anáforas, reflexivos e expressões referenciais. Façamos isso agora. Note que os colchetes, nos exemplos que se seguem, estão indicando os limites da oração em que o pronome ou a expressão referencial estão inseridos.

(9) [João$_i$ disse que [ele$_i$ já comprou o livro de linguística]]
(10) [João$_i$ disse que [ele$_j$ já comprou o livro de linguística]]
(11) [João$_j$ disse que [Pedro$_i$ não se$_i$ barbeou]

Na frase (9), entendemos que "ele" é referente a "João" e, em (10), vemos que "ele" refere-se a um nome não citado na frase, tal como indicam os índices subscritos. Usando esses recursos visuais, podemos perceber com mais clareza que as anáforas são pronomes que devem ser ligados a um referente fora da oração em que a própria anáfora se encontra – conforme estabelece o Princípio B. Tecnicamente, dizemos que uma anáfora liga-se a um referente de um **domínio** diferente do seu próprio. Analise os exemplos e você verá que, tanto em (9) quanto em (10), o pronome "ele" está se referindo a uma entidade presente fora da oração (nos colchetes) em que a anáfora se encontra, seja essa a oração imediatamente anterior (como acontece em (9)) ou mesmo outra num período não citado (como se indica em (10)). Por sua vez, os reflexivos comportam-se de maneira precisamente inversa. Eles ligam-se a um referente dentro do seu próprio domínio – tal como dita o Princípio A. É por isso que, no exemplo (11), o pronome "se" deve ser ligado a "Pedro", nome que se encontra dentro da mesma oração em que está o reflexivo. Caso fosse ligado a "João", nome presente numa oração fora do domínio do pronome reflexivo, isso provocaria a agramaticalidade da sentença.

> Já conhecemos o conceito de domínio, e aqui devemos entendê-lo como o espaço sintático de projeção de um determinado núcleo lexical ou funcional. Assim, por exemplo, um domínio de V é o conjunto de itens que se encontram dentro de seu respectivo SV. Constituintes que estejam foram do SV devem ser considerados, portanto, além do domínio de V ou do próprio SV. Também falamos de domínio para expressar a noção sintática de dominância. Se um item Y qualquer é um dos constituintes de um sintagma SX, então dizemos que SX domina Y. Dominar, nesse sentido, significa ter um item como seu subordinado na hierarquia da sentença.

E o Princípio C? Para exemplificá-lo, vejamos uma nova frase. Desta vez, uma frase agramatical. Será que, neste momento da unidade, você já conseguiria explicar por que essa frase não é possível em português ou em qualquer outra língua natural?

(12) *Ele$_i$ disse que João$_i$ já comprou o livro de linguística

Como vimos, o Princípio C estabelece que expressões referenciais (como nomes, sintagmas determinantes e nominais) devem ser livres na sentença. Isso significa que tais expressões, também chamadas de *expressões-R*, não podem estar ligadas em nenhum domínio. Ora, o que está acontecendo com o exemplo (12) é exatamente uma violação do Princípio C. Como ligamos a expressão-R "João" ao pronome "ele", conforme apontado pelo índice "i", o resultado é uma estrutura agramatical. Para que o exemplo seja convertido numa frase aceitável, basta retiramos a ligação. Isso fará com que Princípio C seja respeitado. Nesse caso, "João" não estará mais ligado a "ele" e, por seu turno, "ele" deverá ser referente a alguma expressão presente noutra oração já citada no universo discursivo.

Você deve ter percebido que o fenômeno da ligação é uma espécie de instrução interpretativa que a linguagem envia para as interfaces. É como se FL dissesse aos sistemas de pensamento algo como "interprete tal anáfora como referente a um nome presente noutra oração", ou "interprete tal reflexivo como referente a um nome presente na mesma oração" e "interprete tal expressão-R de maneira livre". Mas como explicamos essas instruções em termos de computação virtual?

A lógica da ligação é explicada, formalmente, com base numa relação estrutural muito importante para a teoria gerativa: o **c-comando**. O c-comando é uma vinculação sintática que se estabelece entre dois constituintes. Nessa relação, há um constituinte que c-comanda e outro que é c-comandado. Vejamos como identificamos cada um deles.

> O termo técnico c-comando surgiu como abreviatura da expressão *comando categorial*. A partir do item c-comando, podemos gerar diversas palavras: c-comandar, c-comandado, c-comandante, c-comanda etc.

O c-comando acontece quando um constituinte c-comandante qualquer, que chamaremos de α, ramifica-se imediatamente de um nó na árvore sintática do qual o constituinte c-comandado, que chamaremos de β, também se ramifica, seja direta ou indiretamente. Isso significa que, na relação de c-comando, teremos sempre um ponto de referência, que será um nódulo sintático como SN, N', SV, V' ou qualquer outra notação. Esse nódulo de referência deve dominar α imediatamente, isto é, ele deve se posicionar acima de α e não se separar dele por nenhum outro material interveniente. Tal nódulo deve ser também a origem da ramificação sintática de β, seja de maneira imediata, ou seja, não separada por algum material interveniente, ou de maneia não imediata – com outros pontos sintáticos intervenientes até β. Pois bem, dizemos que α c-comanda β quando o nó sintático imediatamente superior a α também está ligado, direta ou indiretamente, a β. É como se, a partir de α, traçássemos na árvore sintática um linha para cima, chegando ao nosso ponto de referência, e depois traçássemos uma linha apenas descendente que, imediatamente ou não, nos levará a β. Vejamos uma ilustração disso.

Figura 10.3: O c-comando simétrico.

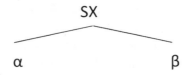

Nessa figura, podemos conferir que o primeiro nódulo sintático que domina imediatamente α também domina β. Tal nódulo é o SX (um sintagma qualquer). Se partimos de α, faremos uma pequena subida para o constituinte que o domina imediatamente (no caso, SX) e, depois, faremos uma descida para, então, chegarmos a β. Portanto, podemos dizer que α c-comanda β. Agora, analise atentamente a figura e responda. É correto dizer β também c-comanda α?

No caso, a resposta é afirmativa. Você deve notar que o primeiro nódulo que domina imediatamente β, isto é SX, também domina α. Dessa forma, a lógica do percurso que nos leva de α para β também nos levará de β para α. Dizemos, por conseguinte, que α c-comanda β e β também c-comanda α. Trata-se da relação que os gerativistas denominam *c-comando simétrico*.

Você já entendeu a noção de c-comando? Se sim, vamos analisar agora o seguinte caso.

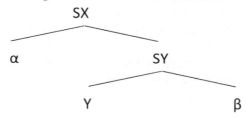

Figura 10.4: O c-comando assimétrico.

Vemos aqui que, novamente, α c-comanda β. O primeiro nódulo (no caso, um SX) que domina α também domina β. Se partirmos de α, faremos uma subida até SX, depois desceremos um pouco para chegar a SY e, então, desceremos novamente e chegaremos até β. Você deve notar que SX domina α imediatamente, porém SX não domina β imediatamente, já que entre SX e β há um material interveniente: o SY. Quem domina β imediatamente é o próprio SY, conforme você pode visualizar na figura. Nesse exemplo, já sabemos que α c-comanda β, mas será que agora β também c-comanda α?

Desta vez, a resposta é negativa. Basta analisarmos a árvore sintática para percebermos que o primeiro nódulo que domina β é SY e esse sintagma não domina α. Portanto, o c-comando de β sobre α não pode ocorrer. Estamos diante do caso que os gerativistas batizam como *c-comando assimétrico*: α c-comanda β, mas β não c-comanda α.

É com base nesse elegante formalismo que a sintaxe gerativa consegue explicar as computações virtuais da ligação. Trocando em miúdos, os gerativistas assumem que FL orientará a interface conceitual da linguagem a interpretar o referente de uma anáfora numa posição c-comandante fora da oração em que anáfora se encontra, ao passo que reflexivos terão de ser orientados para um referente local, isto é, presente numa relação de c-comando dentro dos limites da mesma oração em que o reflexivo se encontra. As expressões-R, por sua vez, devem estar fora desse tipo de computação, uma vez que não podem ser correferentes nem ser c-comandadas por pronomes indexados em qualquer domínio.

274 Curso básico de linguística gerativa

Definição formal de c-comando

Dizendo de uma maneira formal mais exata, o c-comando entre α e β acontece se e somente se 1º: α é um constituinte diferente de β; 2º: α não domina β; 3º: β não domina α; e 4º: todo nódulo sintático que domina α também domina β.

Esperamos que você tenha compreendido que a ligação é um interessante fenômeno linguístico que deve ser processado nas interfaces entre a linguagem e os sistemas de pensamento. De fato, há no terreno da linguística e da psicolinguística um frutífero campo de pesquisas sobre o assunto, muitas vezes rotulado genericamente como *estudos de correferência*. Outro tema também interessante, nessa zona de contato entre a cognição linguística e suas interfaces, é o tratamento das ambiguidades sintáticas. Esse é o assunto que exploraremos na próxima seção.

Ambiguidade

As estruturas linguísticas que utilizamos para nos comunicar no dia a dia raramente trazem em si mesmas todas as instruções necessárias e suficientes à produção e à compreensão dos sentidos veiculados pela linguagem. Grande parte das informações que tornam nossas elocuções inteligíveis origina-se de fontes cognitivas não especificamente linguísticas processadas no sistema conceitual-intencional, tais como a frequência de um determinado tipo de uso, a plausibilidade de uma declaração num dado contexto interacional, a previsão e a expectativa de certos tipos de comportamento linguístico em dadas circunstâncias comunicativas, dentre muitos outros.

Em termos cognitivos, isso quer dizer que cabe aos sistemas de pensamento atribuir uma interpretação contextual às representações de (λ), sem a qual as estruturas linguísticas podem nada significar ou significar algo incongruente do ponto de vista comunicativo e interacional. Por exemplo, na entrada de um famoso campo público de lazer, na cidade de Niterói/RJ, há uma placa em que se diz "Só é permitida a entrada de cão na guia". Todos os transeuntes sabem que a placa quer dizer que, no intuito de evitar acidentes sobretudo com crianças e idosos, não se pode levar para lá cães fora da coleira, mas em si mesma a frase pode ser interpretada de outro modo (por exemplo, algum piadista poderia entender que nenhum ser humano está autorizado a adentrar naquele campo, já que lá somente cães na guia podem entrar).

Num auditório importante da Universidade Federal Fluminense, há um aviso taxativo: "Proibido comer e beber nesta sala". Qualquer pessoa que leia essa placa é capaz de compreender que, naquele ambiente, não se deve ingerir qualquer tipo de alimento, sólido ou líquido, para que não se corra o risco de sujar a sala. Contudo, se desprezarmos a intenção por trás do aviso, poderíamos imaginar que é possível só "comer" ou então só "beber" na sala, já que, considerando-se apenas a frase em si mesma, o que parece estar proibido é fazer as duas coisas ao mesmo tempo: "comer e beber". Recorrer a nossos conhecimentos sobre o funcionamento do mundo, sobre nossos padrões de comunicação e interação etc. é, portanto, algo compulsório no processamento normal da linguagem.

Na verdade, mesmo quando ignoramos todos os demais fatores atuantes na comunicação e analisamos apenas as estruturas linguísticas por si mesmas, dificilmente encontramos expressões transparentes, inequivocamente claras quanto à sua forma de organização estrutural. Por exemplo, imagine que você esteja ouvindo uma frase que comece com a palavra "livro". No exato momento em que percebe esse item, sua mente não tem informação suficiente para decidir se ele é um SN, que provavelmente será sucedido por um SV, ou se já se trata de um SV/ST, numa forma finita do verbo "livrar". Mesmo se o início da frase fosse "o livro", ainda assim, não seria possível decidir com certeza se temos aqui um determinante seguido de um nome ou um pronome proclítico a uma forma verbal. Você teria de esperar pelo restante da frase para poder decidir com exatidão qual estrutura sintática deve ser atribuída ao enunciado. Com efeito, mesmo ao final de uma frase, pode ser que ainda não sejamos capazes de identificar sua estrutura de maneira inequívoca. Por exemplo, num panfleto de um político candidato à reeleição na cidade do Rio de Janeiro dizia-se "Precisamos de homens e de mulheres fortes". Ora, não podemos saber se essa frase quer dizer que precisamos de "homens" e de "mulheres fortes" ou de "homens fortes" e de "mulheres fortes", já que não é claro se o adjetivo "fortes" é um modificador apenas do nome "mulheres" ou se, na verdade, modifica os dois nomes coordenados: "homens e mulheres".

Note bem. Esses não são exemplos meramente teóricos a respeito da indeterminação de estruturas sintáticas. Na verdade, a ambiguidade estrutural é a condição natural da linguagem humana. Mais do que isso, indeterminação e ambiguidade não devem ser interpretadas como um defeito linguístico. Afinal de contas, os linguistas não devem supervalorizar o seu objeto de estudo e acreditar, ingenuamente, que a cognição linguística sozinha consiga dar cabo de todos os sentidos das frases e dos discursos que produzimos e compreendemos.

A linguagem é, com efeito, apenas um dos inúmeros fatores cognitivos que atuam em conjunto na tessitura dos significados que produzimos comunicativamente. A faculdade da linguagem é uma peça específica numa complexa maquinaria mental. É somente na integração de diversas fontes de informação, no processamento linguístico nas interfaces, que conseguimos conferir uma interpretação coerente a

276 Curso básico de linguística gerativa

nossas frases e nossos discursos. Normalmente, compreendemos muito bem o que as pessoas falam conosco e sequer notamos que o sinal da fala que recebemos é ambíguo de diversas maneiras. Quando fazemos isso, não nos damos conta de que diferentes tipos de informação são integrados nas interfaces da linguagem. É essa integração de diversos domínios mentais nas interfaces que torna a linguagem e a comunicação um fenômeno cognitivo tão vívido e tão dinâmico.

Tipos de ambiguidade

Existem diversos tipos de ambiguidade. A *ambiguidade lexical*, por exemplo, resulta da possibilidade de uma palavra específica poder receber mais de uma interpretação numa dada sentença. Assim, na frase "Esqueci minha carteira no banco", não sabemos se "banco" é um [lugar para sentar-se] ou é um [tipo de entidade financeira]. Temos, portanto, um caso de ambiguidade lexical. Já a *ambiguidade estrutural* resulta da possibilidade de mais de uma organização sintática entre sintagmas ou orações. Por exemplo, em "O policial viu um turista com binóculos", o SP [com binóculo] pode ser interpretado como adjunto adnominal de [um turista] ou como adjunto adverbial de [viu um turista], encerrando uma ambiguidade estrutural, às vezes chamada também de ambiguidade sintática. Além disso, a ambiguidade pode ser *temporária e local* ou *permanente e global*. Uma ambiguidade temporária e local é aquela que se situa numa região sintática específica dentro de uma frase e que, num determinado momento da leitura ou da audição, desfaz-se em função de alguma informação desambiguadora. Para ilustrar, pense na frase "Ele viu Paulo sair de casa". Quando identificamos o item [Paulo], não sabemos se ele deve ser o complemento do verbo [ver] ou o sujeito de algum item que ainda aparecerá na sentença. Essa ambiguidade é desfeita quando lemos o item [sair] e, então, decidimos que [Paulo] deve ser o sujeito da oração subordinada, a qual por sua vez é complemento do verbo [ver]. Por seu turno, a ambiguidade permanente é aquela que diz respeito à frase (ou ao sintagma) como um todo e que não é desfeita por alguma informação sintática ou semântica presente nos limites da frase. Em "Conheço linguistas mais importante do que Paulo", a construção comparativa como um todo é ambígua e não nos define se o significado da frase é "conheço mais linguistas importantes do que Paulo conhece" ou "conheço linguistas com maior importância do que a do linguista Paulo".

Os estudos sobre a resolução cognitiva das ambiguidades estruturais compõem uma vasta literatura na psicolinguística de orientação gerativista. Em Maia e Finger (2005) e em Leitão (2008), você encontrará bons indicativos sobre o tema. Por exemplo, Leitão (2008: 224) nos apresenta o fenômeno do *garden path*, que vem sendo traduzido para o português como "Efeito labirinto" (cf. Dillinger, 1992). Esse efeito acontece durante a compreensão linguística quando, no processamento de uma frase estruturalmente ambígua, optamos por uma análise sintática que se mostra equivocada. Assim que detectamos uma incongruência na frase, "caímos num labirinto", isto é, sofremos um *garden path* e somos obrigados a recomeçar o processamento na busca da identificação da estrutura sintática correta. Por exemplo, você talvez sofra um *garden path* ao ler a seguinte sentença.

(13) A previsão do tempo disse que vai chover ontem.

Provavelmente, você estranhou a frase e precisou voltar em sua leitura para analisá-la novamente. Isso acontece porque a posição do advérbio ao final da frase induz sua interpretação como um modificador da locução verbal "vai chover", e não como modificador do verbo "disse". Tal associação sintática dispara a incoerência semântica entre o tempo futuro de "vai chover" seguido imediatamente do tempo passado de "ontem" e, então, experimentamos o *garden path*. Perceba que se posicionarmos "ontem" ao lado do primeiro verbo ou ao início da frase, então é possível processá-la sem cair no labirinto.

(14) a. A previsão do tempo disse ontem que vai chover.
b. Ontem, a previsão do tempo disse que vai chover.

É provável que você experiencie o efeito *garden path* também na seguinte frase.

(15) A advogada suspeita de crime fugiu do país.

Numa primeira leitura da frase, pode ser que sua mente tenha processado o item "suspeita" como uma forma finita do verbo "suspeitar" (terceira pessoa do singular, no presente do indicativo). Se isso aconteceu, então o seu *parser* deve ter analisado esse item como o núcleo do predicado da frase. Ocorre que tal análise se revelará incorreta no processamento do restante da sentença. O núcleo do predicado da oração principal é, na verdade, o verbo "fugir" e "suspeita" é, de fato, um particípio verbal que produz uma oração subordinada adjetiva reduzida: "A advogada (que é) suspeita de crime fugiu do país". Essa é a análise sintática correta da frase, mas ela só se torna visível de maneira inequívoca quando processamos o item "fugiu" – e é por isso que o efeito *garden path* é produzido justamente durante a leitura desse verbo. Note que se você já interpretou, desde o início, o item "suspeita" como uma forma reduzida de uma oração adjetiva, então não experimentará a sensação do labirinto, pois seu *parser* terá feito de primeira a análise correta da frase, a despeito da ambiguidade temporária.

A questão cognitiva que está subjacente ao fenômeno do *garden path* é por que razão somos empurrados para ele? Por que, por assim dizer, nosso *parser*

278 Curso básico de linguística gerativa

toma certas decisões analíticas que podem nos precipitar no labirinto? Leitão (2008) defende a ideia de que o *parser* humano adota certos procedimentos de análise padrão para facilitar e dinamizar o processamento de frases, driblando as eventuais ambiguidades e indeterminações naturais do sinal linguístico. Tais padrões fariam, por exemplo, com que o *parser* procurasse sempre realizar análises sintáticas locais, evitando as análises não locais. Esse padrão deve automatizar o processamento da grande maioria das frases que ouvimos e lemos diariamente, pois muitas delas apresentarão relações sintáticas locais. No entanto, quando por acaso uma determinada frase não puder ser analisada localmente, então o procedimento padrão falhará – e cairemos num *garden path*. Isso é o que pode ter acontecido no processamento de "A previsão do tempo disse que vai chover ontem". No caso, "ontem" não deve ser analisado como modificador local de "vai chover".

Outro padrão assumido pelo *parser*, ainda segundo Leitão (2008), é a adoção de análises sintáticas simples, em detrimento das mais complexas. Uma vez mais, esse padrão deve facilitar o processamento da maioria das frases que interpretamos no dia a dia, no entanto ele falhará quando eventualmente nos depararmos com uma estrutura sintática que não pode ser analisada da maneira mais simples possível. Tal é o que teria ocorrido na fase "A advogada suspeita de crime fugiu do país". No caso, a análise sintática mais simples seria processar o item "suspeita" como um verbo principal, evitando a interpretação desse termo como a forma reduzida de uma oração adjetiva, a qual criaria uma estrutura complexa de subordinação no período. O *parser* teria adotado esse processamento mais simples, porém tal estratégia mostra-se inadequada para a frase em questão, que possui de fato uma estrutura sintática mais complexa. Como você vê, talvez tenha sido a busca do *parser* por uma esperada simplicidade sintática que nos tenha precipitado num *garden path* ao ler/ouvir o item "suspeita".

Não sabemos se esses padrões cognitivos descritos por Leitão (2008) são de fato executados nas computações reais que processam estruturas sintáticas nas interfaces da linguagem. Há muito autores que possuem outras hipóteses sobre o funcionamento do *parser*. Por exemplo, de acordo com Françozo (2005), a escolha de "suspeita" como verbo pleno em vez de particípio, no exemplo que analisamos, poderia resultar da frequência de ocorrência dessa forma como verbo ou como particípio. Ou, ainda, tal escolha poderia ser derivada da plausibilidade, em nosso conhecimento de mundo, de "advogada" ser agente ou paciente do ato de "suspeitar". Seja como for, o relevante para a nossa discussão é entendermos que é o estudo do processamento linguístico nas interfaces que nos indicará como a mente humana funciona ao integrar diferentes tipos de informação cognitiva para chegar a uma interpretação coerente das representações do par (π, λ) geradas pela linguagem.

Outro bom exemplo de como as interfaces complementam cognitivamente a informação enviada pelo sistema linguístico é a interpretação das orações relativas estruturalmente ambíguas. Para compreender esse problema, analise a seguinte frase.

(16) Encontrei ontem na bienal do livro o primo do meu vizinho que estuda Letras.

Com base exclusivamente nessa sentença, você é capaz de dizer com segurança quem é "que estuda Letras", se o "primo do meu vizinho", ou se "meu vizinho"?

Talvez você tenha a sua opinião, mas é difícil decidir com certeza. De fato, o que temos na frase é a presença de um SN complexo, isto é, um SN que possui dois hospedeiros possíveis para uma oração adjetiva. É isso o que ilustramos na figura que se segue.

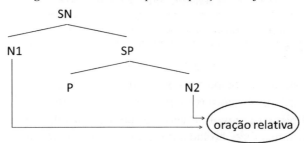

Figura 10.5: Um SN complexo e aposição da adjetiva.

No caso, o Sistema Computacional não pôde deixar claro se a oração adjetiva deveria ser aposta ao referente mais próximo a ela (N2), também chamado de antecedente local ou "mais baixo", ou ao referente mais distante (N1), denominado antecedente não local ou "mais alto". Se você, após a leitura da frase de nosso exemplo, acredita que "quem estuda Letras" é [o primo], então prefere a aposição alta (não local) da adjetiva. Já se interpreta que o estudante de Letras é [meu vizinho], então opta pela aposição baixa (local). Pois bem, será que existe algum padrão no português para a desambiguação desse tipo de estrutura? Tal padrão, se houver, seria semelhante ao das demais línguas naturais, como o espanhol, o inglês, o bantu e o kuikuru? Se você se interessou pelo assunto, a pesquisa de Ribeiro (2005) e Maia e Maia (2005) é uma ótima sugestão de leitura para iniciar-se no tema.

Nos estudos cognitivos das orações relativas ambíguas, uma questão muito importante é descobrir que tipo de informação é prioritariamente processada nas interfaces de modo a desambiguar essas orações e permitir a correta identificação dos valores comunicativos que são veiculados pela frase. Afinal, quando ouvimos ou lemos relativas ambíguas, que fonte de dados nossa mente é capaz de acessar

280 Curso básico de linguística gerativa

para driblar a ambiguidade da sintaxe? Usamos informações eminentemente sintáticas e, assim, temos uma tendência natural de escolher prioritariamente uma oposição alta em detrimento de uma baixa (ou vice-versa)? Ou será que usamos, na desambiguação, informações eminentemente prosódicas? Seriam também fundamentais as pistas comunicativas e pragmáticas?

Na verdade, os estudiosos da mente concordam que todos esses tipos de informação são de fato utilizados durante o processamento linguístico. A questão científica é descobrir *quando* são usados. Será que qualquer tipo de informação cognitiva encontra-se disponível imediatamente, no chamado **processamento linguístico reflexo**? Ou será que certas integrações cognitivas nas interfaces só se tornam acessíveis nos processamentos mais voluntários, conscientes e deliberados?

> O processamento reflexo é automático, inconsciente e muito rápido. Acontece compulsoriamente em milésimos de segundo, quando recebemos o material linguístico a ser processado. Sobre ele não temos controle consciente. Já o processamento reflexivo é voluntário, consciente e lento. Ocorre em segundos (ou minutos) e depende de nosso raciocínio consciente sobre o material linguístico que já foi processado de maneira reflexa.

Ainda não possuímos respostas conclusivas para esses problemas científicos. O processamento linguístico nas interfaces é, com efeito, um empreendimento de pesquisa em pleno desenvolvimento nos laboratórios de linguagem no mundo todo. O que quisemos fazer ao lhe apresentar tais problemas foi, na verdade, demonstrar a você como diversas questões cognitivas importantes e interessantes situam-se nas regiões de interface entre a faculdade da linguagem e os sistemas de desempenho. Quando estudamos os usos da linguagem nas interfaces cognitivas, estamos buscando uma maior integração entre as pesquisas sobre a competência linguística e as pesquisas sobre o desempenho linguístico. Essa possível integração entre a linguística do saber (conhecimento) e a linguística do fazer (desempenho) é o tema da seção final de nosso curso.

Saber e fazer linguísticos: o futuro

Na primeira unidade de nosso curso, aprendemos que a pesquisa sobre a linguagem humana é conduzida por diferentes disciplinas, que possuem perspectivas complementares numa espécie de "divisão de tarefas" no empreendimento das ciências cognitivas. Assim, como vimos, temos a teoria linguística, que se ocupa da realidade epistemológica da linguagem, formulando modelos abstratos a respeito da cognição linguística. Temos a psicolinguística, que se dedica à realidade psicológica da linguagem, investigando como uma língua natural é adquirida por crianças e posta em uso por adultos. E, finalmente, temos a neurolinguística, que se debruça sobre a realidade neurológica da linguagem, explorando a neurobiologia das línguas naturais. Essa "setorização" da investigação linguística corresponde às vezes a uma certa demarcação entre territórios de pesquisa, cujas fronteiras teóricas e metodológicas precisam ser respeitadas.

Com efeito, a história da ciência tem nos demonstrado que a divisão de um objeto de pesquisa complexo em áreas especializadas contribui de maneira eficaz para o desenvolvimento do conhecimento humano. Isso parece ser verdadeiro para diversas áreas do saber, seja nas ciências da cultura ou nas ciências da natureza – e na linguística não poderia ser diferente. Diante disso, não obstante, você talvez se pergunte: será possível que as diferentes ciências cognitivas dedicadas à linguagem humana venham um dia a integrar-se?

Essa é uma questão muito importante e controversa, a qual é também difícil de responder. É certo que existem estudiosos respeitáveis que defendem a ideia de que a teoria linguística deve desenvolver-se de maneira independente das ciências comportamentais, no entanto, gostaríamos de encerrar o nosso curso apresentando a você uma visão diferente, segundo a qual o efetivo progresso das ciências da linguagem depende de uma maior integração entre os estudos teóricos sobre a competência linguística e as pesquisas empíricas sobre as realidades psicológica e neurológica da linguagem.

Com efeito, integrar teoria linguística, psicolinguística e neurociência é uma ambição presente na agenda das ciências da cognição há bastante tempo. No ano de 2001, por exemplo, o professor Lyle Jenkins, em uma de suas importantes obras, intitulada *Biolinguistics: exploring the biology of language* ("Biolinguística: explorando a biologia da linguagem"), nomeou o esforço já então antigo para a integração entre esses três domínios do saber como *biolinguística*. Tal nome expressa o desejo gerativista de construir teorias que descrevam o que de fato o cérebro humano faz quando produz a cognição linguística das pessoas. Mas como é que, na prática, podemos encontrar um caminho para uma possível integração entre teoria linguística e ciências comportamentais?

Não existe unanimidade sobre esse tema, mas uma alternativa que se torna plausível a partir de tudo o que discutimos nesta última unidade é a seguinte. Integrar teoria linguística, psicolinguística e neurociência implica a busca da maior aproximação possível entre as computações virtuais formuladas pelos gerativistas e as computações reais descobertas por psicolinguistas e neurocientistas. Ou seja, acreditamos que a integração entre as ciências do conhecimento e as ciências do desempenho linguísticos seja, na verdade, a busca por uma maior articulação teórica e metodológica entre os estudos sobre a faculdade da linguagem e os estudos sobre as suas interfaces.

Dito assim, de maneira tão sumária e simplificada, talvez você considere que reivindicar um trabalho solidário entre disciplinas que já são correlatas no estudo

282 Curso básico de linguística gerativa

da cognição linguística possa soar redundante. No entanto, acreditamos que uma integração *de fato* entre ciências empíricas e gerativismo possa alterar consideravelmente a nossa maneira de fazer teoria linguística. Vejamos o porquê disso.

Na fundação do Programa Minimalista, no início dos anos 1990, Chomsky formulou a revolucionária hipótese de que as operações do Sistema Computacional sejam orientadas pelas interfaces da linguagem, as quais imporiam certas "condições de legibilidade" às derivações sintáticas que formam o par (π, λ). Na verdade, Chomsky (1995 e posteriores) chegou a afirmar que a faculdade da linguagem é um subsistema cognitivo, acoplado nos sistemas superiores (os sistemas de desempenho) aos quais deve servir funcionalmente. Essa nova abordagem chomskiana pode parecer, a princípio, apenas uma modificação na maneira gerativista de teorizar sobre a faculdade da linguagem. Todavia, quando analisada corretamente, a nova proposta do maior teórico do gerativismo é inovadora em substância. Com base nela, é possível interpretarmos que aquilo que chamamos de "competência linguística" possa ser, na verdade, um epifenômeno das condições impostas à linguagem por suas interfaces. A noção de "competência linguística de um falante" representaria, portanto, uma espécie de abstração a partir da qual poderíamos explicar de que maneira as imposições das interfaces, na forma do Princípio da Interpretação Plena, são contempladas pelo Sistema Computacional, por FF e por FL.

As implicações dessa nova concepção de linguagem e de competência linguística podem ser grandes para a teoria gerativa. Por exemplo, tomando-se com rigor o Princípio da Interpretação Plena, não poderemos mais, durante a formulação de computações virtuais, simplesmente aceitar como dadas e misteriosas as condições das interfaces que determinam a legibilidade de uma dada derivação sintática. Tais condições deverão ser explicitadas e indicadas como disparadoras de certas operações computacionais. Por exemplo, diremos que dado Merge foi disparado para satisfazer uma condição tal da interface conceitual, ou que tal Move ocorreu para que uma imposição específica da interface articulatória fosse satisfeita. Na prática, isso implica dizer que o trabalho do sintaticista teórico pressupõe conhecimento sobre a natureza dos sistemas de desempenho.

Não sabemos como as ciências teóricas e comportamentais vão amadurecer ao longo do século XXI. De todo modo, acreditamos que as fronteiras entre as ciências do saber linguístico e as ciências do fazer linguístico serão cada vez mais atenuadas. Quando perguntado recentemente sobre a possível releitura da dicotomia "competência X desempenho" à luz das ciências experimentais cotidianas, Chomsky respondeu que a dicotomia se mantém. Para ele, "as pessoas *sabem* coisas" e "as pessoas *fazem* coisas". Concordamos com Chomsky, mas assumimos que, num futuro próximo, descobrir o que "as pessoas sabem" será uma consequência de nossa pesquisa sobre o que "as pessoas fazem". A teoria acerca do *saber* (competência) poderá vir a ser formulada com base nas pesquisas a respeito do *fazer* (desempenho).

Conclusão

Vimos, nesta última unidade de nosso curso, um pouco mais de detalhes sobre a natureza dos sistemas cognitivos que fazem interface com a faculdade da linguagem. Tais sistemas são o articulatório-perceptual, em interface com FF, e o conceitual-intencional, em interface com FL. Eles são responsáveis pelas computações reais que dão vida aos nossos usos cognitivos da linguagem. Psicolinguistas, neurocientistas da linguagem, foneticistas, fonólogos, psicólogos cognitivos e mais um grande número de estudiosos da mente são, como aprendemos, os profissionais dedicados ao estudo das línguas naturais nas interfaces. Os fenômenos linguísticos que acontecem nas interfaces cognitivas são chamados de processamento da linguagem. O processamento diz respeito à articulação das diversas fontes de informação cognitiva que são necessárias para a produção e a compreensão normais de unidades linguísticas, desde o fonema até o discurso. Vimos que a ligação e o tratamento da ambiguidade estrutural são bons exemplos de fenômenos linguísticos que derivam das computações reais dadas nas interfaces.

Exercícios

1) O que e quais são as interfaces da faculdade da linguagem humana?

2) Caracterize o sistema articulatório-perceptual em sua interface com a linguagem humana.

3) Caracterize o sistema conceitual-intencional em sua interface com a linguagem humana.

4) Estabeleça a diferença entre computação virtual e computação real.

5) O que devemos entender por processamento da linguagem?

6) Com base nos *princípios de ligação*, explique por que as frases a seguir são gramaticais ou agramaticais.
   a) João$_i$ disse que viu ele$_i$ no DVD da festa de formatura.
   b) João$_i$ disse que viu ele$_j$ no DVD da festa de formatura.
   c) *Ele$_i$ disse que viu João$_i$ no DVD da festa de formatura.
   d) João$_j$ disse que Paulo$_i$ se$_i$ viu no DVD da festa de formatura.
   e) *João$_j$ disse que Paulo$_i$ se$_j$ viu no DVD da festa de formatura.

7) Descreva a ambiguidade estrutural presente na frase a seguir. Explique porque essa ambiguidade sequer é percebida num contexto natural de processamento linguístico. "Conheço um pirata com uma perna de pau que se chama Zoé."

Bibliografia

Arnauld, A.; C. Lancelot. *A gramática de Port-Royal*. São Paulo: Martins Fontes, 1992. (Original de 1660.)

Burzio, L. *Italian Syntax*. Dordrecht: Reidel, 1986.

Chomsky, N. *Syntactic Structures*. The Hague: Mouton, 1957.

_____. A Review of B. F. Skinner's *Verbal Behavior*. *Language*, n. 35, 1959, pp. 26-58. Disponível em: <http://www.chomsky.info/articles/1967----.htm>. Acesso em: 15 jul. 2013.

_____. *Aspects of the Theory of Syntax*. Cambridge, MA: MIT Press,1965.

_____. *Linguística cartesiana*: um capítulo na história do pensamento racionalista. Petrópolis: Vozes, 1972. (1ª ed. 1966)

_____. *Aspectos da teoria da sintaxe*. Coimbra: Almedina, 1978. (1ª ed. 1965)

_____. *O conhecimento da língua:* sua natureza, origem e uso. Lisboa: Caminho, 1994. (1ª ed. 1986)

_____. *The Minimalist Program*. Cambridge, MA: MIT Press, 1995.

_____. Derivation by phase. *MIT Occasional Papers in Linguistics*. Cambridge, n. 18, 1999. (Versão revisada publicada em Chomsky, 2001)

_____. Beyond explanatory adequacy. In: Belletti, A. (ed.). *Structures and Beyond*: The Cartography of Syntactic Structures. Oxford: Oxford University Press, 2004, v. 3.

_____. Of minds and language. *Biolinguistics*, v. 1, n. 1, 2007. Disponível em: <http://www.biolinguistics.eu/index.php/biolinguistics/article/download/19/55>. Acesso em: 15 jul. 2013.

_____. Language and Other Cognitive Systems. What Is Special About Language? In: *Language Learning and Development*. London: Psychology Press, 2011.

_____; Hauser, M.; Fitch, W. T. The language faculty: What is it, who has it, and how did it evolve? *Science*, 298, 2002, pp. 1569–79.

Cyrino, S. *O objeto nulo no português do Brasil*: um estudo sintático-diacrônico. Londrina: Editora da UEL, 1997.

_____. O objeto nulo no português do Brasil e no português de Portugal. *Boletim da Abralin*, n. 25, 2001, pp. 173-81.

Corrêa, L. M. S. Língua e cognição: antes e depois da revolução cognitiva. In.: Pfeiffer, C. C.; Nunes, J. H. (org.). *Introdução às ciências da linguagem*: linguagem, história e conhecimento. Campinas: Pontes, 2006.

_____; Augusto, M. R. A. Computação linguística no processamento on-line: soluções formais para a incorporação de uma derivação minimalista em modelos de processamento. *Cadernos de estudos linguísticos* (Unicamp), v. 49, 2007, pp. 167-83.

Descartes, R. *The philosophical Works of Descartes*. Dover Publications: Nova York, 1955. Tradução para o inglês de E. S. Haldane e G. R. T. Ross. (Parte v, p. 116: "Discourse on method", original de 1637)

Dehaene, S. *Os neurônios da Leitura*: como a ciência explica a nossa capacidade de ler. Porto Alegre: Penso Editora, 2012.

Dillinger, M. *Parsing structure in Italian*. Dordrecht, Holland: Kluwer Academic Publishers, 1992.

286 Curso básico de linguística gerativa

DUPOUX, E. & MEHLER, J. *Nascer Humano*. Lisboa: Instituto Piaget, 1990.

_____. *What infants know*: the new cognitive science of early development. Cambridge: Basil Blackwell, 1994.

FERRARI, L. *Introdução à linguística cognitiva*. São Paulo: Contexto, 2011.

FRANÇOZO, E. Modelos conexionistas do processamento sintático. In: MAIA, M.; FINGER, I. *Processamento da Linguagem*. Pelotas: Educart, 2005.

FODOR, J. *The Modularity of Mind*. Cambridge, MA: MIT Press, 1983.

GARDNER, H. *Frames of mind*. New York: Basic Books Inc., 1985.

_____. *A nova ciência da mente*: uma história da revolução cognitiva. São Paulo: Edusp, 2003.

GARMAM, M. *Psycholinguistics*. Cambridge: CUP, 1990.

GREENBERG, J. *Universals of Language*. Cambridge: MIT Press., 1966.

GRIM, P. *Philosophy Of Mind*: Brains, Consciousness And Thinking Machines. London: TTC, 2004.

HALLE, M. & MARANTZ, A. Distributed Morphology and the Pieces of Inflection. In: KENNETH, Hale; KEYSER, S. Jay. *The View from Building 20*. Cambridge: MIT Press,1993. pp. 111-76.

HARRIS, R. *The linguistics wars*. Oxford: Oxford University Press, 1993.

HORNSTEIN, N., NUNES, J.; GROHMANN, K. *Understanding Minimalism*. Cambridge: Cambridge University Press, 2005.

HUMBOLDT, W. von. *On language* – the diversity of human language and its influence on the mental development of mankind. Cambridge: CUP, 1988. Tradução para o inglês de Peter Health. (Original de 1836.)

JENKINS, L. *Biolinguistics*: exploring the biology of language. Cambridge: Cambridge University Press, 2001.

KENEDY, E. *A antinaturalidade de pied-piping em orações relativas*. Rio de Janeiro, 2007. (Doutorado em Linguística) – Universidade Federal do Rio de Janeiro.

LEITÃO, M. Psicolinguística Experimental: focalizando o processamento da linguagem. In: MARTELOTTA, M. (org.). *Manual de Linguística*. São Paulo: Contexto. 2008.

LYONS, J. *Língua(gem) e linguística*: uma introdução. São Paulo: LTC, 1987.

MAIA, M. *Manual de linguística*: subsídios para a formação de professores indígenas na área da linguagem. Brasília: Laced/Museu Nacional, 2006.

_____; FINGER, I. (org.). *Processamento da Linguagem*. Pelotas: Educat, 2005.

_____; MAIA, J. M. A compreensão de orações relativas por falantes monolíngues e bilíngues de português e de inglês. In: MAIA, M. & FINGER, I. (org.). *Processamento da Linguagem*. Pelotas: Educat, 2005.

MARCUS, G. *The algebraic mind*: integrating connectionism and cognitive science. Cambridge, MA: MIT Press, 2003.

MEDEIROS, A. B. *Traços morfossintáticos e subespecificação morfológica na gramática do português*: um estudo das formas participiais. Rio de Janeiro, 2008. (Doutorado em Linguística) – Universidade Federal do Rio de Janeiro.

MIOTO, C.; SILVA, M. C.; LOPES, R. *Novo manual de sintaxe*. São Paulo: Contexto, 2013.

NICOLELIS, M. *Muito além do nosso eu*: a nova neurociência que une cérebro e máquinas e como ela pode mudar nossas vidas. São Paulo: Cia. das Letras, 2011.

PEPPERBERG, I. *The Alex studies*: cognitive and communicative abilities of grey parrots. Cambridge, MA: Harvard University Press, 2002.

PINKER, S. *O instinto da linguagem*: como a mente cria a linguagem. São Paulo: Martins Fontes, 2003.

_____. *Como a mente funciona*. São Paulo: Cia. das Letras, 2004.

_____. Do que é feito o pensamento: a língua como janela para a natureza humana. São Paulo: Cia. das Letras, 2007.

POLLOCK, J. Verb Movement, Universal Grammar and the Structure of IP. *Linguistic Inquiry* 20, 1989, pp. 365-424.

RAMUS, F. et al. Language Discrimination by Human Newborns and by Cotton-Top Tamarin Monkeys. *Science*, n. 288, 2000, pp. 349-51.

RIBEIRO, A. J. C. *Late Closure* em *Parsing* no Português do Brasil. In: MAIA, M. FINGER, I. (orgs.). *Processamento da Linguagem*. Pelotas: EDUCAT, 2005.

SAMPSON, G. *The "language instinct" debate*. Revised edition. London: Continuum International Publishing Group Ltd, 2005.

SCLIAR-CABRAL, L. Avanço das neurociências para o ensino da leitura. *Revista Intercâmbio*. São Paulo, v. 20, 2009, pp. 113-24.

SAUSSURE, F. *Curso de linguística geral*. São Paulo: Cultrix, 1916. (Edição de 2004.)

SMOLENSKY, P. & LEGENDRE, G. *The harmonic mind*: from neural computation to optimality-theoretic grammar. v.1. Cambridge, MA: The MIT Press, 2006.

TOMASELLO, M. *Origens culturais da aquisição do conhecimento humano*. São Paulo: Martins Fontes, 2003. (1ª ed. 1999)

URIAGEREKA, J. Multiple spell-out. In: EPSTEIN, D.; HORNSTEIN, N. (eds.). *Working Minimalism*. Cambridge, MA: MIT Press, 1999, pp. 251-82.

Chave de correção dos exercícios

Unidade 1

1) *Cognição* = a aquisição, estocagem, acesso e uso de conhecimento. *Conhecimento* = estado mental resultante de interação com o meio físico e social. A linguagem deve ser *adquirida*, *estocada* e *acessada* para *uso*. Trata-se de um tipo de conhecimento só pode ser desenvolvido pelo indivíduo por meio de sua interação com o meio que o cerca. A linguagem humana e as línguas naturais manifestam, portanto, todas as características dos fenômenos psicológicos/mentais

2) Filosofia, psicologia cognitiva e neurociência interagem no estudo da linguagem humana porque muitas das questões que orientam o trabalho dos cientistas cognitivos são, de fato, questões filosóficas antigas, as quais tentam ser respondidas através dos conceitos, dos métodos e das técnicas de ciências empíricas modernas, como a psicolinguística e a neurociência da linguagem.

3) Uma teoria linguística deve explicar qual é a natureza do conhecimento linguístico que existe na mente das pessoas.

4) O gerativismo é uma teoria linguística que vem formulando um influente modelo explicativo a respeito de como a linguagem funciona na mente humana. Noam Chomsky é um eminente linguista norte-americano, criador e teórico mais importante do gerativismo.

5) Teoria linguística, psicolinguística e neurolinguística buscam respostas específicas para as quatro perguntas fundamentais do estudo da linguagem como cognição humana: "o que é o conhecimento linguístico?", "como ele é adquirido?", "como ele é posto em uso?" e "como o cérebro humano o produz?". Os problemas e as respostas específicas de cada uma dessas disciplinas constituem a sua "realidade". Tais realidades são relativamente independentes, afinal um linguista teórico não precisa ser especialista em neurofisiologia para formular uma teoria sobre a linguagem. No entanto, para o amadurecimento das ciências cognitivas ao longo do século XXI, as realidades epistemológica, psicológica e física do conhecimento linguístico devem ser formuladas de maneira integrada.

290 Curso básico de linguística gerativa

Unidade 2

1) A dimensão objetiva das línguas que o Juan domina diz respeito aos códigos linguísticos coletivamente compartilhados no Paraguai. Tais códigos existem independentemente do Juan e foram por ele herdados quando nasceu naquela comunidade linguística. Já a dimensão subjetiva desses códigos está no fato de que, uma vez adquiridas por Juan, eles passam a fazer parte da sua mente, constituindo a sua competência linguística.

2) Trata-se da noção de língua como *língua-E*. O uso da palavra "instituição" indica a interpretação de linguagem como organização social e coletiva, bem como a expressão "símbolos arbitrários orais-auditivos" faz referência à noção de léxico como o código linguístico compartilhado pela coletividade.

3) Na citação de Pinker, interpreta-se *linguagem* como uma das habilidades cognitivas de espécie humana, anunciando, assim, o conceito de *língua-I*. Uma língua-I é o conhecimento linguístico de um indivíduo particular, é o dispositivo mental existente nesse indivíduo que o habilita a produzir e compreender um número indefinido de expressões por meio dos códigos de sua língua ambiente.

4) O módulo da linguagem é responsável por conhecimentos específicos, como adquirir e usar itens lexicais estruturados em sintagmas, frases e discursos. Tais conhecimentos não se confundem com as funções de outros módulos cognitivos especializados, como a visão, as emoções, a memória, a percepção espacial etc.

5) Chelsea apresentava bom desenvolvimento nos módulos lexical, semântico e pragmático, mas seus módulos fonológico, morfológico e sintático demonstravam-se bastante comprometidos. Já Antony apresentava um problema inverso: seus módulos fonológico, morfológico e sintático pareciam perfeitos, mas seus módulos semântico e pragmático apresentavam-se deficientes. O fato de existirem deficiências cognitivas seletivas dentro do módulo da linguagem, afetando, por exemplo, só o módulo da sintaxe ou só o da semântica, evidencia que a linguagem é modular.

6) A crítica não é pertinente. A modularidade da mente e a da linguagem **não** assumem que os módulos sejam compartimentos rigidamente isolados, sem qualquer vínculo uns com os outros. Pelo contrário, a hipótese da modularidade é útil para descrever estaticamente a anatomia da cognição humana, indicando os órgãos especializados em certos tipos de tarefa mental. Mas é claro que, na dinâmica das funções cognitivas, muitos módulos são postos em uso de maneira simultânea e articulada.

Unidade 3

1) Alex demonstrou uma assombrosa capacidade de interagir com sua treinadora, inclusive com uma "pronúncia" semelhante à do inglês. O fenômeno Alex demonstra que, em termos linguísticos, esse tipo de animal possui um aparelho fonador mais ou menos adequado para o desempenho fonético próximo ao dos humanos. No entanto,

o papagaio não demonstrou capacidade de usar sua fonação privilegiada de modo a produzir frases criativamente. Portanto, Alex nem remotamente se aproximou do uso natural de uma língua humana.

2) A forma pretendida era, certamente, a *representação* "coloque os refrigerantes que sobraram na geladeira". No *acesso* a tal representação, ocorreu algum erro de processamento cognitivo, e a forma realizada inverteu a função do objeto com a do adjunto adverbial. Trata-se, portanto, de um deslize de linguagem: um erro de desempenho. A mera existência desses deslizes é evidência em favor da necessidade de distinguir *competência versus desempenho* nos estudos da linguagem humana.

3) O problema de Platão adaptado para a questão da linguagem humana diz respeito às origens de nossa competência linguística. Com Platão, nos perguntamos de onde vem a capacidade humana de adquirir e usar (pelo menos) uma língua natural.

4) O argumento da pobreza de estímulo **não** afirma que os estímulos oferecidos à criança durante a aquisição da linguagem são pobres. Na verdade, o que o argumento diz é que os estímulos linguísticos do ambiente não contêm todas as informações necessárias para a aquisição de todos os detalhes da fonologia, da morfologia, do léxico, da sintaxe, da semântica e da pragmática de uma língua.

Unidade 4

1) A hipótese inatista é a resposta que a linguística gerativa apresenta ao problema de Platão.

2) A hipótese inatista não afirma, de maneira nenhuma, que os humanos já nascem com um conhecimento linguístico (sobre o português ou sobre qualquer língua) pronto e acabado. Ela sustenta, na verdade, que todos os membros da espécie nascem equipados com a faculdade da linguagem, que é somente a disposição, a capacidade e a possibilidade de adquirir a língua do ambiente, seja qual for. Os dados do ambiente e natureza da vida interacional da criança são relevantes e indispensáveis para o desenvolvimento do seu conhecimento linguístico. De fato, o conhecimento linguístico decorre da integração entre a faculdade da linguagem e os estímulos do ambiente. Trata-se de dois componentes indissociáveis de uma "fórmula" para o desenvolvimento de uma língua-I.

3) A hipótese inatista forte assume que todas as informações linguísticas necessárias para a aquisição e o uso de conhecimento linguístico estão pré-programadas no genoma humano. Já a hipótese inatista fraca afirma que essas informações são deduzidas pelos neurônios especializados em linguagem no curso do desenvolvimento do indivíduo em seu ambiente linguístico.

4) Segundo esse autor, as línguas naturais seriam derivadas de outras faculdades cognitivas, como a "teoria da mente". Assim, a verdadeira crítica de Tomasello se dirige à modularidade do conhecimento linguístico, e não a qualquer tipo de inatismo.

292 Curso básico de linguística gerativa

5) Tanto a hipótese inatista fraca quanto o conexionismo afirmam que o conhecimento linguístico humano emerge no curso da experiência do indivíduo em seu ambiente linguístico. Ambos afirmam que, a partir dos estímulos da língua-E, sinapses são estabelecidas no cérebro da criança e, ao cabo de alguns anos, tais conexões darão à luz uma língua-I. A diferença fundamental é que a hipótese inatista fraca assume que existam neurônios especializados em sinapses linguísticas, enquanto, para o conexionismo, não existem neurônios previamente especializados.

6) Genie apresentava uso lexical, semântico e pragmático normais, porém suas capacidades fonológica, morfológica e sintática (gramática) nunca foram desenvolvidas de uma forma semelhante à dos humanos normais. Tal fato pode constituir uma evidência em favor da hipótese do período crítico da aquisição da linguagem, já que Genie iniciou sua tentativa de aquisição da gramática natural do inglês após esse período.

Unidade 5

1) Para os gerativistas, as semelhanças de estrutura entre as línguas do mundo decorrem do fato de todos os humanos possuírem um ponto de partida em comum para a aquisição de uma língua: a gramática universal (GU).

2) Não é correto afirmar uma coisa dessas. Uma língua-I é sempre criada durante a experiência do indivíduo com o seu ambiente (língua-E). Assim, nenhum ser humano nasce programado para adquirir uma língua específica.

3) A GU é o estado inicial da aquisição da linguagem. Ela é a codificação genética da Faculdade de Linguagem Humana.

4) A GU é a resposta moderna, baseada nas ciências cognitivas contemporâneas e nos estudos recentes da genética humana, para a questão da universalidade da linguagem. Desde pelo menos o século XVI, essa questão já vinha sendo explorada por filósofos, gramáticos e outros pensadores. A hipótese da GU é uma síntese porque articula as preocupações filosóficas de séculos anteriores com a pesquisa genética contemporânea.

5) A Teoria de Princípios e Parâmetros se propõe a explicar como é a GU. Segundo essa Teoria, a GU é composta por um conjunto de Princípios e por um conjunto de Parâmetros.

6) Princípios e Parâmetros se assemelham por serem ambos especificações da GU. Todas as línguas possuem Princípios e Parâmetros porque estes estão presentes desde o estágio inicial da aquisição da linguagem pela criança.

7) Princípios e Parâmetros se diferenciam porque, enquanto os chaveamentos dos Princípios são predeterminados e invariáveis, comuns entre todas as línguas, isso não acontece com os Parâmetros. Os Parâmetros são chaveamentos variáveis, na forma de positivo ou negativo (ligado ou desligado), de uma língua para outra.

Chave de correção dos exercícios **293**

8) Em inglês apenas a resposta em 1 é gramatical. Todas as demais são agramaticais. Em inglês é obrigatório que o sujeito (*I*) e o objeto (*him*) estejam presentes em todas as frases, do contrário ocorrerá agramaticalidade. Isso significa que, nessa língua, o sujeito deve ser sempre preenchido e o objeto também. O inglês é, portanto, uma língua com o Parâmetro do Sujeito Nulo marcado como [- sujeito nulo] e o Parâmetro do Objeto nulo marcado como [- objeto nulo]. Já em espanhol, além da resposta 1, com sujeito (*yo*) e objeto (*lo*) preenchidos, a resposta 2 também é gramatical. A opção 2 apresenta a omissão do sujeito (sujeito nulo) e o preenchimento do objeto (objeto preenchido). Isso quer dizer que o espanhol é uma língua [+ sujeito nulo]. Contudo, o objeto não pode ser omitido em espanhol, senão ocorrerá agramaticalidade, como indicado no exemplo 3. Dessa forma, dizemos que o espanhol é uma língua [- objeto nulo]. O interessante é que, no português do Brasil (PB), tanto o sujeito quanto o objeto podem ser omitidos da frase, tal como vemos ocorrer na tradução em 4, que é gramatical no PB. Isso quer dizer que o PB deve ser considerado uma língua [+ sujeito nulo] e [+ objeto nulo].

Unidade 6

1) Saber falar uma língua é ser capaz de relacionar sistematicamente certas cadeias sonoras e seus respectivos significados. Na linguística gerativa, o "som" (as cadeias sonoras) da linguagem é representado pela letra grega π, enquanto os significados vinculados a cada uma de nossas cadeias representam-se por λ.

2) "Interfaces" são as relações que a linguagem humana estabelece com outros sistemas cognitivos. Os sistemas de interfaces da linguagem são o sistema de pensamento e o sistema sensório-motor.

3) O Princípio da Interpretação Plena é o conjunto das restrições cognitivas que os sistemas de interface impõem ao funcionamento da linguagem. FI são as "regras" dos sistemas de pensamento e sensório-motor que a linguagem deve respeitar ao criar representações.

4) Derivação é um "processo" e a representação é um "produto". Uma representação é a forma fonética e a forma lógica que são enviadas para as interfaces no par (π, λ). Uma derivação é todo o conjunto de operações computacionais que trabalham na produção de uma representação.

5) Léxico, Sistema Computacional, Forma Fonética e Forma Lógica. No funcionamento da linguagem, o Léxico contém as informações que servirão ao Sistema Computacional durante a derivação de estruturas sintáticas. A Forma Fonética é o componente que transmite as estruturas geradas pelo Sistema Computacional à interface articulatório-perceptual, na forma de instruções para a pronúncia e percepção de sons. Por fim, Forma Lógica é o componente que transmite as estruturas geradas pelo Sistema Computacional à interface conceitual-intencional, na forma de instruções para a interpretação de significado.

294 Curso básico de linguística gerativa

6) Léxico é o componente da linguagem em que todas as informações sobre palavras, morfemas, expressões idiomáticas, frases feitas, gírias etc. estão mentalmente armazenadas. As informações do Léxico estão codificadas na forma de traços – traços fonológicos, traços semânticos e traços formais.

7) O Sistema Computacional é o componente da linguagem humana que combina os traços retirados do Léxico em expressões complexas, como sintagmas, orações e frases. É partir dele que se torna possível criar um número potencialmente infinito de representações de som e significado.

8) FF deve converter as representações geradas pelo Sistema Computacional em informações de pronúncia interpretáveis pela interface sensório-motora. Por sua vez, FL deve converter as representações geradas pelo Sistema Computacional em informações lógicas interpretáveis pela interface conceitual-intencional.

Unidade 7

1) Traços lexicais são todas as informações cognitivas existentes em uma palavra (ou morfema, ou expressão idiomática).

2) Traços formais de categoria são aqueles que determinam a classe gramatical de um item lexical. Se uma palavra é, por exemplo, um verbo, então seu traço categorial é V.

3) As principais categorias lexicais do português são V, N, A e P. Outras categorias, como ADV (advérbio), PRO (de pronome) e ART (de artigo), são também relevantes. Essas sete categorias compõem o total de classes de palavras existente na língua portuguesa. Esses traços existem noutras línguas naturais, mas não necessariamente em todas, pois os traços lexicais são intensamente variáveis de uma língua para a outra.

4) O predicador é um item lexical capaz de selecionar elementos durante a composição de sintagmas e frases. Por sua vez, o item ou os itens selecionados por um predicador são os seus argumentos.

5) Num sintagma ou frase qualquer, a ausência de argumento(s) selecionado(s) por um predicador provoca agramaticalidade.

6) "Correr" possui a categoria V. Trata-se de um predicador que seleciona somente um argumento (quem corre). "Invasão" carreia a categoria N e também é um predicador que seleciona somente um argumento (o que é invadido). Já "favorável" tem o traço categorial A e é um predicador que seleciona dois argumentos (quem é favorável e a que se é favorável).

7) O verbo "deixar" (no sentido de "colocar"). Três argumentos: quem deixa, o que se deixa e onde se deixa. "Ontem" é um adjunto na frase, não um argumento, já que não se inscreve no Léxico como um item obrigatoriamente selecionado pelo predicador "deixar".

Chave de correção dos exercícios **295**

8) "Chegar" é um predicador que seleciona dois argumentos: quem chega e aonde se chega. Exemplo: "João já chegou em casa". Em certos contextos, "chegar" pode apresentar argumento nulo: "João já chegou *pro*". Noutros, pode ser usado apenas com argumento interno: "A carta chegou" (verbo inacusativo).

9) "Colocar" (no sentido de pôr/deslocar num espaço físico) seleciona três argumentos. O argumento externo é um SN que receberá o papel temático de "agente". O primeiro argumento interno é um SN que receberá o papel de "tema". Por fim, o segundo argumento interno é o SP que recebe "locativo" como papel θ. Já o adjetivo "consciente" seleciona dois argumentos. Um é o argumento externo SN, que recebe o papel de "experienciador". Já o argumento interno é um SP, que recebe o papel de "tema".

10) "Acabar" é um verbo inacusativo. Ele atribui o papel de tema a seu único argumento (e, assim, pode submeter-se a uma reduzida participial), além de suportar apenas a forma nominativa em seu argumento interno ("ex. ele começou", mas não "*o começou"). "Ouvir" é um verbo transitivo, pois seleciona um argumento externo como experienciador e um argumento interno como tema (ex. "alguém ouve alguma coisa"). Por fim, "morrer" é um verbo inergativo, já que seleciona argumento externo, que recebe o papel temático de agente ou experienciador e é marcado com o nominativo, o mesmo caso dos sujeitos de verbos transitivos (ex. "Ele morreu").

Unidade 8

1) Para os gerativistas, "sintaxe" é o Sistema Computacional da linguagem humana. Ou seja, é o conjunto das operações computacionais que, na cognição humana, formam estruturas como sintagmas e frases.

2) A unidade mínima das computações sintáticas é o item lexical, ao passo que as frases são suas unidades máximas.

3) Um sintagma é um conjunto de unidades linguísticas. Ele é o resultado da combinação sintática entre dois elementos (sejam eles preenchidos ou nulos).

4) Usando o teste da interrogação, pode-se construir uma frase como "Você recebeu [o que] de Petrópolis?", para indicar que [fotografia] é um sintagma independente do sintagma [de Petrópolis]. Já se se tem a intenção de indicar que [fotografia de Petrópolis] é um único sintagma, pode-se usar uma pronominalização como "Você recebeu-a" ou "Você recebeu isso".

5) Quer-se dizer que sintagmas são criados por meio da combinação entre duas unidades por vez (combinações binárias). Além disso, afirma-se que as combinações podem acontecer em cascatas, isto é, o resultado de uma combinação pode ser inserido numa nova computação, de maneira recursiva. Um exemplo, entre infinitos possíveis, seria a criação do sintagma [leio jornais], através da combinação binária entre [leio] +

[jornais]. Pode-se combinar [leio jornais] com [sábado] para construir um sintagma complexo como [leio jornais [sábado]].

6)
a) [$_{SV}$ lemos [$_{SN}$ muitos textos]]
Nesse caso, o SN [muitos textos] é formado pela concatenação entre o núcleo nominal [textos] e o modificador [muitos].
b) [$_{SV}$ lemos [$_{SN}$ muitos textos [$_{SP}$ de [$_{SN}$ linguística]]]]
Agora, o SN unitário [linguística] combina-se com a preposição [de] para formar o SP [de linguística]. Logo em seguida, esse SP é combinado com o SN [muitos textos], do que resulta o grande sintagma nominal [muitos textos de linguística]. Por fim, esse SN é concatenado ao núcleo verbal [lemos] e, dessa combinação binária, forma-se o SV [lemos muitos textos de linguística].
c) O processo de formação desse sintagma é idêntico ao descrito em relação a (b). A diferença é que, em (c), o SA [gerativa] – que nesse caso é um sintagma unitário – é combinado com o SN [linguística]. Dessa combinação, projeta-se o SN complexo [linguística gerativa], que será combinado com a preposição [de] na formação do SP [de linguística gerativa] – e o restante das combinações é o mesmo já descrito sobre (b).

7)

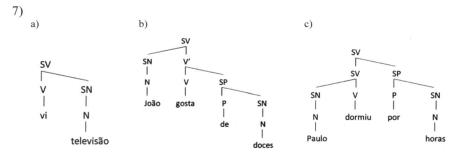

8) O Sintagma Complementador (SC) tem a função gramatical de introduzir orações e marcar nelas sua força ilocucionária. O Sintagma Temporal (ST) tem a função gramatical de atribuir flexão (tempo, modo, aspecto, número e pessoa) a um sintagma verbal. Por fim, o sintagma determinante (SD) é camada funcional de um SN. O SD determina características funcionais de um nome, como definitude (com um artigo definido ou indefinido, ou mesmo ausência de artigo), quantidade, posição, gênero, número. Exemplos (entre infinitos possíveis) de SC: [$_{SC}$ Paulo saiu de casa], [$_{SC}$ Paulo viu [$_{SC}$ João sair de casa]]. Exemplo de ST: [Paulo [$_{ST}$ vai [$_{SV}$ cantar no coral]]]. Exemplos de SD: [$_{SD}$ o [$_{SN}$ livro]], [$_{SD}$ esse [$_{SN}$ livro]], [$_{SD}$ dez [$_{SN}$ livros]].

9) As diferenças entre período simples e composto dizem respeito somente à complexidade dos argumentos e dos adjuntos selecionados na frase. No período simples, esses constituintes são simples (sem predicação verbal), ao passo que no período composto

Chave de correção dos exercícios **297**

esses constituintes são complexos (apresentam em seu interior uma predicação verbal, que caracteriza uma oração). O período composto é a expressão máxima da recursividade, com a inserção de orações umas dentro das outras.

Unidade 9

1) Derivação é o processo computacional que constrói uma representação sintática. Logo, representação é o resultado de uma derivação.

2) A Numeração dessa representação é {Paulo$_1$, comprou$_1$, uma$_1$, blusa$_1$}. Select introduz [blusa] no espaço derivacional, e depois introduz [uma]. Merge combina [uma] e [blusa], gerando [uma blusa]. Select introduz [comprou] no espaço derivacional e, então, Merge combina [comprou] com [uma blusa], produzindo [comprou [uma blusa]]. Select introduz [Paulo] na derivação e Merge combina [Paulo] com [comprou [uma blusa]], gerando [Paulo [comprou [uma blusa]]]. Nesse momento, os índices da Numeração encontram-se zerados, logo a derivação chego ao seu fim.

3) A Numeração dessa representação é {Paulo$_1$, comprou$_1$, que$_1$, roupa$_1$}. Select introduz [roupa] no espaço derivacional, e depois introduz [que]. Merge combina [que] e [roupa], gerando [que roupa]. Select introduz [comprou] no espaço derivacional e, então, Merge combina [comprou] com [que roupa], produzindo [comprou [que roupa]]. Select introduz [Paulo] na derivação e Merge combina [Paulo] com [comprou [que roupa]], gerando [Paulo [comprou [que roupa]]]. Nesse momento, os índices da Numeração encontram-se zerados, e o Sistema deve satisfazer o traço interrogativo presente no início da frase. Por fim, Move desloca [que livro] para o SC inicial, derivando a representação final [que roupa$_i$ [Paulo [comprou [que roupa]$_i$]]]

4) Numeração é apenas o conjunto de itens que alimentam uma derivação. Já o subarranjo é uma organização entre esses itens. Nessa organização, os itens que devem compor uma determinada fase da derivação são agrupados em torno do item núcleo da fase (C e/ou V).

5) Uma regra de Movimento envolve três operações: (i) cópia do constituinte a ser deslocado, (ii) Merge desse constituinte com outro no curso da derivação e (iii) apagamento da sua cópia. Essas regras aplicam-se em três casos: 1) movimento de núcleo, quando a posição de destino do Movimento é um núcleo, 2) movimento A', quando a posição de destino é não argumental, 3) movimento A, quando a posição de destino é argumental. Um bom exemplo de movimento de núcleo é o deslocamento de V (um verbo) para F (uma flexão), que ocorre quando se juntam, por exemplo, V [cant-] com F [-aremos], gerando como resultado a forma [cantaremos]. O movimento de um constituinte interrogativo (um elemento qu-), como [$_{SC}$ quando$_i$ [$_{SF}$ você vai [$_{SV}$ comprar mais livros t$_i$]], é um exemplo de movimento A', já que o sintagma [quando]

298 Curso básico de linguística gerativa

foi deslocado para uma posição não argumental, no sc. Por fim, o movimento A pode ser exemplificado com o deslocamento existente em [João [$_{SF}$ parece [t$_i$ contente]]], no qual [João] é movido de uma posição argumental temática para outra posição argumental (mas não temática). A posição de chegada do item [João] é o especificador de SF (em "parece").

6) O traço EPP licencia o sujeito gramatical de uma frase. É na posição sintática em que EPP se encontra (spec de SF) que um sintagma nominal/determinante pode associar-se ao caso nominativo e, assim, ser identificado como o sujeito de uma oração.

7) O Sistema Computacional é, na interpretação gerativista, o coração da linguagem humana. É ele o responsável pela geração das estruturas sintáticas complexas que combinam itens lexicais que formam sintagmas, combinam sintagmas para formar orações, e combinam orações que formam sentenças complexas.

8) Princípio da Interpretação Plena diz respeito à legibilidade nas interfaces da linguagem. As derivações devem ser conduzidas de modo a gerar representações úteis para as interfaces, isto é, que possam ser por elas acessados e usados. Já o Princípio da Economia Derivacional diz respeito à parcimônia do Sistema de Computação, que ontologicamente deve ser mínimo, e assim nunca usar operações complexas sem que isso seja o último recurso.

Unidade 10

1) As interfaces são os sistemas conceitual-intencional (pensamento) e articulatório-perceptual (sensório-motores). Ambos retiram e inserem informações no módulo linguístico, de modo a produzir organização interna de pensamentos e comunicação interpessoal.

2) Esse sistema é responsável por converter uma representação linguística presente em FF em sinais acústicos (ou em movimentos visuais).

3) Esse sistema é responsável por inserir conceitos na Numeração que alimenta a derivação de estruturas sintáticas, bem como por converter uma representação linguística presente em FL nas noções conceituais a serem vinculadas pelo sinal acústico da fala (ou pelos movimentos visuais numa língua de sinais).

4) Computação virtual é uma abstração criada por um sintaticista. Computação real é o processo cognitivo que de fato acontece na mente das pessoas quando produzem e compreendem enunciados linguísticos.

5) Processamento da linguagem são as computações mentais reais ativadas durante a produção e compreensão de enunciados linguísticos, desde a percepção/produção de fonemas/grafemas, passando pelas microcomputações da morfologia, do léxico, da sintaxe e da semântica, até a interpretação/criação pragmática de frases e discursos.

6)
a) O pronome "ele" está ligado a um referente fora de seu domínio (a oração iniciada com "que"). Preserva-se o Princípio B.
b) Aqui novamente o pronome "ele" está ligado a um referente fora de seu domínio. Preserva-se o Princípio B.
c) A expressão referencial está ligada, isto é, não está livre. Viola-se o Princípio C.
d) O reflexivo "se" está ligado a um referente dentro de seu domínio. Preserva-se o Princípio A.
e) O reflexivo "se" está ligado a um referente fora de seu domínio. Viola-se o Princípio A.

7) A oração [que se chama Zoé] pode associar-se tanto ao referente local ("perna de pau"), quanto ao referente não local ("pirata"). Em contexto natural, essa associação deve ser feita ao referente não local automaticamente, já que essa é a única referenciação semântica e pragmaticamente plausível.

O autor

Eduardo Kenedy é doutor e mestre em Linguística pela Universidade Federal do Rio de Janeiro (UFRJ) e licenciado em Letras pela Universidade Federal Fluminense (UFF). Na UFF, é professor do Departamento de Ciências da Linguagem e membro permanente do Programa de Pós-graduação em Estudos de Linguagem, filiado à linha de pesquisa Teoria e Análise Linguística – com ênfase em linguística gerativa e psicolinguística. Coordena o Laboratório do Grupo de Estudos em Psicolinguística Experimental (GEPEX – UFF), atuando como orientador de pesquisas sobre teoria sintática formal, aquisição da linguagem, aprendizado de línguas estrangeiras e processamento linguístico. Em 2013, recebeu da Faperj o prêmio Jovem Cientista do Nosso Estado. É coautor do *Manual de linguística*, publicado pela Contexto.

CADASTRE-SE

EM NOSSO SITE,
FIQUE POR DENTRO DAS NOVIDADES
E APROVEITE OS MELHORES DESCONTOS

LIVROS NAS ÁREAS DE:

História | Língua Portuguesa
Educação | Geografia | Comunicação
Relações Internacionais | Ciências Sociais
Formação de professor | Interesse geral

ou
editoracontexto.com.br/newscontexto

Siga a Contexto
nas Redes Sociais:
@editoracontexto

GRÁFICA PAYM
Tel. (11) 4392-3344
paym@terra.com.br